BIBLIOTECA DE CULTURA POPULAR

Rubén Pérez Bugallo

EL CHAMAMÉ

Raíces coloniales y des-orden popular

BIBLIOTECA DE CULTURA POPULAR/22

EDICIONES DEL SOL

1996

Colección dirigida por Adolfo colombres
Diseño gráfico: Ricardo Deambrosi

Ediciones del Sol S.R.L.
Wenceslao Villafañe 468
1160 - Buenos Aires - Argentina

Distribución exclusiva: Ediciones Colihue S.R.L.
Av. Díaz Vélez 5125
1405 - Buenos Aires - Argentina

I.S.B.N. 950-9413-67-4

Queda hecho el depósito que marca la ley 11.723
IMPRESO EN LA ARGENTINA - PRINTED IN ARGENTINA

A la memoria de mi padre, de
quien aprendí el primer
chamamé: "¡Corrientes poti!"

PRÓLOGO ENTRE TODOS

"Algún día nuestros hombres de campo deben dejar de ser explotados. Y así nuestros campos volverán a poblarse con gente feliz de realizar sus tareas, teniendo una vida normal" (Ireneo Barrios).

"Cuando un provinciano se radica en Buenos Aires trata de agruparse para no perder el contacto con los demás comprovincianos. El que va llegando se ubica en el barrio donde están los primeros y de pronto se da que es una comunidad grande la que está radicada allí" (Damasio Esquivel).

"Viví un tiempo en La Boca, trabajé en el puerto, en las construcciones... pero extrañaba mucho mi pueblito" (Blas Martínez Riera).

"A mí déjenme en mi casa, trabajando para la gente del interior. Esa gente que me sigue por todas partes y que sé que me será fiel hasta el final" (Tránsito Cocomarola).

"Lo que vale es la tierra de uno, y eso lo siente y comprende el que es de su tierra. Lo sentimos nosotros, los músicos que amamos y conocemos lo nuestro" (Isaco Abitbol).

"Yo vine en el treinta y cinco como guitarrista. Hemos pasado muy malos momentos. Nos trataban como a indios" (Pascasio Enríquez).

"El camino estaba lleno de espinas. El chamamé *era muy mal mirado; era casi una mala palabra" (Damasio Esquivel).*

"Hubo subestimación. En otros tiempos hubo

mucha indiferencia hacia la música del Litoral.La música correntina, la música guaraní, era de menor nivel según ciertos jueces" (Ramón Ayala).

"¿Grabar un disco? ¡En esa época era más difícil que ser diputado!" (Heraclio Pérez).

"Puedo decir que hubo en una emisora una directora que prohibió la difusión del chamamé. *Decía que era una música ordinaria" (Fernando López).*

"Allá en los años en que el chamamé *era mucho más resistido, en cambio estaban algo así como de moda los conjuntos paraguayos.Si vos decías que tenías un conjunto del Litoral no tenías trabajo.Pero lo denominabas conjunto paraguayo y la cosa cambiaba radicalmente" (Damasio Esquivel).*

"En la primaria se me prohibió tocar chamamé. *En el cuarenta y siete no era una música tocable.Eso me dio mucha bronca.Con mis pocos años pensé el por qué de eso y se me puso en la mente que esa música debía ser escuchada en todos los niveles sociales" (Raúl Barboza).*

"Cuando yo llegué a Buenos Aires me di cuenta de que había provincianos que ocultaban su origen, que se avergonzaban de su cultura" (Ramona Galarza).

"Durante los años que asistí a las bailantas fui más discriminada que nunca" (María Ofelia).

"¿De dónde salió eso de 'litoraleña'? Ahora que el chamamé *se está imponiendo le quieren cambiar el nombre..." (Armando Nelli).*

"Lo que el Litoral tiene más definido viene del chamamé, *del* rasguido doble *y del* valseado, *que es un acervo anterior a los inventores que solo cambian las formas de lo que existe y es anterior a ellos mismos" (Albérico Mansilla).*

"Cuando me pusieron a estudiar piano, yo engañaba a la profesora. Porque tocaba de oído todo lo que ella me enseñaba..." (Osvaldo Sosa Cordero).

"Antes nos ponían diez músicos. Ahora, en el Siglo Veinte, nos quieren arreglar con una guitarra y un bombo" (Constante Aguer).

"En determinado momento había muchos suce-

sos estruendosos, canciones que eran éxitos rotundos y artistas que del día a la noche eran un "boom". Eso pasó.Ahora viene la decantación" (Carlos Santamaría).

"El folklore está desamparado.Esa es la resultante de una situación irregular que no podía persistir" (Linares Cardozo).

"Invito a los de hoy a que sepan las que ellos pasaron.Había pocos medios. Padecieron mucho para llegar a algo. Debiera hacérseles un homenaje. Un homenaje que no sea aprovechado para hacer dinero. Lo digo por aquellos que abrieron el camino en la época más dificil" (Ángel Guardia).

"La organización de festivales a mí no me gusta mucho. Puesto que siempre ví esas marañas... entonces preferí no participar. La maraña de los festivales se entreteje con los intereses creados, los personalismos y el sectarismo" ("Polito" Castillo).

"Desgraciadamente, acá manda el que tiene plata. El que comercializó con nuestra música sin importarle el daño que le hacía a nuestra cultura" (Juancito el Peregrino).

"La cosa es sencilla: tratemos de elaborar una estrategia que tenga que ver con nosotros. La política tiene que ser una expresión de nosotros. Cuando la televisión nos niega espacios, o las grandes grabadoras multinacionales no se hacen eco de estas cosas,también nos queda la posibilidad de ir elaborando propuestas con nuestra gente —sobre todo los jóvenes— tratando de crear espacios distintos" (Julio Cáceres).

"No sirve tratar de intelectualizarlo todo" (Teresa Parodi).

"Es una vida dedicada a difundir la música del Litoral, a la que quisiera ver expresada en colegios y universidades a través de explicaciones sobre su origen, su coreografía y su significado" (Tarragó Ros).

"Para nosotros, una de las formas de fundamentarnos es conocer. Por eso les damos lugar en nuestro repertorio a las cosas tradicionales de nuestro

folklore, como son "La calandria", "El toro" y otros temas viejísimos, instrumentales" (Julio Cáceres).

"No se puede comer puchero todos los días. O sí, se puede, pero cansa. Hay que renovarse, innovar, buscar el interés del público" (Blas Martínez Riera).

"Nosotros, que en alguna medida somos la punta de lanza de la renovación, no debemos perder el rastro anterior. Esto nos permitirá retomar el camino que nos dejaron Cocomarola, mi papá, Millán Medina o Ernesto Montiel" (Antonio Tarragó Ros).

"Pese a que ahora, inescrupulosos e irrespetuosos han querido cambiarle el nombre de polka correntina *por el de* chamamé. *Vi en mis años de periodista a muchos, a muchísimos "analfabestias" y caraduras. ¡Pero como en este caso jamás! Están enfermos con la grosera palabra* chamamé *para designar nuestro folklore regional que han llegado a estos extremos" (Ricardo Visconti Vallejos).*

"Antes había gente que hablaba despectivamente del chamamé. *El* chamamé *llegó con la gente humilde y se quedó para siempre" (Emilio Famoso).*

"Es medio complicado crecer, acá. Pero se puede" ("Chango" Spasiúk).

"¿De dónde viene esa forma de bailar de nuestra gente de campo que no tiene academias ni modelos?" (Julián Zini).

"Me resulta difícil la explicación de este cancionero" (Carlos Vega).

"He estado pensando que sería conveniente hacer una investigación sobre el chamamé. *No sé, me parece que convendría investigar ese ritmo ¿No cree usted? Hay mucho pueblo, mucha vivencia, mucho criollismo detrás de las cordionas" (Tarragó Ros).*

I. INTRODUCCIÓN AL TEMA

Si hay en estos tiempos que corren alguna especie musical folklórica que no solamente goce de absoluta vigencia y sea motivo de intensa práctica sino que además se halle en plena expansión y desarrollo, esa especie es la que da título a nuestro libro.

El *chamamé,* tal como se presenta "hoy" —las comillas obedecen a la virtual inexistencia del tiempo presente con que tenemos que aprender a manejarnos los científicos sociales en los albores del Tercer Milenio— es, sin duda, una plasmación sociocultural de intensa coloratura regional. Y me apresuro a decir que la región donde ha adquirido sus particulares características actuales es la mesopotámica, con la provincia de Corrientes como epicentro. Esta afirmación, con todo su aspecto de perogrullada, apunta simplemente a destacar mi reconocimiento de la importancia del área cultural criolla de los grandes ríos como escenario de transformaciones decisivas en el proceso formativo del *chamamé*, lo que no implica que en mis indagaciones no haya debido partir de otras áreas y otras épocas.

Desde hace muchos años, una de mis tantas preocupaciones heurísticas fue la de reunir información fidedigna y suficiente para realizar un aporte concreto en relación al verdadero origen del *chamamé*, en la certeza de que ninguna de las opiniones que al respecto se venían esbozando llegaba a reunir los mínimos requisitos de la tarea científica. Por cierto, mientras yo iba reuniendo silenciosamente mis materiales apareció alguna que otra "nueva" postulación —casi siempre obra de algún aficionado más proclive a la exaltación emocional que a la minuciosidad metodológica— y,sobre todo,me consultaron en cantidad considerable alumnos, becarios y aspirantes a becarios de diversos organismos oficiales y privados, músicos inquietos, funcionarios provinciales y más de un colega, todos ellos aparentemente movidos por un mismo interés: investigar sobre el *chamamé* —especialmente sobre su proceso de gestación— para lo cual solicitaron mi dirección, mi asesoramiento, mis datos de campo, mis papeles de archivo o simplemente mis sugerencias.

Acuciado por otros temas de investigación —y en rigor de verdad no demasiado atraído por cuestiones histórico —culturales— cada vez que tomé contacto con alguno de estos interesados albergué la esperanza de que fuera alguno de ellos el que encarara realmente la tarea enunciada, para lo cual les brindé todo el apoyo que estuvo a mi alcance.

No fue así. Las inquietudes —a veces frustradas por la maraña burocrática o por los oscuros intereses de algún funcionario de turno, otras por la inconsecuencia o por la mala suerte —no pasaron en términos generales de algunas hojas mecanografiadas donde a veces se exponían prolijamente los fundamentos epistemológicos, el marco teórico, los objetivos a corto, mediano, largo y larguísimo plazo, el "grado de impacto" de la investigación, el cronograma de actividades, la estimación presupuestaria, etc. Con los años comprobé que, salvo honrosas excepciones, muy pocos habían hecho algo más que alguna recolección esporádica y casi ninguno se había puesto realmente a trabajar.

Fue esa desalentadora evidencia —que quizás sólo resulta uno de los tantos indicadores de nuestras Ciencias Sociales en crisis— la que me impulsó finalmente a ordenar apuntes inéditos, artículos publicados, evidencias documentales y testimonios obtenidos en el terreno para ofrecer orgánicamente mi propia perspectiva sobre el tema (Peréz Bugallo, 1992). Hasta ese momento, los cultores de la música litoraleña de dividían en irreconciliables facciones basadas en confusas pautas taxonómicas: "Polkeros", "Chamameceros" y "Galoperos". Los que intentaron afinar los instrumentos de análisis a los efectos de elaborar una "teoría" —sin mencionar la frecuente tendencia al disparate que suele campear en muchos pretendidos críticos de la cultura popular— habían dicho cosas como las siguientes:

a) "El *chamamé* es una *polka* acordeonizada". Es esta, a no dudarlo, la postura que ha ganado hasta hoy mayor prestigio en el campo de los estudios folkmusicológicos.

   Fue planteada por Carlos Vega (1944) y ligeramente remozada por Raúl Oscar Cerrutti (1965). Adelanto desde ahora mi discrepancia: la *polka* europea —de ritmo binario— y el acordeón llegaron de Europa ya intimamente asociados. En cuanto a la llamada "*polka* paraguaya" —y a ésa se refiere la idea de Vega —Cerruti—, voy a desarrollar más adelante su proceso formativo, pero en todo caso puedo adelantar que no se trata de una *polka* propiamente dicha.

b) "El *chamamé* es música guaraní". Es lo que entiende la mayoría de los aficionados a la música nativista y lo que suelen expresar —sin los más mínimos elementos de análisis— muchos conductores y animadores del género. No tiene absolutamente ningún asidero y sólo puede enunciarse a partir de una heroica ignorancia de las características de la auténtica música aborigen. Su mención sólo cabe por el alto grado de difusión alcanzado, y como prevención para el lector cuando le toque encontrarse con ella también en obras de carácter antropológico o pretendidamente etnomusicológico.

c) "El *chamamé* desciende directamente de la música académica que llevaron los jesuitas a las misiones". Es la idea rectora del Padre Julián Zini y sus seguidores. No existe, sin embargo, documentación probatoria de que las danzas cortesanas y las obras maestras de los siglos XVI y XVII —que eran, básicamente, las que enseñaban los sacerdotes a los indígenas— hayan pasado nunca de ser una práctica compulsiva para alcanzar la aceptación y el arraigo.

La hipótesis que ha guiado mi trabajo plantea que el *chamamé* responde a una clara filiación hispano—peruana. Se trata nada más —y nada menos— que del desprendimiento oriental de la música española acriollada en el Perú y que desde allí se dispersó, por distintas vías, hacia diferentes zonas de nuestro actual territorio, adquiriendo en cada caso los matices regionales que hoy resultan característicos.

Para decirlo en términos musicológicos, el paquete estructural que aportó el basamento sobre el que se constituiría el *chamamé* corresponde al sistema Ternario Colonial. Quiere decir esto que se ajustaba a una gama diatónica que por lo general evitaba los grados séptimo y octavo; que las melodías solían discurrir por grados conjuntos, al modo del arpa; que podía presentar la cuarta aumentada o justa, como supervivencia de la alternativa *durum-molle* de la teoría medieval;que la melodía nunca finalizaba en la tónica sino en el tercer grado;que la tónica final quedaba a cargo de una "segunda" voz, si la había; que las líneas melódicas eran a menudo bimodales —pasaban por los modos mayor y menor— y bitonales, por los frecuentes pases de los acordes menores a sus relativos mayores; que se armonizaban en tono y dominante como regla de oro, agregando el subdominante del mayor cuando el caso lo exigía; que se acompañaban con guitarra rasgueada... y que su ritmo era ternario, por supuesto, que fue el generalizado en toda América Hispana.

Para hablar en términos menos técnicos, lo que voy a tratar de demostrar es que el *chamamé* no es el "pariente pobre" de nuestra música criolla —como tantas veces se lo ha considerado, definiéndolo también como una despreciable mezcla de "indios" abúlicos con "gringos" levantiscos—; que no es música guaraní acriollada y que tampoco es el relicto popularizado de un sublime academicismo misional. Digo, en cambio, que se trata de una expresión musical íntimamente emparentada con el *gato*, la *chacarera*, la *zamba*, el *escondido*, etc, y que posee la misma —la misma,cuando no mayor— profundidad cronológica que muchas especies de esta gran familia. Trataré de poner en evidencia, finalmente, el valor simbólico del *chamamé* en el marco de la problemática social. He de ofrecer, a los efectos de demostrar lo que acabo de postular, diversos tipos de pruebas. Las musicales y poéticas resultarán al entendido de una indiscutible elocuencia; pero he querido complementarlas con evidencias de carácter histórico, político, social, religioso, comercial y hasta familiar —todas interconectadas— que espero no dejen lugar a dudas sobre la adecuación de mi hipótesis de trabajo a la realidad.

La existencia de vínculos de la más diversa índole entre el Perú y el Paraguay en los tiempos coloniales resulta ser un dato de manejo habitual para los historiadores. Sin embargo, estos vínculos parecieran haber pasado hasta ahora desapercibidos para musicólogos y/o folklorólogos, lo que atribuyo al poco entrenamiento de estas disciplinas en la indagación de fuentes historiográficas. Con todo, parece íncreible que, dentro del tema que nos ocupa, nadie hasta ahora haya tenido en cuenta, por ejemplo, que una vez despoblada la Buenos Aires que fundó Mendoza, en 1541, Asunción pasó a ser el centro civil y religioso del Río de la Plata; que las autoridades civiles y eclesiásticas llegaban a Asunción desde el Perú —acompañadas de nutridos contingentes— donde habían sido designadas; que a los presos políticos paraguayos se los enviaba al Perú; que muchos periodistas que se desempeñaban en Asunción eran peruanos; que la vía legal para comerciar establecida por España era Lima —Potosí— Asunción...; que el virreynato del Río de la Plata fue creado en fecha tan tardía como 1776 y que antes el Paraguay formaba parte del virreynato del Perú.

Por estas razones no es de extrañar, por ejemplo,

que Garay tuviera una hija residiendo en Chuquisaca; que Ortiz de Zárate tuviera otra en el Cuzco, fruto de su unión con una princesa inca de la estirpe de los Yupanqui; que Nuflo de Chávez viviera en La Plata y tuviera mujer e hijos en Asunción; que Juan Ramírez de Velazco, Gobernador del Paraguay en 1597, hubiera llegado de tierras peruanas lo mismo que el aventurero limeño José Castro de Antequera, Gobernador Interino reemplazado a su vez por el cuzqueño Ignacio Soroeta; que Ruy Díaz de Guzmán escribiera su obra *Argentina* en Chuquisaca luego de ser procesado y obligado a abandonar Asunción; que en el Perú se consumiera yerba paraguaya... y que en el Paraguay se cantara y se bailara música peruana.

II. CORRIENTES COLONIZADORAS, POLÍTICA Y RUTAS COMERCIALES

Comencemos por lo indiscutible. Luego de la expedición de Alvar Nuñez, el grueso de los contingentes colonizadores españoles llegó al Paraguay desde el Perú. En 1550 fue Nuflo de Chávez quien llegó desde La Plata (actual Sucre), llevando ganado lanar y cabrío. Trece años más tarde lo hizo Juan de Garay, quien en 1556 había partido de la misma ciudad formando parte del contingente de Andrés Manso, llegando a las tierras de Moxos. Garay vivió luego siete años en Santa Cruz de la Sierra y pasó después a Asunción, donde fue el primer introductor de ganado vacuno. Por la misma época regresó Nuflo de Chávez al frente de un cuerpo de soldados peruanos. Esta vez había partido de Santa Cruz de la Sierra y su objetivo era recoger a su esposa y sus hijos, que se hallaban residiendo en Asunción.

En 1568 llegó desde Santa Cruz de la Sierra a Asunción el contingente de Felipe de Cáceres. Tres años antes, Cáceres —junto a su compañero de desgracia política Pedro Dorantes— había salido de su prisión en Asunción dirigiéndose a Lima; ahora regresaba reivindicado y trayendo caballos, vacas,

El baile de la *chacarera* en Bajo Hondo (Formosa). (Foto: Sara Newbery, 1973).

ovejas y cabras. El año anterior el licenciado Lope García de Castro, gobernador del Perú, había designado a Juan Ortiz de Zárate Gobernador interino del Paraguay y el Río de la Plata bajo dos condiciones: que debería ser confirmado por el Rey de España y que, en caso que así fuera, quedaba comprometido a introducir en el Paraguay quinientos soldados, a facilitar el asentamiento de familias de labradores y artesanos, a aportar para tales efectos ganado lanar, caballar y caprino de sus estancias de Charcas y Tarija y a fundar ciudades en el trayecto del Perú al Paraguay para facilitar los futuros desplazamientos. Zárate tuvo no pocas dificultades para cumplir con su proyecto: fue pleiteado por la Real Hacienda de Charcas por un repartimiento de indígenas *yampára*, estuvo a punto de ser enjuiciado por el Consejo de Indias por no haber logrado reunir en término los elementos necesarios para la partida, y por esta misma razón debió litigar con los pilotos portugueses Tarragó y Mariño. Finalmente, cuando partió del puerto de Sanlúcar el 17 de octubre de 1572 inició un periplo plagado de contratiempos y hambrunas hasta terminar fondeando en el Río de la Plata.

No debemos olvidar que estos contactos peruano-paraguayos se realizaban en ambos sentidos. Valga el ejemplo del éxodo asunceño al Perú producido en 1574: la expedición al mando del Gobernador Francisco Ortiz de Vergara estaba contituida por doscientos soldados, cuarenta y cinco vecinos con sus familias y un millar de indígenas encomendados. Remontaba el río Paraguay con dieciocho navíos y por tierra se arreaban setecientos yeguarizos. Alguno de los integrantes —como Nuflo de Chávez— iban con ánimo de instalarse en Santa Cruz de la Sierra y así lo hicieron; pero otros —por diferencias políticas— continuaron viaje hasta Charcas a peticionar el nombramiento de un nuevo gobernador para el Paraguay... donde se anoticiaron que la Audiencia de esa ciudad no poseía jurisdicción sobre el territorio del que ellos provenían.

No era, claro, la primera vez que había conflictos limítrofes y jurisdiccionales. La propia fundación, en 1561, de Santa Cruz de la Sierra por Nuflo de Chávez -llegado, como se dijo, de Asunción— fue consecuencia de su triunfo en el enfrentamiento con Andrés Manso, a quien el Virrey del Perú había enviado a explorar lo que hoy es el Oriente Boliviano.

El régimen monopólico español estableció el despacho de solo dos flotas anuales, una de las cuales llegaba a Veracruz (México) y la otra a Portobelo (Panamá). Las mercaderías que arribaban a bordo de esta última cruzaban el itsmo panameño en mula y eran reembarcadas en la costa del Pacífico hacia El Callao, puerto de la capital peruana desde donde llegaban por tierra a Asunción. Esta organización asfixiante no podía traer otra consecuencia lógica que el contrabando, del cual fueron los portugueses sus más conspícuos representantes. Llegados en principio al Paraguay desde San Vicente y San Pablo (Brasil) costeaban luego el Pilcomayo hasta Potosí; de allí retornaban nuevamente cargados —esta vez con las más variadas mercaderías peruanas— por una ruta que resultaba tan rápida como ventajosa, sin cordones montañosos ni otros obstáculos que la presencia de los indígenas (muchísimo menos salvajes en su accionar que estos aventureros).

Con referencia a este tráfico ilegal, en 1622 Francisco Trejo informa desde Asunción que "no hay año que no pasen los dichos portugueses" —Pilcomayo arriba, en franca infracción, o Pilcomayo abajo, con todas las apariencias de la legalidad— trayendo "todo género de mercaderías", entre ellas, por ejemplo, alpargatas. Según García Labougle (1987), la mayoría de estos comerciantes eran judíos y habían salido de la península ibérica huyendo de la Inquisición. Diseminados pronto por Corrientes y Santa Fe se mimetizaron paulatinamente con la población criolla, sin poder evitar de vez en cuando algunas "pruebas de fe" y otros controles, como el censo de portugueses que el Virrey del Perú ordenó en 1643 que se realizara desde las Misiones hasta Buenos Aires.

Los datos que atestiguan la vinculación del Perú ya no solo con el Paraguay sino también con nuestro Litoral y Noroeste son, para el Siglo XVII, igualmente abundantes. Cito, por ejemplo, los casos del Gobernador Esteban de Avila, quien luego de la destrucción de Concepción del Bermejo —fundada en 1585 por Alonso de Vera y Aragón ("El cara'e perro") para establecer un puente de unión entre Asunción, Lima y Tucumán— fue a radicarse a territorio peruano en 1632, siendo nombrado Gobernador de Inacota; el de Cristóbal Garay de Saavedra, quien tras escarmentar a los indígenas por la citada devastación viajó en 1639 al Perú junto con el Gobernador, funcionario este último que pasó a ser Corregidor de Oruro; o el de Juan Antonio Blásquez de Valverde, nativo de Guánuco, doctorado en la Universidad de Lima... y Gobernador de Santa Fe en 1639.

De acuerdo con los estudios de Juan Carlos Garavaglia (1986), al disminuir las posibilidades de cazar ganado cimarrón en el Chaco, durante el s. XVII comenzaron a llegar a la población paraguaya de Ñanduá tropas de ganado desde Corrientes. Estas operaciones de compra y venta se acrecentaron en el siglo siguiente con la producción pecuaria local. El desarrollo de la actividad ganaderil paraguaya fue en detrimento de otras actividades productivas como la vitivinícola, que virtualmente desaparece a principios del s. XVIII. La guerra con el indígena contribuyó al descuido de las viñas, pero a ello se agregó la competencia de otras zonas mejor favorecidas climáticamente —como Cuyo, La Rioja y Catamarca— que hizo insostenible la situación de los viñateros paraguayos. Así como la crisis del vino determinó que el gusto popular se volcara a la caña —que llegaba del Brasil— la crisis de la producción triguera —en la misma época y por similares razones— provocó un retorno al tradicional consumo de mandioca y *chipá* o pan de maíz.

Otra de las competencias que los encomenderos y hacendados paraguayos no veían con buenos ojos fue la de los jesuitas (por cuya expulsión trabajaron hasta ver cumplidos sus deseos). La producción rural y la actividad comercial de las reducciones reflejó tanto las limitaciones de la época como la habilidad adaptativa de los sacerdotes. Durante todo el s. XVII y gran parte del siguiente, la desesperación española por reprimir el contrabando mantuvo escasas rutas oficiales para el tráfico comercial y fomentó la subsistencia de economías regionales, algunas de ellas especializadas de acuerdo a las necesidades del mercado europeo.

Hasta 1777, Lima costituyó el centro distribuidor de productos manufacturados en Europa, y en las reducciones resultaba indispensable contar con metálico para pagarlos. Así como hasta aproximadamente el año 1620 el hierro seccionado en pequeñas cuñas había sido de particular importancia en las transacciones comerciales con las comunidades guaraníes, ahora los términos se invertían. La necesidad de los misioneros era poseer algo más que yerba mate para realizar el tráfico altoperuano. Un informe del Padre Cristóbal Gómez dice, refiriéndose a la yerba y a la necesidad de superar el monocultivo: "Los mercaderes que bajan del Perú a comprarla, aunque en principio la pagaban en plata y a buen precio [...] hoy ya [1673] no la quieren pagar en plata, sino que vienen cargados de cosas inútiles para los indios, que no les sirven [...].

Y si acaso les dan alguna plata, no quieren recibir la yerba si no es a un precio tan bajo, que jamás se ha visto" (Cit. por Carbonell de Masy, 1986: 52). El Padre Cardiel, en su *Compendio de Historia del Paraguay* escrito en 1680 agrega: "La yerba vale en Buenos Aires dos o tres pesos la arroba, según los tiempos. Transportada al Perú y Lima vale a veinte pesos la arroba. No hay otra riqueza que esta en el Paraguay" (Cardiel, 1984: 89). Luego, en su *Declaración de Verdad*, el mismo Cardiel nos informa que en los llamados "pueblos bajos" como San Ignacio

"No hay mes del año (y aún casi semana) que no vengan a comerciar a los pueblos [...] muchos mercaderes, no sólo de Corrientes, Santa Fé y Buenos Aires, sino también de Chile y Perú, 500 y más leguas distantes han venido y vienen a comerciar a estos pueblos de vuelta del comercio del Paraguay" (Cit. por Carbonell de Masy, op. cit.: 56).

Hacia fines del s. XIX, el 75% de la población indígena paraguaya se hallaba ya fuera de las reducciones jesuíticas, en pleno proceso de acriollamiento y dedicados a las actividades campesinas transmitidas por los sacerdotes, que ya se habían ido. Ahora bien, ¿De dónde habían llegado aquellos religiosos?

III. LA PROCEDENCIA DE LOS SACERDOTES JESUITAS

"... su tercer General, San Francisco de Borje, envió algunos a la América. Fueron a Méjico y de allí parte al Perú", dice claramente en 1780 el Padre Cardiel (1984: 61).

El Padre Lozano (1874: 23) consigna que ya para una fecha tan temprana como 1546 Fray Juan de Barrios, predicador en la diócesis del Paraguay, fue promovido y enviado al arzobispado de Lima. Es probable que fuera en realidad peruano y estuviera regresando a su tierra premiado por sus esfuerzos, tal como sus compañeros Agustín de la Vega —limeño que estuvo en el Paraguay en 1578— y el arequipeño Pedro Durana —de amplia actividad en tierras paraguayas—, por anticipar algunos ejemplos.

La Compañía de Jesús había sido aprobada como nueva orden religiosa por el Papa Pablo IV en septiembre de 1540. Los jesuitas llegaron al Paraguay desde el Perú, donde asentaron en principio su actividad misional. En 1603 se realiza el Primer Sínodo de la diócesis del Río de la Plata en Asunción, donde se aprueba el catecismo del III Concilio Limense, que Fray Luis Bolaños tradujo al guaraní.

Grupo de danzantes ceremoniales en Sacsayhuaman (Perú). Unos visten "a la española" y otros "a lo inca". Algunos llevan bastones para hacer el "paloteado" y otros pequeños banderines, tal como lo vio el Padre Cardiel en las Misiones. La música es de violín y arpa, y los ejecutantes de este último instrumento lo llevan en posición invertida y asegurado al cuello, tal como lo consignó el Padre Cattáneo en 1729. (Foto: R. Pérez Bugallo, 1992).

La importancia de los trabajos realizados por los misioneros jesuitas persuade al Padre Claudio Aquaviva, general de la Compañía, a independizarlos de la jurisdicción altoperuana creando la Provincia Paraguaya en 1607. En este momento era obispo de Asunción Reginaldo de Lizárraga, oriundo de Lima. El primer Provincial jesuita en el Paraguay fue el Padre Diego de Torres.

En 1614, el sevillano Fray Juan de Vergara arribó a Buenos Aires, pasando de inmediato a ejercer sus funciones en Córdoba. Posteriormente —luego de ser elegido Provincial— pasó a Corrientes hasta 1624.

En cuanto a las misiones —donde pueblos como San Ignacio se trazaron "al modo de los del Perú" según testimonio del Padre Torres en 1611 (Gálvez, 1989: 23), sabido es que Hernandarias comprendía cabalmente que una de las ventajas inmediatas de su instalación era de índole comercial, ya que facilitaría la comunicación entre el Perú y el Paraguay. Comunicación ésta que hizo posible que los religiosos desarrollaran su labor en ambas áreas. Tales los casos de Alonso de Guerra, que fue cura párroco en Paraguay y en Perú;Francisco de la Serna, obispo del Paraguay en 1645 pero formado en Lima; Bernardino de Cárdenas, nacido en La Plata y predicador en el Paraguay en 1647; el limeño Sebastián de Pastrana, obispo del Paraguay hasta 1725; y su sucesor Pedro Durana, nacido en Arequipa. Y finalizo los ejemplos con Antonio Ruiz de Montoya, quien desarrolló su labor en la reducción de Loreto y escribió en 1639 un *Vocabulario de la lengua guaraní* falleciendo luego en Lima, desde donde sus restos fueron trasladados nuevamente a territorio paraguayo, y con los confesores que pidió Antequera antes de morir ajusticiado: Tomás Cabero,Rector del Colegio Máximo de Lima y el Padre Galezán, "muy nombrado en Lima por su virtud" (Cardiel, 1984: 196)

Claro está que muchos religiosos de la Compañía fueron alemanes, italianos, belgas o españoles. Pero, en todo caso, también la mayoría de ellos alternó su labor catequista en tierras paraguayas y peruanas. Al ser expulsados en 1767, todos debieron recorrer por última vez la ruta que unía las misiones paraguayas y chiquitanas con el Perú, para embarcarse hacia Europa: "Santa Cruz, Oruro, Apolobamba, Cuzco, Palca, Huamanga, Huancavélica, Lima y finalmente al Callao". (Furlong, 1955: 13).

Una amplia gama de nexos de toda índole, entonces, tenían el Perú y el Paraguay en tiempos de la colonia, hasta fines del s. XVIII. Sacerdotes, funcionarios, soldados y comerciantes —especialmente estos últimos— iban y venían en forma permanente. ¿Podría a alguien extrañarle que en ambos extremos de este fluido corredor se encontraran rasgos culturales de idéntica raíz? ¿Podría alguien sorprenderse de encontrar hoy en ambos países el modelo europeo del arpa del S. XVI, diatónica y carente de pedales para cambiar de tonalidad? ¿Y de encontrarla, además, en manos de la población mestiza —no indígena pura— que desde el principio de este proceso la adoptó para su música popular? ¿Sería raro encontrar en la provincia de Corrientes, por ejemplo, *romances* monorrimos similares a los que circularon en España o *coplas* del Siglo de Oro? ¿No sería casi obvio que un rastreo documental sobre las danzas y canciones criollas antiguas arrojara como resultado las mismas especies en uno y otro extremo de la ruta de intercambio? ¿Qué hay de misterioso en el hecho de que la música correntina y paraguaya sean de ritmo ternario? ¿Qué habría de raro en el hecho de que algunos *chamamés* de cuño anónimo se ajustaran melódica y armónicamente a las mismas pautas de ciertos *huaynos*, *zambas*, *tristes* o *tonadas* tradicionales de otras provincias? Creo que lo único digno de extrañeza es que nadie hasta ahora lo haya postulado de este modo.

LAS PRUEBAS POÉTICAS

El romance monorrimo

Durante los siglos XIII y XIV se generalizaron en España las composiciones poéticas con versos de dieciséis sílabas que rimaban todos ente sí en forma asonante. Estos versos requerían —por razones sintácticas y de sentido, y hasta por la misma necesidad de respiración— de una cesura que los dividía en dos hemistiquios de ocho sílabas cada uno; estructura que se sintetiza con la fórmula 8+8 aaaa...

Este riquísimo romancero español —plenamente vigente en los tiempos de la Conquista— se difundió por todos los países de habla hispana con igual intensidad. Ingresó a nuestro país desde el Perú, adquiriendo matices regionales que, en algunos casos, lo enmascararon hasta un punto tal que la detección de sus versiones "originales" resulta una tarea exclusiva de especialistas. Muchos de los especímenes, sin embargo, se conservaron relativamente fieles a las viejas formas, reemplazando a lo sumo algunos aspectos secuenciales e incorporando casi siempre voces propias de las diferentes hablas regionales. Tal el caso de los *romances* de "Delganina", "Alfonso XII", "El marinerito", "Blanca Flor y Filomena", "El jarro de agua", "La fe del ciego" y "El pastor y la dama", por nombrar algunos de los que más han circulado por todas nuestras provincias. Y al decir todas, a nadie debería ocurrírsele que las del Litoral y su zona de influencia constituyeran un islote excéntrico y ajeno a esa totalidad. Si así se pensara, simplemente se estaría incurriendo en un error. Y para evitarlo, nada mejor que ofrecer ejemplificación concreta basada en materiales de terreno recogidos en esa área.

Comenzaré por el *romance* reconocido a nivel erudito como "La esposa fiel" o "Las señas del marido" y que recibe popularmente los nombres de "La Catalina", "La Catalinita", "El soldado" y otros. Con el último de los nombres mencionados circula en Corrientes la siguiente versión:

Estaba la Catalina sentada al pie de un laurel;
en eso pasó un soldado y lo hizo detener.
—Deténgase usted, soldado, que una pregunta le haré:
¿No lo ha visto a mi marido en la guerra alguna vez?
—Yo no he visto a su marido; deme usted las señas de él.
—Mi marido es mozo grueso,es un hombre genovés;
en la punta de su espada tiene el seguro del Rey.
—Por las señas que me ha dado, su marido muerto es;
ayer tarde lo mataron en casa del portugués.[1]
Al morir él me ha encargado que me case con usted
y que cuide a sus hijitos cual los ha cuidado él.
—Siete años han pasado y otros siete esperaré;
si no vuelve a los catorce a un convento me entraré;
a las tres niñas que tengo, conmigo las llevaré
y a mis tres hijos varones los voy a entregar al Rey
a que sirvan a la patria como la ha servido él...
Y así termina la historia de aquella pobre mujer
que hablando con su marido no lo pudo conocer.

(Pérez Bugallo, 1992: 58)

También de Corrientes es la versión —bastante estragada— de este mismo *romance* que ha recibido el nombre de "Canción de Margarita" y cuya acción está situada en el Paraguay:

Una tarde Margarita sentada sobre un césped
a tomar los aires puros y ver las aguas correr.
En eso pasó un soldado y lo hizo detener:
—Deténgase mi soldado, una pregunta le haré.
—¿No ha visto a mi marido en la guerra del Paraguay?
—No lo he visto, mi señora, no sé qué señas tendrá.
—El es alto, blanco y rubio, y es su habla muy cortés
y en la punta de la espada lleva un pañuelo escocés,
un pañuelo bordado que yo se lo bordé;
que cuando era niña yo se lo regalé.
Siete años he esperado, otros siete esperaré,
si no viene a los catorce yo de monja me entraré.
A mis tres hijos varones a la patria los daré

y a mi hija mujer yo me la llevaré.
(Aquí se acaba la historia de esta infeliz mujer:
hablando con su marido no lo supo conocer).

(Moya, 1941,I: 483)

En junio de 1992 recogí personalmente en la ciudad de Lima una versión de este mismo *romance* que allí se conoce con los nombres de "El testamento" o "La viudita alegre". Se lo canta con acompañamiento de charango y guitarra y su melodía se ajusta a una gama pentatónica con el solo agregado de la sensible en el anteúltimo compás, "anomalía" que deriva de la necesidad de coincidir con el acorde de dominante. La letra finaliza con un *mote* ajeno a las particularidades del *romance* pero muy propio de los *huaynos*. Transcribo ahora solamente los versos, ya que reservo las demostraciones de carácter musicológico para más adelante[2].

—Óigame, señor soldado, ¿De la guerra viene usted?
—Si señora, de allí vengo, ¿Qué puedo hacer por usted?
—¿No lo ha visto a mi marido? Hace tiempo que se fue...
—No señora, no lo he visto, déme unas señas ¿Cómo es?
—Mi marido es claro, blanco, vestido de coronel
y en el puño de la espada, ahí está su nombre de él.
—Si señora, sí lo he visto, hace un año murió él
y en su testamento dice que me case con usted.
—¡Válgame, Dios de los cielos y el patriarca San José
que una niña de quince años se case segunda vez!

"Ay, querer, querer,
ay, amar, amar,
trabajo había sido
querer olvidar".

En el legajo Nº 4 de la Encuesta de 1921 correspondiente a la ciudad de Corrientes hay otro *romance* que menciona el nombre de Catalina.

Se trata, en este caso, de un reemplazo de nombres, ya que el tema corresponde en realidad —inicialmente, al menos— al *romance* de "Delgadina". Resulta interesante observar cómo el ingenio popular, hacia la mitad del cantar, empalma el tema inicial con el de "El marinerito" —otro *romance* antiguo— combinando de ese modo tres *romances* en uno:

En Galicia hay una niña que Catalina se llama; su padre era un perro moro, su madre una renegada.
Todos los días de fiesta su padre la castigaba porque no quería hacer lo que su madre mandaba.
Mandó hacer una rueda de cuchillos y navajas; la rueda ya estaba hecha, Catalina arrodillada.
Bajó un ángel del cielo con su corona y su palma y le dijo a Catalina:[3]
—Sube, sube Catalina, que el Dios del cielo te llama.
Y al subir la Catalina se cayó un marino al agua.
—¿Cuánto me das, marinero, por sacarte de esas aguas?
—Te doy todo lo que tengo, todo mi oro y mi plata.
—No quiero oro ni plata,[4]
quiero que cuando me muera ruegues a Dios por mi alma.

En 1935 Ismael Moya recogió en el pueblo santafecino de Santa Clara de Saguier una versión del *romance*de "Bernal Francés" también conocido como "La esposa infiel". El informante lo había aprendido en el Chaco adonde —agregamos nosotros— casi con seguridad llegó desde Corrientes:

¿Quién ha llamado a mi puerta y me está diciendo: abrid?
— Soy yo, Don Bernal, señora, que te acostumbra a servir,
si me dejas en la calle de pena voy a morir.
—No será por culpa mía que tú tengas que sufrir.
Tomó el candil en la mano y el zaguán le fue a abrir.

Allí le abre para que entre y él le apaga el candil...
A los pajes y criados los ha mandado a dormir,
y a su amante, de la mano, lo lleva para el jardín,
lo lava de pies y manos con agua de toronjil
y sobre la blanda hierva con él se acuesta a dormir.
Cerca de la media noche la mujer le dice así:
—Decidme, Bernal Francés, ¿Te has aburrido de mí,
andará tu amor en Francia o te hablaron mal de mí?
—No dejé mi amor en Francia ni me hablaron mal de ti.
—No temas a los criados porque los mandé a dormir,
ni menos a mi marido, que anda muy lejos de aquí...
—No le temo a tus criados, pues yo nunca les temí,
ni menos a tu marido, que a tu lado lo tenís.
Mañana por la mañana te desgarraré el vestir
y con tu sangre perversa mi espada se ha de teñir
y yo entraré para siempre al convento de San Gil.

(Fernández Latour, 1969: 59)

A ningún mediano conocedor de la música nativista latinoamericana le habrá pasado desapercibido, seguramente, que existe algo más que un "aire de familia" entre el tercer verso de este último *romance* y los que en el popular *takirari* "Ay, amor" rezan: "No me dejes, porque si me dejas de pena voy a morir".

Sin duda, el citado *takirari* ha incorporado un verso desprendido del *romance*. Conociendo el fenómeno habitual de los versos itinerantes que adquieren independencia, movilidad y capacidad de combinación propia no resulta extraño este traslado del *romance* al *takirari*. Por otra parte el hecho no hace sino confirmar el ingreso de los *romances* por la vía del Norte —ya que el *takirari* como especie procede del Oriente Boliviano— en cuyo trayecto fueron modificándose y desprendiendo versos. Vale la pena repetirlo: *romances* españoles en el Litoral, adonde llegaron, con modificaciones no fundamentales, desde el Perú.

Los Shapish de Chupaca (Provincia de Huancayo, Perú) participando del baile ceremonial en la Fiesta de la Cruz que se realiza el 3 de mayo. Uno de los músicos ejecuta un arpa en posición invertida. (Foto: Darío Chávez de Paz, 1974.)

La seguidilla

El proceso que va desde la irregularidad métrica de la poesía medieval hasta el isosilabismo tiene —en lo que al folklore poético de la Argentina se refiere— tres derivaciones fundamentales: el *romance* monorrimo y su derivado el *romance* criollo, tema sobre el que volveremos; la *copla* octosilábica, y la *seguidilla*, que no llegó a tener la fisonomía que hoy le conocemos sino luego de siglos de permanentes transformaciones.

La poesía española, como toda versificación en lengua romance, tuvo su origen en una combinación del verso latino con el románico extranjero, aportes a los que sin duda se habrán sumado primitivas modalidades regionales. Estuvieran o no estos antecedentes organizados según determinadas normas métricas, lo cierto es que el cambio de lengua —la traducción— determinó la pérdida de la regularidad silábica, conservando, en el mejor de los casos, la organización de la rima, y a menudo ni eso. (Como ejemplos actuales del mismo fenómeno baste recordar los artificios y licencias a los que se suele echar mano cuando se traduce la letra de una canción —del castellano al guaraní, por ejemplo, o viceversa—; la abundancia de estrofas carentes de rima que presenta la poesía tradicional de Bolivia como resultado de provenir en muchos casos de traducciones del quichua o del aymara; o los dichos y refranes de contenido similar que circulan en diferentes lenguas conservando el elemento primordial del ritmo, menos frecuentemente alguna consonancia o asonancia y sólo muy raramente idénticas fórmulas métricas).

La alternancia entre diferentes fórmulas estróficas y el contraste entre versos de diferente longitud comienzan a ceder su lugar a ciertas tendencias regularizantes durante el s. XIV. El "arte mayor" —tal vez ateniéndose conscientemente a las pautas trovadorescas—[5] comienza a observar reglas como la Ley de Mussafia (según la cual resulta válido agrupar versos de finalización masculina y femenina con el solo requisito de que posean la misma cantidad de sílabas), o a buscar medidas ideales como los octosílabos —de los que trataré más adelante— los heptasílabos —de los que hay buenos ejemplos en los *Proverbios* del Rabí Santob— y los populares hexasílabos de principios del S. XV.

Los primeros datos que se conocen sobre la composición poética basada en la estrofa que hoy llamamos *seguidilla* proviene del S. XV. De origen probablemente castellano, sus primeros testimonios son sin embargo de procedencia galaico-portuguesa y se deben al Infante Don Pedro de Portugal (1429-1466), quien escribía cosas como ésta:

Eu tenno vountade
d'Amor me partir
e tal en verdade
nunca o servir.

De m'ir razón
sen aver galardón
de minna ennor.

(Henríquez Ureña, 1961: 65)

Como se ve, se trata de los primeros vestigios de la estrofa de pie quebrado de estructura 7a5b7a5b seguida de una coda que mediante repeticiones de algún verso y agregado de expletivos pasó a constituir —en la poesía cantada— una segunda e indivisible parte de la anterior.

Dijimos estrofas de *pie* quebrado. El concepto de *pie* pertenece a la poética clásica, y aún es utilizado por los viejos cantores criollos de nuestro país para denominar lo que más modernamente se denominó estrofa. En cuanto a la *seguidilla*, todavía es común oir en la campaña que se la llame "pie de gato". Y hay para esta denominación dos razones complementarias. La primera de ellas obedece al hecho de que quien primero utilizó este tipo de estrofas en la literatura castellana fue Juan Alvarez Gato, cuya obra poética floreció entre 1453 y 1495. Los cantores criollos no conocen este dato, por cierto, pero continuán utilizando la expresión "pie de gato", digamos, en fase de aplicación, rindiendo un inconsciente homenaje al primer poeta que cultivó esa fórmula estrófica en lengua española. La segunda razón es que son estas las coplas que tradicionalmente se han aplicado —si bien no con exclusividad— a la danza criolla quizás más difundida: el *gato*. Y todo parece indicar que este baile —que fue tan popular en la Argentina como en México, Perú, Chile, Paraguay y Uruguay— tomó su nombre del apellido del más antiguo compositor de sus versos.

En América la *seguidilla* se popularizó en dos variantes: la más difundida lleva versos impares libres (7a5b7c5b), en los que el último suele repetirse con el agregado de un expletivo (Sí, ay sí, ay no, u otros) para formar, unido a una coda de tres versos (5d7e5d) una nueva estrofa. Servirán de ejemplo las que aparecen en el legajo correntino N° 4 de la Encuesta de 1921:

De los cien imposibles	(7a)
que el amor tiene	(5b)
yo ya llevo vencidos	(7c)
noventa y nueve.	(5b)
Noventa y nueve, sí	(Repetición de 5b más expletivo)
uno me falta	(5d)
y ese pienso vencerlo	(7e)
con la esperanza.	(5d)

La otra variante —propia de los finales de las *cuecas* cuyanas— es la que emplea una coda de solo dos versos que riman ente sí (7d5d), agregado que recibe el nombre de *estrambote*.

Como evidencia concreta de los aportes hispano—peruano—ternario—coloniales en las provincias litoraleñas y especialmente en Corrientes, transcribiré un puñado de *seguidillas* tradicionales recogidas en la campaña correntina. Se podrá apreciar en ellas una marcada similitud de carácter con las que han circulado también por el resto de las provincias argentinas de antiguo poblamiento criollo:

Los gatos de mi casa
son cazadores
en la orilla del fuego
cazan carbones.

El amor de las viudas
no me alborota
porque nunca he tocao'
campanas rotas.

Esa que está bailando
pollera negra
aunque quiera o no quiera
será mi suegra.

De tus hermosos ojos
no tengo quejas
ellos quieren mirarme
tú no los dejas.

Papeles son papeles
cartas son cartas
así andan dando vuelta
mis esperanzas.

Por verte siempre alegre
no sé qué diera
que el no verte contenta
me desespera.

Dicen que las muchachas
de quince a veinte
son iguales que el dulce,
pican los dientes.

Cuando llegan los días
de la cosecha,

lo que a mí más me gusta:
dormir la siesta.

De las aves del río
me gusta el sapo
porque es petizo y gordo
morocho y ñato.

Con el nombre de Rosa
te han bautizado
yo no he visto otro nombre
más apropiado.

Como el sol del invierno
que bien calienta
así es todo cariño
cuando comienza.

No te tapes la cara
niña bonita
que al que oculta lo bueno
Dios se lo quita.

Todas las buenas mozas
son perseguidas
como naranjo nuevo
por las hormigas.

Por una ausencia larga
mandé sangrarme.
Hay ausencias que cuestan
gotas de sangre.

Sin la fe que me tienes
no quiero gloria
solo con tu cariño
la quiero toda.

Yo no sé qué le dije
que ella lloraba.
Costumbre de mujeres
lloran por nada.

Las penas que yo sufro
son más que penas
pero tú muy bien puedes
hacerlas buenas.

Pa' San Juan hizo un año
que te quería;
más firme estoy ahora
que el primer día.

Ando buscando un libro
para olvidarte
y todos los que encuentro
son de adorarte.

No te cases con viejo
por la moneda;
la moneda se acaba
y el viejo queda.

... estrofas españolas, claro está. *Seguidillas* de pie quebrado de fórmula 7a5b7c5b con rima asonante que circularon aplicadas al canto y la danza criollas de toda Hispanoamérica, sin que el litoral argentino resultara la excepción. Y quede claro que estos "pies de *gato*" —o de Gato— fueron recogidos derectamente de boca de los cantores criollos del campo correntino, quienes los conservaron por tradición oral. Todo en estos cantares constituye una prueba más que elocuente de su indudable origen y profundidad cronológica.

La copla

Las estrofas formadas por cuatro versos octosilábicos de los cuales el segundo y el cuarto riman en forma asonante se conocen en todo nuestro país con el nombre de *coplas*. La misma denominación reciben en el resto de Hispanoamérica y por supuesto en España, su tierra de origen. En términos técnicos, la *copla* es una composición lírica monoestrófica es-

Don Emiliano Camelino, miembro de la "Agrupación Gato Moro" de Corrientes y descendiente de uno de los protagonistas que menciona el "*Compuesto* de los Camelinos" que recogió Ezquer Zelaya en Playadito (Corrientes) en 1938. (Foto: R. Pérez Bugallo, 1933.)

tructurada en cuarteta y su fórmula es 8abcb. También se la llama cuarteta romanceada o "de relación" (Jacovella, 1959: 121), porque son de este tipo las que los integrantes de una pareja danzante se dirigen mutuamente en determinadas pausas musicales, dando lugar a "contrapuntos" que por lo general revisten carácter jocoso.

El octosílabo fue desde el s. XV el metro popular por antonomasia en la poesía hispana. En España y América, desde el siglo siguiente y hasta hoy se generalizó la costumbre de agrupar estos versos de a cuatro originando las *coplas*, que suelen constituir las letras de canciones y danzas pero conservando la característica de ser, cada una "... un todo indivisible y autosuficiente, intercalable y sustituible, más auténticamente popular, quizás, y más perdurable sin ninguna duda que cualquier otra forma del folklore poético argentino". (Fernández Latour 1969: 114).

A partir de las valiosas colecciones de *coplas* y otros cantares que rescató del olvido Don Juan Alfonso Carrizo en sus *Cancioneros* (de Catamarca en 1926; de Salta en 1933; de Jujuy en 1935; de Tucumán en 1937 y de La Rioja en 1942) se sucedieron —sin alcanzar el rigor metódico ni la categoría monumental[6] del pionero— las recopilaciones poéticas de Juan Draghi Lucero (de Cuyo, en 1938); de Guillermo Alfredo Terrera (de Córdoba, en el mismo año) y de Oreste Di Lullo (de Santiago del Estero, en 1940). Si estas últimas obras resultan poco más que muestras fragmentarias comparadas con las anteriores, hay que decir también que las compilaciones de este tipo que se realizaron durante los cuarenta años siguientes no fueron sino refritos de lo ya hecho o, en el mejor de los casos, elaboraciones diversas a partir de los materiales que proveyó la Encuesta de 1921.

Con todo, el material poético recogido permite comprobar una evidente homogenidad de carácter y de estilo y es fácil detectar —aún mediante la más superficial de las lecturas— que los mismos cantares —las mismas *coplas*, para no salirnos del tema—, han circulado, variante más o menos, por todas las provincias trabajadas.

Con referencia a este tipo de comparaciones, se ha llegado a afirmar que "La excepción única es Corrientes, provincia que no tiene ni legajos en la encuesta de 1921 ni recopilaciones propias" (Jacovella, op. cit., 103—104). Debo confesar que afirmaciones un tanto temerarias como la que acabo de citar fueron las que me llevaron a iniciar trabajos como los que ahora el lector tiene ante su vista. Por lo pronto, debe aclararse que sí existieron legajos procedentes de Corrientes en la citada encuesta. En esos materiales basó su libro sobre *Cantares de la Tradición Guaraní* Don Miguel López Breard (1988), obra que constituye lo mejor hecho hasta la fecha sobre poesía tradicional correntina, pese al equívoco título. En cuanto a las investigaciones de campo, no hay duda que las más importantes —dentro, efectivamente, de lo poco realizado— fueron las de Guillermo Perkins Hidalgo, quien a partir de 1943 y por espacio de treinta años estudió diversos aspectos de la cultura criolla tradicional correntina —la poesía entre ellos— volcando algunos resultados parciales en los Cuadernos del Instituto Nacional de la Tradición —luego de Antropología— editados en la década del sesenta. Después, esporádicas visitas a Corrientes de algún musicólogo contemporáneo no llegaron a arrojar luz sobre la cuestión que estoy tratando, ni sobre otras que trataré más adelante.

Sintetizando: unos lamentaban la inexistencia de trabajos sistemáticos sobre la poesía y la música tradicional de Corrientes y de todo el Litoral (y tenían razón para lamentarse, si bien nada hicieron para cubrir ese vacío). Otros —muy pocos— habían ido al campo a recoger datos *in situ* pero ninguno había hecho conocer sus conclusiones (en caso que las tuvieran). Los productos de aquellos esporádicos viajes no pasaban de mudas trascripciones, breves informes burocráticos o insólitas monografías de nivel escolar. Obviamente, a partir de ese panorama "científico", los aficionados —al menos, más entusiastas que los técnicos— tenían el campo libre para dar rienda a sus fantasías.

Ya he referido antes (Pérez Bugallo, 1992 b) que me llevó años decidirme a encarar esta investigación por mi exclusiva cuenta. Comencé a ordenar datos en 1972 y tardé dos décadas en arribar a algún resultado satisfactorio (Pérez Bugallo, 1992 a). Una de aquellas conclusiones consistió nada menos que en haber llagado a la indiscutible certeza de que la poesía tradicional correntina participa de las mismas características que la del resto del territorio argentino de antigua población criolla. Para demostrarlo, vamos ya a los ejemplos, comenzando por *coplas* recogidas en Santo Tomé, Carlos Pellegrini, Gral. Alvear y Goya:

Nadie se queje del tiempo
que el tiempo, tiempo nos da
lo que ocurre es que los hombres
no saben aprovechar.

Un imposible me mata
por un imposible muero
imposible es olvidar
el imposible que quiero.

Si hay tras de la muerte amor
después de muerto he de amarte
y aunque esté en polvo disuelto
seré polvo y fino amante.

He visto morir el sol
en los brazos de la tarde
así me he de morir yo
sin dar mis quejas a nadie.

La piedra con ser la piedra
al golpe del eslabón
echa lágrimas de fuego
¡Qué será mi corazón!

Si tu pecho fuera cárcel,
tu corazón calabozo
y yo fuera prisionero
¡Qué prisionero dichoso!

De balde te estoy mirando
cara a cara y frente a frente
y no te puedo decir
lo que mi espíritu siente.

El día que tu naciste
nacieron todas las flores
y en el altar de la Virgen
cantaron los ruiseñores.

Cuatro calles he corrido
y también un callejón
solo por venir a verte
prenda de mi corazón.

A un bello jardín dentré
para escoger unas flores
pero no encontré una sola
que tuviera tus colores.

Dejate de esos enojos
volveme a querer de nuevo
tapame con tus alitas
como la gallina al huevo.

Quisiera cruzar el río
sin que me sienta la arena
ponerle grillos al diablo
y a tu amor una cadena.

Yo subí en un alto pino
por ver si te divisaba
y el pino que era muy verde
de verme llorar, lloraba.

Andate papel, andate
a las manos que te mando
si te miran con desprecio
volvete papel, llorando.

Veamos ahora una muestra de las *coplas* que se cantaban —y aún, en alguna medida, se cantan— en Corrientes, Chaco y Formosa en los velorios de niños de corta edad. Se conocen con el nombre de "Cantos de angelito" y una de sus características ha sido que el intérprete —siguiendo la tradición hispana— cantara algunas *coplas* en representación del fallecido, a modo de mensaje póstumo y estableciendo una especie de contrapunto entre ambos. Recopilé este tema en la ciudad de Resistencia, en 1978:

Atención pido un momento
—digo, si me es permitido—
porque a cantar he venido
en este fallecimiento.

Del tronco nace la rama,
de la rama el arbolito
y yo vengo a celebrar
a la cruz de este angelito.

Cuando muere un angelito
sube hasta el cielo volando
y entonces la madre queda
días y noches llorando.

Atención pido, señores
un momento han de escuchar.
Va a cantar el angelito
que en la gloria va a gozar.

"Dios se lo pague, mi madre,
por la leche que me dio
yo en el cielo y en la gloria
he de rogar por los dos."

Adiós, adiós, angelito
que para el cielo te vas
a rogar por padre y madre
que en el mundo los dejás.

"Adiós madre, adiós madrina
y parientes por igual.
Desde allá del otro mundo
por todos he de rogar".

Qué glorioso el angelito
que se va para los cielos
rogando por padre y madre
y también por sus abuelos.

Las pruebas están a la vista. Todas estas *coplas* pertenecen a la tradición popular de Litoral pero son las mismas —las mismas— que otros investigadores y yo mismo hemos recogido también en las provincias del Norte y del Centro; en Cuyo, en el ámbito pampeano y más recientemente también en el área chaquense y hasta en la Patagonia. Esa amplia difusión no puede atribuirse a otra razón que a la gran profundidad temporal de su ingreso a nuestro país. Y ese ingreso —por simples razones históricas— no pudo producirse sino desde el Perú. Desde allí estas *coplas* —muchas textualmente idénticas a las peninsulares— llegaron al Paraguay y a Corrientes, al mismo tiempo que llegaban a Cuyo por Chile y por vía directa al Noroeste.

Agregaré, para reforzar mi postura, otro elemento de convicción irrefutable: estrofas similares que he recogido personalmente —salvo indicación de otra fuente— en España, en Perú y en Corrientes:

En España

Del cielo bajó un pintor
para pintar tu hermosura
y al ver semejante fiera
se le aguó toa la pintura.

(*Fandango* popular de Huelva)

¿Quién dijo que no se goza
con gusto lo que es ajeno?
Sabiendo desempeñarse
se goza mejor que el dueño.

(*Jota* popular manchega)

Palmero, sube a la palma
y dile a la palmerita
que se asome a la ventana
que mi amor la solicita.

(*Isa* popular canaria)

Tanto que vas y que vienes
tanto que andas por aquí
tanto que gastas zapatos
y no has de tenerme a mí.

(*Copla* sevillana)

En Perú

Del cielo bajó un pintor
para pintar tu hermosura
y al ver animal tan fiero
se le borró la pintura.

(*Refalosa* popular limeña)

¿Quién dijo que no se goza
con gusto lo que es ajeno?
Sabiendo sobrellevarlo
se goza mejor que el dueño.

(*Refalosa* popular limeña)

Palmero sube a la palma
catay, catay
y dile a la palmerita
chumay, chumay
que se asome a la ventana
catay, catay
que mi amor la solicita
chumay, chumay.

(*Marinera* popular limeña)

Tantas idas y venidas
tanto pasar por aquí
se han de acabar tus zapatos
y no has de gozar de mí.

(*Cueca* boliviana, recopilación de
Nilo Soruco)

En Corrientes

Del cielo bajó un pintor
para pintar tu hermosura
y lo que te vio tan fiera
se le hizo agua la pintura.

(*Relación* popular)[7]

¿Quién dijo que no se goza
la prenda de amor ajeno?
Sabiendo disimular
se goza mejor que el dueño.

(*Copla* popular)

Guitarra de cinco cuerdas
decile a aquella *guainita*[8]
que se asome a la ventana
que mi amor la solicita.

(*Copla* popular)

Tantas idas y venidas,
tanto pasar por aquí
ayé gastapa nde botine[9]
y no vas a gozar de mi.

(*Copla*, recopilación de
M. López Breard, 1988: 79)

La última de las cuartetas transcriptas nos introduce en el característico bilingüismo de la poesía popular correntina. Adelanto material de un próximo capítulo trayendo a colación un documento histórico relacionado con este tema. El viajero Alcides D'Orbigny realizó su *Viaje a la América Meridional* entre 1826 y 1833. En el capítulo XI de su libro —titulado *Vistazo de Corrientes y sus habitantes*— señaló, entre otras cosas que ya veremos, que "El idioma guaraní posee también sus cantos populares [...] que varias veces he oído en la ciudad. Estoy tentado de creer que son compuestos por los españoles en lengua guaraní". (D'Orbigny, 1941 (I): 333).

Analicemos este párrafo, que algunos han creído referido al canto propio del indígena guaraní. Observemos que, en realidad, lo que D'Orbigny dice muy claramente es que los cantos son populares —esto es, propios del pueblo criollo o, en todo caso, del indígena acriollado— y que se cantan —en la ciudad— en lengua guaraní, entendiendo que han sido "compuestos por los españoles". Y entendiendo bien. Felizmente, hay algunas *coplas* transcriptas. Veamos dos de ellas, respetando lo que el autor escribió e intentó traducir:

Tesai ndarecobeyma
Añoebo nderehé
Ará obahere hae
Cherecobe ameene.

Guenbiaiju o mocaniro;
picasumi ochacó
Upera mi ahey che
Nderehé añapiro.

Lágrimas no tengo ya
a fuerza de llorar por ti.
Llegará el día que dé
la vida.

Llora la tortolita cuando
su consorte pierde. Así lloro
también yo tu pérdida.

(D'Orbigny. op. cit.)

Lo que ha ocurrido resulta muy claro. Estas estrofas no son, en efecto indígenas sino españolas que fueron traducidas —y ligeramente adaptadas— al guaraní. Cuando el viajero intenta traducirlas lo que hace en realidad es una retraducción, restituyéndolas a la lengua original. Claro que las hace volver al español algo estragadas, un poco por impericia y otro poco por desconocer la "forma madre". Sin embargo, las *coplas* españolas que dieron origen a este proceso todavía existen. Todavía están vigentes y en boca de nuestros cantores populares. Son estas:

Ya mis ojos se han secado
de llorar mi triste suerte
así ha de llegar el día
en que me tope la muerte.

Si la tortolita llora
cuando le quitan su nido
cómo no he de llorar yo
que tengo tu amor perdido.

Este "descubrimiento" no implica que andando el tiempo no hayan surgido entre los hablantes bilingües del Litoral nuevas *coplas* —en guaraní o en *yopará*[10]— cuyo correlato no es posible hallar en los cancioneros españoles ni en los repertorios tradicionales de Hispanoamérica. Pero quede claro que el carácter, la estructura —el "molde"— es español y no aborígen. Veamos algunas:

Por tu cara sos lechuza,
por tu voz sos un *yaguá*[11]
cururú[12] por tus parientes,
yacaré por tu *taitá*[13].

En el campo hay una planta
que llaman *cambá nambí*[14]
decime, china querida
si tu amor es para mí.

Aguardiente malicioso
tacuareé yicuará[15]

por culpa de la copita
ohó che pirapirá[16].

Che cuarahi ha cha ara
che yasï ha cha caarú.
Tupasi ha ñandeyara
oicuahá che mboraihú[17].

El *caráu* y la pollona
caa sóo ïpeguá
e*l caráu oyabe'o*
la pollona *oyembïasi*[18].

Pajarito *ñee* ufana
güirá caraguatatí
apenas llega la noche:
¡*Cuchi í güí güí güí güí...*![19]

Ayupé[20] en un cerrito
con gran paciencia y valor,
upepé uyuhú[21] tratando
al tiempo con el amor.

Eyapïsacá che canto
emeé cheve nde yurú
no me niegues esa dicha
porque *ité che rohaihú*[22]

El contrapunto y la relación

Al mismo D'Orbigny debemos un dato sobre la vigencia del canto de contrapunto en las primeras décadas del s. XIX. Nos dice, siempre refiriéndose a los criollos correntinos: "... lo que me ha sorprendido algunas veces es la facilidad con que componen versos. He visto a dos campeones desafiarse cada uno con su guitarra [...] cantando alternativamente coplas improvisadas [...] y esto, a menudo, horas enteras, y hasta el día, sin vencerse". (D'Orbigny, op. cit.). En este caso, el libro no trae las referidas *coplas*. Pero de todos modos poseemos materias para ejemplificar.

Veamos, en principio, algunas de las que enviaron los maestros correntinos de la Encuesta Láinez, tal como ellos las escribieron y con propia traducción, en la que he tratado de conservar no sólo el sentido sino también la métrica y la rima.

Oñantajá nicó cheve
pehendune che purahéi
tavencóco mi tatú pé
teñeimpirú tamboé.

Un antojo tengo yo,
mi canción escucharán,
venceré a este *tatú*[23]
y así le voy a enseñar.

Ancé poraitevé
dejagüí el ñaquitá
nde royoguá jañeté
upé yuí palo-cuá.

Mucho mejor que su canto
es el de cualquier chicharra,
el de usted es parecido
a ruido a palo de rana.

Nde purahei ajendú
moaitente mi yuí
ojecava mi tuyú
anche jaguá iquirirí.

Es su canto el que se me hace
parecido al de la rana
que anda buscando la forma
de no callarse por nada.

Re chambóero Ticú
potoi nderei cuajaiva
imporama ndereje
la mar que *che nda jichaiva.*

Si usted, Francisco, me enseña
lo que no alcanzo a saber
sería mejor que me trague
la mar que no llegué a ver.

Las que siguen fueron recogidas en Santo Tomé por Guillermo Perkins Hidalgo a Susana B. de Miller, Antonio Gómez y Adolfo Sanabria, de setenta y cinco, setenta y dos y cincuenta años respectivamente en 1945.

Una sola preguntita,
una sola le he de hacer:
¿Cuántos pelos tiene el sapo
cuando acaba de nacer?

Ya estoy sabiendo, mi amigo
cómo le contestaré:
¿Qué pelos quiere que tenga
si es pelado como usted?

Dejá de cantar, chicharra,
no me sigás molestando;
¡Pobrecito el *cunumí*[24]
que siempre se está babeando...!

Habiendo tantos cantores
de diferentes tonadas
me piden a mí que cante
sabiendo que no sé nada.

Yo soy del Alto Uruguay
donde relumbra el acero.
Lo que digo con la boca
lo sostengo con el cuero.

Por último, las de nuestra propia cosecha en la ciudad de Corrientes, en 1978:

Yo soy el Paraguay pueta[25]
aquel de la larga fama;
nací y moriré cantando
como el pájaro en la rama.

Un sueño soñaba anoche,
sueñito del alma mía:
yo tocaba mi guitarra
pero usted se me dormía.

Del tronco nace la rama,
de la rama el arbolito.
De los paraguayos grandes
... nacen los paraguayitos.

En la calma de la noche
se quejan los doloridos

y tocan sus guitarritas
despertando a los dormidos.

El substrato español de todas las *coplas* transcriptas en este capítulo y en el anterior resulta evidente. Ahí están, entre las voces guaraníes que confieren a los cantares su color local y entre frases realmente improvisadas en el momento, intercalados ciertos versos españoles verdaderamente recurrentes, como que aparecen en muchas *coplas* diferentes de toda América hispana: "En el campo hay una planta"; "Aguardiente malicioso"; "Apenas llega la noche"; "No me nieges esa dicha"; "Un antojo tengo yo"; "Dejá de cantar, chicharra"; "Me piden a mí que cante"; "En la calma de la noche"; "Del tronco nace la rama"... Y qué decir de la anteúltima *copla* transcripta, en la que el cantor tomó prestados dos versos de "El enamorado y la muerte", un *romance* anónimo español del s. XVI.

Una variedad de menor rango de la *copla* contrapunteada es la llamada *relación* o "*relación* de baile", en la que un hombre y una mujer intercambian generalmente piropos y declaraciones amorosas por desdenes y chanzas. Es esta, tal vez, "la más popular de las formas poéticas de nuestro pueblo" al decir de López Breard (1988: 37). Remito al lector interesado al abundante muestreo que aporta el citado autor y agrego algunas que no aparecen en su trabajo. Las siguientes proceden de Cerrito Batel (Corrientes), y me fueron dictadas por Don Abdón Flores:

Hombre:

Ya viene saliendo el sol
redondo como cuajada.
Yo quisiera entreverar
mi poncho con tu frazada.

Mujer:

Siempre que venís llegando
te andás haciendo el pavote.
Vení, vamo'a entreverar
tu lomo con mi chicote[26].

Hombre:

Ayer pasé por tu casa
y los perros me ladraron;
yo pensé que se olvidaron
que soy cristiano y no chancho.

Mujer:

Si los perros te ladraron
aunque usted es un cristiano
estoy seguro, paisano,
que ayer no se habrá bañado.

....	Por tu modo de bailar es lo que pongo cuidado, *repú moipá cherehé* *ñemoaité mi* pollo airado[27]
....	Por tu modo de bailar es lo que tengo fracaso *resé repopó reí* *nimoité nimboi* pedazo[28].
....	No me compares con bichos que son bichos traicioneros. Si querés acompañarme tendrás que bailar ligero.
Anoche me fui a tu casa y me invitaste a cenar; el locrito estaba crudo y el afrecho por volar.	El locrito estaba crudo y el afrecho por volar ... y vos sos el atrevido que te acercaste a cenar.
Dijeron que eras muy linda y yo, para darme el gusto vine y al ver tu hermosura Casi me morí del susto!	*Poriahú ha nde aigüé* *becajú reicohatá* *omiyaguá simiyára* *reuapú ha reuillá*[29]

Las *relaciones* que siguen corresponden a la colección de Perkins Hidalgo:

Cuando paso por tu casa me tirás siempre pedradas; ¿Por qué no me tirás besos ya que no te cuesta nada?	Ya te he dicho, pajarillo, dejate de dar tu queja, que la flor de este jardín sólo se mira y se deja.

(Tomada a Marcial Amaro, de sesenta años, en Alvear).

Tiré el pañuelo al jardín y lo alcé lleno de flores; para mí son sus sonrisas ... para otro sus amores.	Dice que tiró el pañuelo y lo alzó lleno de flores; ni para usted mis sonrisas ni para otros mis amores.

(Tomada a Ventura Reinoso, de Santo Tomé)

La confluencia del acordeón gringo y la guitarra criolla documentada por Carlos Vega en Paraná (Entre Ríos) en 1942. (Nótese la particular posición del guitarrero para obtener el acorde de si séptima.)

Yo por vos, prenda querida,
voy a saltar el alambre;
sos una carne sin dueño
... yo soy un perro con hambre.

No me gusta su mirada
ni su voz de lechuzón;
antes que suya prefiero
ser mujer de un lobizón.

(Tomada a Zoilo Alegre, de sesenta y seis años, en la estancia "Las Casuarinas" sobre la costa del Iberá).

Yo para echar relación
nunca me pongo a pensar
pues tengo un *porongo* lleno
y otros dos para llenar[30].

(Tomada a Carmen C. de Méndez, de cuarenta y dos años, en Santo Tomé).

Entiendo que el muestreo poético —necesariamente breve— que acabo de presentar resulta suficiente para demostrar que la poesía tradicional correntina hunde sus más profundas raíces en la española y que su similitud —cuando no absoluta identidad— con otros cancioneros —especialmente los del Norte Argentino— nos hablan a las claras de su antigüedad y su procedencia: el Perú Colonial.

Cabe ahora preguntarse a qué formas musicales correspondía esa poesía.

¿Qué eran, en lo que a especie musical se refiere, estos versos cantados? ¿Cuáles eran las canciones y las danzas de los primeros pobladores criollos del Litoral? ¿Con qué instrumentos se acompañaban? ¿Queda algún relicto de aquel antiguo repertorio? ¿Tuvo la acción jesuítica alguna relevancia dentro de este proceso?. Voy a responder a estas inquietudes, comenzando por la última expuesta.

V. EL APORTE MUSICAL DE LOS JESUITAS

Mucho se ha escrito sobre el desarrollo de las prácticas musicales entre los indígenas que estuvieron bajo la tutela de los sacerdotes jesuitas durante los siglos XVII y XVIII. No volveré sobre el tema como no sea para destacar qué tipos de expresiones musicales llegaron a las misiones en manos de los sacerdotes y establecer —espero que definitivamente— cuáles perduraron en la tradición popular y cuáles no. Veamos, en principio, quienes fueron los más destacados sacerdotes músicos que la Compañía de Jesús envió a estas tierras.

Juan Vaisseau. Nacido en 1584 en Tournay (Bélgica) y fallecido en 1623 en la reducción Loreto. Formado musicalmente en su país de origen, se destacó en el cultivo del canto coral y trajo a América la técnica homofónica, consistente en el canto de varias líneas melódicas coincidentes rítmica y textualmente, formando una sucesión de acordes. Desarrolló su actividad dentro de nuestro actual territorio misionero.

Luis Berger. Nació en Abbeville (Francia) en el año 1558 y falleció en Buenos Aires en 1639. Tocaba y construía con maestría el violín, y era maestro de danza. Fue destinado a San Ignacio y trabajó fundamentalmente en la región sur de lo que hoy es la República del Paraguay, pero tanto Chile como Perú llegaron a requerir sus servicios.

Antonio Sepp. Nació en Kalter (Tirol) y falleció en 1733 en la Reducción de San José. Se formó como músico en Alemania, aplicándose a la ejecución de la flauta, la corneta, el clavicordio, el clarín, el sacabuche, la viola y la tiorba. Integró de niño el Coro de la Corte Imperial de Viena. En 1691 se estableció en Yapeyú, donde presumiblemente introdujo entre los guaraníes la práctica del arpa, entre otros instrumentos.

Domenico Zipoli. Nacido en 1688 en Prato, pueblo de la Toscana. Inició su formación como organista en Florencia, perfeccionándose luego en Nápoles con Alejandro Scarlatti y en Roma con Bernardo Pasquini. Se incorporó a la Compañía en 1716, trasladándose al año siguiente al Río de la Plata. Se instaló en Córdoba y allí se dedicó a la ejecución del órgano, la dirección de coros y las cátedras universitarias. Sus composiciones circularon por las misiones y también fueron requeridas desde Lima por el Virrey del Perú. Recientemente, su *Misa en Fa para coro a tres* voces fue hallada por Stevenson en los archivos de la Catedral de Sucre (Bolivia). Falleció en Santa Catalina (Córdoba) en 1726 sin llegar a ordenarse sacerdote.

El repertorio musical que trajeron estos maestros —algunos de ellos verdaderos virtuosos— estaba íntimamente relacionado con su formación académica y sus objetivos catequísticos. Lo integraban las obras maestras europeas de los siglos XVI y XVII, de carácter fundamentalmente religioso, creadas básicamente en Italia y en el sur de Alemania: tocatas, motetes, preludios, misas, salmos, ofertorios, salves... para interpretar los cuales formaron con los guaraníes pequeños conjuntos instrumentales, orquestas y bandas cuyo bagaje instrumental y técnico fueron exclusivamente europeos. En lo vocal se aplicaron a las misas, catecismos y letanías, formando para ello cantorías o grupos corales a los que instruyeron en las técnicas del canto llano, homofónica del s. XVI y polifónica del siglo siguiente. También compusieron, para hacer interpretar a sus discípulos, pequeñas obras para canto y algún instrumento. Leonardo Waisman (1992) recuerda al respecto las llamadas *durchkomponiert*, en las que la voz debía dialogar obligadamente con un instrumento o bien unirse a él en terceras paralelas, según la técnica del canto popular. Los indígenas debían cantar en latín —aunque no comprendieran de esa lengua ni una palabra— o bien en guaraní, ya que muchas canciones sacras y alabanzas fueron traducidas —lo mismo que el catecismo— por los sacerdotes a esa "lengua general".

En cuanto a las danzas que enseñaban los misioneros, eran las europeas llamadas de salón o de palacio: *alemandas*, *zarabandas*, *gavotas*, *minués*, *pavanas* o *canarios*, todas ellas sin dar lugar a la intervención femenina, ni siquiera mediante varones disfrazados. Dice el Padre Cardiel: "No se estilaban bailes o danzas en las casas de los indios, como se usan en Europa entre mozos y mozas [...] En las danzas de los indios guaraníes no entran mujeres, ni aún hombres con trajes de ellas, no hay cosa alguna que huela a esto, ni en público ni en particular [...] Todas las danzas son las de las festividades de los Santos y cada grupo danzante lo hace a la usanza que recibieron de los distintos maestros" (Cit. por Visconti Vallejos, 1990: 130).

Ahora bien, España había enviado también a América su música popular —no religiosa ni académica—, y el Paraguay no resultaba en esto la excepción. Los maestros regulares y seglares conocían, por ejemplo, las danzas pueblerinas —llegadas desde el Perú— y en ocasiones de ofrecer espectáculos populares las incorporaban, a modo de concesión y también como recurso para granjearse las simpatías de la población criolla, al repertorio de sus conjuntos.

Algunos testimonios darán prueba de lo que estoy planteando. Francisco Jarque, presbítero que estuvo entre 1636 y 1640 en las Reducciones, informó en sus escritos que "No menos atraen las danzas de los niños a los grandes en la iglesia, teniendo por suma dicha de sus hijos el verlos galancitos danzar en las festividades y procesiones con raro primor. Porque un niño de 8 años hará 50 mudanzas sin perder el compás de la vihuela o arpa con tanto aire como el español más ligero. Soy ocular testigo y admiré en tanta inocencia tal destreza" (Cit. por Visconti Vallejos, op. cit.: 129).

El Padre Cattáneo, en *Buenos Aires y Córdoba en 1729 según cartas de los Padres Cattáneo y Gervasoni* se refiere a un grupo de jóvenes indígenas que los misioneros llevaron desde Yapeyú a Buenos Aires a ofrecer un espectáculo danzístico, en estos términos: "Entre otras danzas tenían una graciosísima, que podía ser vista con gusto por cualquier europeo y consistía en doce muchachos vestidos a lo inca, que era el indumento de los antiguos nobles del

Perú, y venían todos con algunos instrumentos, cuatro arpas pendientes al cuello, otros con guitarras y otros con violines [...] tocaban con tal rigor en la cadencia y con tal orden en las figuras que se ganaban el aplauso y la aprobación de todos". (Cit. por Furlong, 1945: 139).

Vuelvo al Padre Cardiel y a su *Carta y Relación de las Misiones de la Provincia del Paraguay*, escrito en 1747, donde aparece el siguiente comentario: "Unos bailan la Españoleta, Pavana, Canario y los demás sones que llaman de Palacio, al son de arpas y violines, en que suele hacer el danzante 15 y hasta 20 mudanzas diversas. Otras, y son las más, son de muchas, ya a la Española, unas veces haciendo el paloteado, y otras haciendo todos con pequeñas banderas jugándolas al modo militar con variedad de escaramuzas, y otras con espadas, representando esgrimas y escaramuzas, haciendo segundo instrumento con ellas, con sus golpes al compás..." (Cit. por Visconti Vallejos, op. cit.: 130).

Los documentos resultan de una gran elocuencia: estamos en el Paraguay de los siglos XVII y XVIII, en presencia de danzas populares hispano-peruanas. Algunas, de varones solistas, se estructuraban con base en *mudanzas* al compás de la guitarra o el arpa. En otras, los músicos llevan violines y arpas —estas últimas aseguradas al cuello— se desarrollan *mudanzas*, juegos de palos o espadas, elementos éstos utilizados como idiófonos complementarios para la base rítmica. Entiendo que ya el lector —especialista o no— habrá advertido que en el primer caso estamos ante una danza de la familia del *malambo* —danza que se bailó y se baila en el Perú con acompañamiento de arpa, guitarra y cajón—, y que hasta tiene en Lima un barrio de negros, junto al río Rímac, que lleva su nombre. El rasgo de tocar el arpa en posición invertida mientras se marcha, asegurándola al cuello, está aún hoy plenamente vigente en territorio peruano, lo mismo que su asociación con guitarras y violines. También se mantienen vivas hoy en ese país ciertas danzas masculinas de origen europeo en las que los participantes portan banderillas, palos o espadas. Esto último lo he observado también repetidamente en celebraciones religiosas populares de diversas zonas de España. Allí se lo llama "paloteo" y está también a cargo de varones que visten atuendos ceremoniales. Los mismos elementos, en suma, y un itinerario indiscutible: de Europa —más específicamente de España— al Perú Colonial y de allí a las misiones del Paraguay.

Para evitar equívocos, hay que repetir que esa música popular que podía aparecer en los espectáculos de los jesuitas era la que estaba —desde antes de la llegada de éstos— en el oído, en la memoria y en el gusto de la población criolla. La otra música, en cambio —la sacra, la coral, la erudita, la académica— sí fue aporte casi exclusivo de los religiosos. Llegó en las partituras, en la teoría y la técnica de los maestros... y prácticamente se fue con ellos cuando tuvieron que retirarse. "Expulsados del Paraguay los jesuitas, desapareció todo vestigio de sus enseñanzas musicales" dice Talavera. Si no todo vestigio, por lo menos sí la inmensa mayoría de sus enseñanzas. "El paréntesis jesuítico, aunque prolongado, fue un episodio adventicio, porque careció de la significación que le permitiera inaugurar una auténtica tradición musical en el país". (Talavera, 1983: 17).

Para muchos, el arraigo del arpa como instrumento popular en el Paraguay se debería a la decisiva influencia jesuítica. Se trata del modelo europeo de arpa diatónica del s. XVI, carente de los pedales para la modulación que fueron inventados en 1720 pero que no llegaron nunca a incorporarse a los instrumentos criollos. Esas arpas, digamos, "preorquestales", tuvieron y tienen amplísima vigencia en el Perú, desde donde su ingreso al Paraguay —lo mismo que al Norte Argentino— se produjo por lógica dispersión con las corrientes colonizadoras, llegando a constituir allí el instrumento musical criollo por excelencia. El arpa ya estaba difundida entre los criollos cuando llegaron los jesuitas, y luego los criollos "estuvieron siempre alejados del aparato minuciosamente regimentado que los hijos de Loyola implantaron en sus famosas "doctrinas". (Talavera, op. cit.: 16). Los sacerdotes sólo intentaron extender su uso entre los indígenas. Pero sin éxito, porque ningún grupo guaraní conservó este instrumento entre su patrimonio organológico tras la expulsión de la Compañia de Jesús[31].

La cuestión de cuáles fueron —y de dónde llegaron— las especies musicales que lograron verdadero arraigo en tiempos post—jesuíticos es tema de capital importancia dentro de la secuencia que pretendo exponer. Los datos de "fuente seca" resultarán en esta etapa del trabajo de un inapreciable valor.

VI. LA PRUEBAS DOCUMENTALES

Las canciones

Los documentos históricos atestiguan que una de las consecuencias naturales del fluido contacto entre el Perú y el Paraguay fue la difusión generalizada, en los siglos XVIII y XIX y tanto en territorrio paraguayo como en la mesopotamia argentina, de un tipo de canción que constituyó el producto musical más representativo de un movimiento cultural americano de características prerrománticas: el *triste*.

Esta especie lírica, cuyo origen peruano resulta un hecho fuera de toda discusión, tuvo como progenitora al *yaraví*, del cual constituyó una variedad relativamente regularizada en lo fraseológico, con melodías que fueron más allá de la gama pentatónica, con base armónica de tonalidad menor pero con característicos pases al relativo mayor —pase de rigor en el IV grado y como matiz alternativo en la tónica—. Veremos dos testimonios de la vitalidad del *triste* en el Paraguay.

Sobre principios del s. XIX el naturalista Félix de Azara, refiriéndose a las costumbres tradicionales paraguayas, había dejado constancia de que "En cada pulpería hay una guitarra, y el que toca bebe a costa agena. Cantan *Yarabis* o *Tristes*, que son cantares inventados en el Perú, los más monótonos y siempre tristes, tratando de ingratitudes de amor" (Azara, 1943: 202).

Por su parte, el comerciante inglés John Parish Robertson dejó, entre los recuerdos de su estadía en Paraguay y Corrientes entre los años 1811 y 1815 —*Cartas de Sud América*— otra referencia coincidente: "Me gustaban los aires plañideros cantados por los paraguayos acompañados con guitarra. Doña Juana lo sabía, y con gran sorpresa mía, al regresar de la ciudad una tarde, la encontré bajo la dirección de un guitarrero, intentando, con su voz cascada, modular un *triste* y con sus descarnados, morenos y arrugados dedos acompañarlo en la guitarra". (Cit. por Vega, 1965: 273).

Doce años más tarde, el ya citado Alcides D'Orbigny volvía a observar en Corrientes la vigencia del *triste*: "Casi todos los hombres son músicos, puntean la guitarra y cantan *tristes* o romanzas [más adelante dirá "*tristes* o romanzas peruanas"] así como canciones alegres" (D'Orbigny, op. cit.).

Los *tristes* habían llegado, indiscutiblemente, del Perú. Las "canciones alegres" también, porque no eran otras que las *coplas* —en este caso jocosas— continuadoras de la tradición trovadoresca y que todavía circulan, casi idénticas, en el Litoral y otras provincias. A las ya expuestas en capítulos anteriores agrego un puñado más, de carácter humorístico, que he recogido en diferentes puntos de la campaña correntina:

Las mujeres son, amigo
parientas del alacrán:
cuando ven a un gaucho pobre
alzan la cola y se van.

Yo quise una triste viuda
y ella triste me quería;
triste guisaba los pollos
... yo triste me los comía.

He venido desde lejos
escribiendo en las paderes
un letrerito que dice:
"Leña quieren las mujeres".

Yo me voy a poner luto
una bata colorada
porque se ha muerto mi suegra,
esa vieja condenada.

He visto volar un buey
con una corneta encima
y un sapo con pantalón
ordeñando una gallina.

Del buche de un avestruz
salió una perdiz volando;
señores, si no lo creen,
... un ciego estaba mirando.

A orillas de una laguna
estaba un sapo con otro.
Uno estaba de levita
y otro con bota de potro.

He visto volar un sapo
en medio de una laguna
y las aves se asustaron
de verlo volar sin plumas.

A orillas de una laguna
estaba un sapo en cuclillas,
con la navaja en la mano
haciéndose las patillas.

Si querés que vaya y vuelva
mandame barrer la entrada,
que si salgo por la noche
volveré de madrugada.

Coplas alegres, disparatadas o picarescas, que al igual que las de carácter sentencioso o enamoradizo, se cantaban en el Litoral con acompañamiento de pequeñas guitarras y también de arpas. Las mismas *coplas* se encargan de recordárnoslo:

Arpa vieja sin clavijas,
armazón de cucaracha,
... ya se te ha pasado el tiempo
de querer a una muchacha.

Yo te quisiera querer
y tu madre no me deja
se la pasa todo el día
chillando como arpa vieja.

Guitarra de cinco cuerdas
decime con tu razón
si ya me olvidó la niña
que llevo en el corazón.

El amor que te tenía
lo he encerrado en un cantar
y al compás de la guitarra
le estoy llevando a enterrar.

Debe ser dulce el querer
ya que ninguno lo deja;
yo no tengo más consuelo
que mi guitarrita vieja.

La guitarra que yo toco
tiene boca y sabe hablar
solo le faltan los ojos
para ayudarme a llorar[32].

Una de las denominaciones que recibieron en buena parte de América las canciones estructuradas con cuartetas octosilábicas fue *cielito*. Podían ser amatorias o picarescas, y su nombre derivaba de la voz cielo o cielito que casi obligadamente formaba parte de los dos primeros versos de cada estrofa. Doy ejemplos entrerrianos:

Digamos, cielo, cielito
cielito ¿No te decía?
Buscá tu comodidad
que yo buscaré la mía.

Allá va cielo y más cielo,
cielito de aquel que fue
a dar agua a su caballo
y lo trajo sin beber.

Tomá mi cielo y cielito,
cielito del corazón;
más vale un beso en la boca
que en la calle un tropezón.

Tomá mi cielo y cielito,
cielito del cañadón.
¿No me has visto un bayo viejo
junto con un mancarrón?

(Fernández Latour, 1977: 156).

Las cuartetas romanceadas asociadas en torno a determinado tema recibieron en cambio el nombre de *compuesto*. Con esa denominación se reconoció y se reconoce el *romance* criollo poliestrófico cuya temática preferencial ronda en torno a las fábulas o la narración pormenorizada de hechos de armas, "sucedidos", desgracias o accidentes que dejaban huella en la memoria colectiva. Pero quede claro que tampoco el *compuesto* ha sido nunca exclusivamente correntino, mesopotámico ni paraguayo. He oído esa voz aplicada a narraciones cantadas en Salta, Catamarca, Santiago del Estero, Tucumán y Buenos Aires. Otros recolectores atestiguan su uso en el Chaco, Cuyo, La Pampa y Córdoba.

Suele ser habitual que el término *compuesto* lleve agregada una aclaración referida al ritmo o a la forma de acompañamiento elegidos por el cantor; de allí que, en diferentes regiones, se oye hablar de "*Compuestos* por *cifra*"; "*Compuestos* por *estilo*", "Por *cueca*", "Por *milonga*" o "Por *chacarera*". Tengo recogidos abundantes ejemplos de cada uno de ellos y muchos son —también en este caso— los mismos, salvo variantes circunstanciales, en una y otra provincia.

Veamos una versión mercedeña del *compuesto* de "El toro y el tigre" que recogí en la ciudad de Goya de labios de la señora Leonor Vargas de Zenón en el año 1993. (Fecha que muestra la vigencia de una expresión que a menudo se ha dado por extinguida):

"El toro y el tigre" (compuesto).
(Recop. R. Pérez Bugallo).

Fue un día de primavera
al clarear el horizonte.
Salió del corral un toro
por las orillas del monte.

Un tigre lo alteó[33]
—Amigo, no pases tanto,
porque yo soy juez del monte
y comisario del campo.

El toro le contestó:
—Callate, cara de esponja.
Parece que has tomado
el agrio de una toronja.

El tigre le contestó:
—Callate, garrones sucios;
que si yo largo un bramido
al más gauchito lo asusto.

El toro le contestó:
—¡Infeliz sin esperanza!
Yo te he de ensartar ahora
en la punta de mis lanzas.

El tigre con su fiereza
al toro lo atropelló
y el toro con su destreza
en las guampas lo atajó.

Vinieron vacas y bueyes
y los terneros también.
Miraban al tigre muerto
y aplaudían a su rey[34].

Otros célebres *compuestos* litoraleños fabulados son "El caballo y el buey"; "El jilguero y la calandria"; "El yacaré" y "El cazador y la garza". Esta antigua especie fue en el área guaranítica una de las principales protagonistas de un interesantísimo proceso. Por la necesidad de avanzar paso a paso —dosificando, no sin esfuerzo, el caudal de información que pugna por desbordar mi plan expositivo— me extenderé sobre ese tema algunas páginas más adelante.

Las danzas

Desde fines del s. XVI se gesta y adquiere auge en España toda una familia de bailes populares de cortejo amoroso. Como reacción nacionalista contra el afrancesamiento provocado por las influencias napoleónicas, el *fandango* —el más representativo de estos bailes deshinibidos que dejaban amplio margen a la expresividad espontánea de las parejas en su desarrollo coreográfico— se convirtió hacia el s. XVIII en baile nacional español. Lo propio ocurrió en América Hispana. Aquí las formas españolas se fueron remodelando paulatinamente, recibiendo incluso aportes de la población esclava de origen africano. De ese modo, los "Bailes de dos", "Bailecitos del país" o "Bailecitos de la tierra" —como se los llamó— enfatizaron su carácter esencialmente erótico sumando a los zapateos, palmoteos, zarandeos, palmas y castañetas españoles nuevos elementos: incitantes contoneos neofricanos e insinuaciones pantomímicas de recreación local. Junto con sus afines y descendientes (El *mis mis*, el *tras tras*, la *mariquita*, el *lundú*, la *refalosa*, la *zamba* y el *malambo*, todos de pareja suelta independiente salvo el último), el *fandango* ingresó a territorio paraguayo y argentino desde el Perú, generando nuevas especies como el *gato*, que fue el más popular de los bailes de esta promoción. En nuestro territorio se difundió por toda el área de antiguo poblamiento criollo: Noroeste, Centro, Cuyo y Noreste —especialmente Corrientes— bajando desde todas esas áreas a la llanura pampeana. En el Paraguay dio lugar a danzas como la *palomita* —similar a nuestra *lorencita*—, la *chipenta* —notoriamente emparentada con el *malambo* y el *gato*—, el *cazador* —forma híbrida que consta de zapateos, avances, retrocesos y palmas, alternando ritmo ternario y binario— y el *sarandí*[35], por nombrar sólo algunas especies en las que el parentesco con nuestro Cancionero Ternario Colonial resulta más que evidente.

Aún con el riesgo de caer en algún anacronismo, el *fandango* puede ser considerado el verdadero padre de esta familia coreográfica en la que las libertades y el desenfado fueron su más atractiva característica y seguramente el principal motivo de su amplia difusión en América. En 1735, por ejemplo, Jorge y Antonio de Ulloa se preocupaban por el modo como los "Bayles o fandangos a la moda del país" hacían en Colombia gala de "indecentes y escandalosos movimientos" (Cit. por Vega, 1956: 155); no obstante lo cual —o quizás precisamente gracias a eso— en la Lima de 1791 el *fandango* se había constituido, al decir de un periodista, en "embeleso de todas las naciones" (Vega, op. cit.: 176).

Entre "todas las naciones" estaba, obviamente, el Paraguay, adonde el *fandango* llegó bajando por tierras peruanas y bolivianas y donde a principios del siglo pasado uno de sus derivados —el ya mencionado *sarandí*— pugnaba por imponerse pese a las restricciones del Dr. Francia. Así nos lo hacen saber los hermanos Robertson, quienes a comienzos de la segunda década del s. XIX vieron en Itapuá, durante la celebración de San Juan, como "... se levantó doña Juana con sus ochenta y cuatro años y bailó un zarandín o zapateado" (Cit. por Ruiz Rivas de Domínguez, 1974: 47). Vale la pena destacar la edad de la bailarina, porque el detalle implica de por sí la vigencia de esa danza desde varias décadas atrás. Y si, por si alguien supusiera que lo de la octogenaria sólo fue un espontáneo y aislado recuerdo, y que el dato no indica una verdadera vigencia entre la gente más joven de aquella época, vayan estas aclaraciones de los mismos viajeros: "Los asunceños practicaban un movimiento bárbaro llamado "zarandig" o baile de taconeo. En especial las clases más bajas amaban apasionadamente esta danza y su música de acompañamiento" (Ruiz Rivas de Domínguez, op. cit.).

¿Que cuál era ese acompañamiento? Por supuesto, el mismo del *fandango*, danza progenitora con la que compartía su célebre descendiente los gustos populares. Para certificarlo está el testimonio de Francis de la Porte, quien en 1845 estuvo en Fuerte Olimpo, consignando que "A la noche los soldados de la guarnición se reunían y bailaban fandangos al son del arpa y la guitarra" (Ruiz Rivas de Domínguez, op. cit.: 92).

Todavía en 1878, los "Bailes de dos" disputaban las preferencias populares con las nuevas modas coreográficas. En esos años —y pese a la desventaja que significaba competir con los bailes de pareja enlazada— el *gato* y la *zamba*, derivada esta última de la *zamacueca* peruana, eran los auténticos bailes nacionales... del Paraguay. Así lo consigna Giovanni Peleschi (*Otto mesi nel Gran Ciacco*, 1881), aportando un dato que puede parecer curioso pero que ensambla perfectamente con todo el proceso que vengo estudiando. El viajero, refiriéndose a un almacén con café, salón de billar y local de baile que visitó en Humaitá, asegura que "En ese lugar hubierais asistido a la *cuadrilla* francesa, al *vals* con el *chotis* milanés, al *gato* y a la *zamba* nacionales".(Cit.

por Vega, 1952: 541). Que no queden dudas: Pelleschi se refiere al *gato* y a la *zamba* como bailes nacionales paraguayos. Y esto no hace sino reafirmar la idea que estoy planteando desde el principio de este libro: la influencia peruana en esa áre, aún muy clara a fines del siglo pasado.

Puestas a la vista estas evidencias históricas, cabría preguntarse ahora qué quedó en las provincias litoraleñas de aquel viejo substrato hispano-peruano. ¿Quedó en la memoria popular de nuestra Mesopotamia algún rastro del *triste*, del *gato* o de la *zamba*? ¿Queda en la actual música litoraleña algún vestigio de aquel antiguo Cancionero Ternario Colonial? Para ir dando respuestas a estos interrogantes ofreceré una sintética secuencia histórica, dando cuenta de cómo los acontecimientos más relevantes se vincularon con y quedaron documentados en diferentes formas del cancionero popular a partir de la Independencia.

VII. LA HISTORIA EN CANTOS Y BAILES

Corrientes de la Emancipación

En tiempos de la Revolución de Mayo el *cielito*, antes romántico y picaresco, deviene canción y danza patriótica. Se lo baila como una *contradanza* —por parejas sueltas interdependientes— y/o se lo canta con versos que exaltan la gesta revolucionaria. El dato histórico más antiguo que se conoce al respecto es de 1813, cuando los patriotas cantaron un *cielito* con acompañamiento de guitarra —sin bailarlo, claro está, porque no se trataba de una fiesta— frente a las murallas de Montevideo, alborozados ante la aparición de la escuadra. La primera versión musical escrita es de 1816 y la primera descripción de su coreografía de 1818. En Corrientes, el primer documento —hasta donde conozco— data de 1827. En ese año lo vio tocar D'Orbigny con un conjunto de rústicos instrumentos (arpa, guitarra, violín, tambor, flauta y triángulo) en el pueblo correntino de Caacatí: "Tocaron el acompañamiento del *cielito*, y enseguida todos los presentes se pusieron a bailar esta alegre danza, siempre acompañada de canto. Prosiguieron con un *minué montonero*, muy de moda en el país, y que une al carácter grave del *minué* común, el de esas figuras tan graciosas, esos pasos que los españoles hacen tan bien" (D'Orbigny, 1945: 224).

Obviamente, esas "figuras graciosas" eran las de los bailes apicarados de pareja suelta, llegados desde el Perú, que el *minué* había tomado en préstamo. Ejemplos de similares acriollamientos se presentaban por aquella época en el *pericón* y la *media caña* —variedades del *cielito*— que junto a las *cuadrillas* y los *lanceros* conformaban la familia de las *contradanzas* europeas difundidas desde París. Refiriéndose a los peones de una chacra en Laguna Brava, cerca de ciudad de Corrientes, D'Orbigny nos dejó una clara prueba del "descenso" del *cielito*: "Todas las tardes, apenas terminando su trabajo, se van a sus casas o a las de sus amigos o vecinos, sea a pulsar la guitarra, sea a bailar el *cielito*". (D'Orbigny, op. cit.: 122).

Siendo el motivo fundamental del *cielito* la exaltación de los sentimientos patrióticos, lógico es suponer que los poetas letrados —que fueron sus principales cultores— se hayan nutrido, para componerlos, en el cancionero tradicional preexistente. Y sin duda el principal aporte en ese sentido corrió por cuenta del viejo *compuesto*. Su estructura y forma de rima son, por lo pronto, las mismas que en el *cielito*. Y hasta circularon en Buenos Aires y Montevideo ciertos "*Cielitos* compuestos por..." que ya desde su título sugieren el parentesco. Sin embargo, no ha desaparecido aún la costumbre de utilizar el *cielito* para cantar *coplas* picarescas o de doble sentido. El mismo viajero que vengo citando refiere que para festejar su cumpleaños "Se bailó un alegre *cielito*, durante el cual se unía al sonido instrumental el canto de una o varias personas que entonaban las coplas más intencionadas. Durante esta danza tan vivaz, los bailarines hacen sonar los dedos, imitando el ruido de las castañuelas". (D'Orbigny, op. cit.: 200).

También datan de principio del siglo pasado los primeros rastros del *chamamé*. Así lo ha demostrado Olga Fernández Latour al exhumar un curioso documento: el Nº 4 del periódico "Las Cuatro Cosas", editado en Buenos Aires el 17 de febrero de 1821. Allí aparece un comentario mordaz contra el Padre Francisco de Paula Castañeda —franciscano, patriota, federal y periodísta polémico como pocos— en el que se alude al sacerdote "bailando un chamamé encima de la cabeza de alguno".

Si se recuerda que la segunda fundación y población de Buenos Aires corrió por cuenta de mestizos y criollos provenientes de Asunción del Paraguay, no resultará extraño el uso de un vocablo de apariencia guaraní en el ámbito porteño (aún hoy forman parte del habla capitalina muchas voces de esa procedencia, aunque sus usuarios hayan perdido toda idea sobre su significado original). Pero también es cierto que el Director de "Las Cuatro Cosas" era Don Pedro Feliciano Sáenz Cavia, un congresal correntino —unitario— que bien podría haber traído esa expresión desde su provincia natal.

Queda planteada la duda: ¿La voz *chamamé* se aplicaba ya en el Buenos Aires de 1821 a un determinado baile? ¿O eso ocurría, en realidad, en Corrientes? ¿Y de qué tipo de baile se trataba?. Algo —poco— puede avanzarse en este terreno tomando como base el significado de la palabra.

Partamos de la base de que en el idioma guaraní propiamente dicho, la voz *chamamé* carece de referencia semántica. Para decirlo de otro modo, el indígena guaraní la desconoció absolutamente. Se trataría entonces de un neologismo creado en ambiente criollo o mestizo para referirse a algo desordenado, desprolijo, rústico —"hechizo" sería su equivalente en el habla criolla propiamente dicha—, realizado despreocupadamente. Pero volvamos a la crítica contra Castañeda. Sin duda, la referencia es a un baile de pueblo que seguramente tendría zapateos (Ya que si hubiera poseído suaves deslizamientos, el periodista no lo habría tomado como imagen de rudeza y contundencia). La figura literaria es clara: el sacerdote era capaz de zapatear sobre la cabeza de sus opositores. Y el *chamamé* tenía zapateos, de acuerdo con esta interpretación que espero no parezca descabellada. En realidad, no podía ser de otro modo, dado que por la época de esta polémica periodística no había otros bailes populares que los de pareja suelta, con zapateos: el *fandango* y sus derivados.

La voz *fandango* circula hasta hoy en los ambientes populares como sinónimo de desorden, enredo o trifulca. Llego a la conclusión de que la voz *chamamé* —de parecida significación— fue traducción al *yopará* de la voz *fandango*. En otras palabras, la vía filológica me lleva a entender que el *chamamé* de las primeras décadas del siglo pasado no podía ser otra cosa que una variedad del *fandango*, valsado o no, pero sin duda con zapateos.

"El gato de Lavalle"

Parecería que no muchos docentes e investigadores de la danza folklórica en nuestro país hubieran reflexionado sobre el hecho de que aceptar un *gato correntino* dentro de nuestro patrimonio danzístico implica, de suyo, reconocer que ese "Baile de dos" tuvo alguna vez vigencia en la provincia de Corrientes. Precisamente, de eso se trata. De los testimonios que vengo recogiendo surge la certeza de que el *gato* fue en Corrientes tan popular como en el resto de nuestras provincias del Norte, del Centro, de Cuyo y de la Pampa. Por esa razón, el fenómeno de que cuando en 1840 el General Juan Lavalle cayera vencido por Manuel Oribe en la batalla de Quebracho Herrado —luego de haber ingresado a tierras correntinas desde la Banda Oriental al frente de su "Cruzada Libertadora"— comenzaran a circular "Pies de *gato*" narrando estos acontecimientos, no tiene absolutamente nada de excepcional. Simplemente, se aplicaron como letra del difundido baile, *seguidillas* alusivas a los sucesos del momento:

Cuando pasó Lavalle, vidita
por el camino
este *gato* bailaron, vidita
los correntinos.

Si el gato de Lavalle, vidita
se apareciera
yo buscaría otro gato, vidita
que lo corriera.

El *gato correntino*, mi vida
es diferente
debajo de la cola, mi vida
tiene los dientes.

El *gato correntino*, mi vida
es muy bonito
pa' que quiebren el cuerpo, mi vida
los compadritos.

El General Lavalle
y el correntino[36]
en el Quebracho Herrado
fueron vencidos.

Al General Lavalle
y al presidente[37]
no les sirvió de nada
toda su gente.

En el Quebracho Herrado
fueron vencidos
el General Lavalle
y otros cochinos.

(Pérez Bugallo, 1992 a: 71)

Poco después de los episodios mencionados, el General Joaquín de Madariaga se declaró Teniente Gobernador de Corrientes. Fue entonces homenajeado por sus soldados con el baile en su honor de un *gato* que titularon "El Madariaga" y que, según lo ha expuesto Lázaro Flury, fue cantado con versos compuestos por el soldado Juan Guerrero. Madariaga, modestamente —y siempre según Flury— sugirió que se le cambiara de nombre y así se hizo, llamándolo entonces "*gato* corriente, por ser ésta la danza más conocida". Flury entiende que esta fue una creación circunstancial que no sólo no prosperó sino que se esfumó con la pronta derrota de Madariaga. Pero no estoy de acuerdo con este último detalle. Entiendo que los soldados no crearon una danza diferente a las ya existentes sino que bailaron simplemente el *gato*, "la danza más conocida". Era el *gato* común... "el *gato* corriente". Como hemos visto en los documentos, mientras conservó vigencia esta danza fue llamada *gato* a secas. Lo que bailaron los soldados de Madariaga no fue una danza distinta, con algún especial desarrollo coreográfico diferente al *gato* sino el *gato* mismo, que en el Litoral y en la Pampa Húmeda poseía cuatro esquinas, lo que lo emparentaba con el *escondido* o *gato escondido* y el *triunfo*.

La especificación de *gato correntino* o simplemente *correntino* resultó necesaria para determinar su procedencia histórico—geográfica cuando las estrofas contrarias a Lavalle comenzaron a circular por todo el país. Luego, los primeros profesores de danzas tradicionales —por una comprensible necesidad pedagógica que a veces acentuó y otras desvirtuó las particularidades regionales— dieron a la denominación *gato correntino* carta de ciudadanía en el ambiente nativista.

Tal como hoy se lo conoce, el *gato correntino* está emparentado estructuralmente con la *chacarera*, armónicamente con el *malambo* y el *triunfo* y coreográficamente con este último y con el *escondido*... para no extenderme sobre sus obvias afinidades rítmicas y poéticas con todas las especies coreográficas de los tiempos de la Colonia. La provincia de Corrientes —repitámoslo— no constituyó la excepción dentro del cancionero ternario.

También han llegado hasta nuestros días algunas *dianas* relacionadas con los mismos sucesos que acabo de referir, que se cantaban con la melodía del clarín. Doy una de las que recogí en Montevideo en el año 1984, a título de muestra de cómo algunos sones militares arraigaron en el canto popular:

Diana. (Recop. R. Pérez Bugallo).

Arriba, muchachos,
que las cuatro son
y ahí viene Lavalle
con su batallón.

Dejalo que venga,
dejalo venir
que a fuerza de bala
los haremos ir,
los haremos ir,
los haremos ir.

Folklore poético unitario

El 18 de noviembre de 1841 tuvo lugar, sobre la margen izquierda del río Corrientes, la batalla de Caaguazú. Allí, los federales a quienes comandaba el entrerriano Pascual Echagüe fueron derrotados por las tropas del General Paz. Este episodio, que facilitaría el posterior levantamiento de Urquiza contra Rosas, aún es recordado por una *copla* de truco:

Cuando Urquiza en Caaguazú
alzó a la correntinada
traiba entre la muchachada
la flor de la juventud.

La tradición popular quiere que tras esa batalla, un sacerdote que hacía las veces de boletinero y jefe espiritual de las fuerzas unitarias conocido como "*Paí* Pajarito" haya pedido "una canción" en homenaje a la tropa, a lo que el Comandante accedió ordenando a la banda la ejecución de un *chamamé*. No he podido confirmar mediante el documento histórico esta afirmación. La misma estaría indicando que la voz *chamamé* —aplicada, como pienso, al *fandango* o a alguna especie afín como el *gato*— conservaba su vigencia.

Mientras tanto, los intelectuales enemigos de Juan Manuel de Rosas que han emigrado a Montevideo hacen suyo el *cielito*, cambiando sus versos patrióticos para darle un carácter militante de profundo antirrosismo. Sus composiciones, que pretendían imitar las formas populares, circularon en hojas impresas, diarios y revistas, a veces con el nombre de su autor, otras con seudónimo y hasta sin firma, circunstancia esta última que no las convierte en "anónimas" para el estudioso de la cultura popular. Transcribiré algunos fragmentos de estos *cielitos* unitarios, no sin advertir que, pese a sus matices pintoresquistas, probablemente nunca fueron cantados por el pueblo. El que sigue apareció con el título de "Cielo claro" en el diario "El Nacional Correntino", el 31 de mayo de 1842. Su autor —probablemente Hilario Ascasubi— no figura.

"Cielo claro"

Cielito, cielo que sí,
cielo de repetición,
a dos versos canto el cielo,
cielo de nueva invención.

Para cuatro pies de un banco
propios son los generales
pero es preciso igualarlos
porque son muy desiguales.

Ancafilú[38] es la medida,
a Pascual[39] debe acortarse,
estirar al fuerte Bárcena[40]
y a Macana[41] descarnarse.

....

Estos guapos al revés
se titulan federales
yo digo que no lo son
por sus mismas credenciales.

....

Don Miguel Lang Schamberg, *luthier* de Firmat (Santa Fe) pulsando una guitarrilla de su construcción. (Foto: R. Pérez Bugallo, 1994.)

Ah, cielo del desengaño,
cielo de la bella unión;
muy tololo[42] es el que crea
en Rosas Federación.

....

Ultimamente reunidos
dicen que se está animando;
miren, no vengan por lana
y se vuelvan trasquilados.

Porque aquí no hay más remedio
ni más consideración
que sable, lanza y fusil
para el salvaje ladrón.

Allá va este último cielo
a los rosines armados
cuando gusten, venganse
y verán si son lanceados.

(Becco, 1985: 160)

Un año después —1° de septiembre de 1843— aparece en el N° 12 del periódico "El Gaucho Jacinto Cielo" de Montevideo, el "Cielito patriótico a la salú del Ejército correntino que a las órdenes del valeroso Madariaga, consiguió la más completa victoria en el Riachuelo, aplastando para siempre a los traidores Cabral y Ramírez". Con este poco sintético título, su autor Hilario Ascasubi se refería al inicio de lo que luego sería conocido como "La invasión de los Madariaga" en la que un grupo de ciento ocho correntinos comandados por los hermanos Juan y Joaquín Madariaga se lanzaron desde la Banda Oriental sobre Corrientes y Entre Ríos intentando ponerlas fuera de la influencia del gobierno federal.

"Cielito patriótico a la salú..."

¡Otra vez con la victoria
se alzó la correntinada!
¡Ah, pueblo fiel y patriota
que no se duebla por nada!

Allá va, cielo, cielito,
cielito en el Riachuelo;
los mashorqueros traidores
clavaron la aspa en el suelo.

....

¡Ay, cielo, cielo, cielito!
pregúntenselo a Cabral[43]
si toda su rosinada
no disparó a lo bagual.

Con más altivez que nunca,
otra vez los correntinos
amenazan al tirano
de todos los argentinos.

Cielito, cielo que sí,
cielo de la libertá;
a ese pueblo, Juan Manuel
nunquita lo humillará.

El pensó que degollando
y destruyendo a Corrientes,
podría al fin rematar
esa cría de valientes.

....

De aquí a unos días, sin duda,
el General Madariaga
con un ejército lindo
¡Hasta el Paraná se traga!

....

Verán si al Restaurador,
viendo la correntinada
sable en mano y decidida
no se le cae la quijada.

....

Cielos, ¡Viva Madariaga!
¡Y sus bravos compañeros!
Siñuelo de los patriotas,
terror de los mashorqueros.

(Becco, op. cit.: 174)

El último de esta selección data de 1853 y fue incluido por Hilario Ascasubi en su "Aniceto el Gallo":

"Cielito de un correntino"

Voy a cantar este cielo
por una tonada extraña
para que lo baile un cierto
director de *media caña*[44]

....

Diz que ajuera el Director
le anda temiendo a la vela
y otros dicen de que el mate
le anda jediendo a pajuela.

¡Ay, cielo! y dicen también,
no sé si será verdá
de que ya no sabe el ñato
aónde queda el Paraná.

En Corrientes andan todos
con un susto, háganse cargo:
no los vaya a lastimar
como hizo en Pago Largo.

Allá va cielo, mi cielo,
cielo, cielo de mi vida:

no vas a creer, Director,
que el correntino te olvida.

....

Al fin para el Director
echaré la despedida,
y hasta que yo me le afirme
Dios me conserve la vida.

(Becco, op. cit.: 200)

Es este el paradójico nacimiento de la poesía gauchesca, caracterizada por la acentuada mentalidad antipopular de sus cultores, al menos hasta que José Hernández revirtiera esa situación. De todos modos, no faltaban versos de auténtico cuño popular en contra del centralismo porteño. Doy como ejemplo dos *coplas*. La primera exalta la figura de tres héroes correntinos, entre ellos el ya citado Juan Madariaga. La segunda, apropiada para el juego del truco, menciona al General Benjamín Virasoro, Gobernador de Corrientes que se pronunció contra Rosas el 1° de mayo de 1851, siendo nombrado por Urquiza jefe del Estado Mayor aliado:

De Yapeyú, San Martín,
Corrientes: Berón de Astrada[45]
y de Paso de los Libres,
el General Madariaga.

Al General Virasoro,
hombre de mucho valor,
al pasar por Entre Ríos
Urquiza le dio una ¡Flor!

En cuanto a los *cielitos*, su apropiación por parte de la intelectualidad emigrada y el tratamiento exclusivamente político que le dieron restó a la especie penetración popular y la convirtió a poco andar en una manifestación obsoleta, cuando las circunstancias históricas cambiaron y ya carecía de sentido cantar virulencias antifederales. Habiendo tomado el *cielito*-canción en plena floración, lejos de insuflarle nueva vida, los unitarios decretaron su muerte.

Como danza, algunas variedades del *cielito* sobrevivieron unos cuantos años más compartiendo preferencias con el tenaz *gato* y hasta combinándose con él. El viajero Pablo Mantegazza, en su libro de 1859 *Sulla América Meridionale* dejó constancia de haber visto bailar el *cielito* y el *gato* en la campaña entrerriana. Por su parte, el inglés Masterman —que estuvo en el Paraguay entre 1861 y 1869— vio bailar un *cielito* durante una fiesta en Paraguarí: "En el momento en que entrábamos, cerca de veinte parejas ejecutaban el *cielo*, danza complicada, medio *minué*, medio *vals*, que como muchos bailes españoles se efectuán haciendo figuras y dando majestuosos pasos. Los bailarines cantan al mismo tiempo que llevan el compás de la música, y los espectadores, con intervalos, tomaban parte en el coro". La música era "a veces melancólica, triste" y en otros tramos "rapidísima; las parejas castañeteaban con los brazos extendidos" (Cit. por Vega- De Pietro, 1966: 22).

No creo arriesgarme a obscurecer la exposición si traigo a colación que *cielito* fue también otro de los tantos nombres del *gato*. Pero en el párrafo citado se nos está hablando de un caso de mixtura: un *cielito* con *allegro* de *gato*. El *cielito* recibió luego en el Paraguay los nombres de "*Cielito* de Santa Fe", "El Santa Fe" —denominación con la que fue recopilada por Félix Pérez Cardozo— *cielito chopí* y simplemente *chopí*. Como "El Santa Fe" lo registró también Carlos Vega en Corrientes en 1944.

Me resulta necesario interrumpir en este punto la secuencia cronológica para intercalar una sinopsis que sintetice los diferentes aportes que en materia de poesía y música hicieron sentir su influencia en el Litoral. Hago llegar este cuadro de situación hasta mediados del s. XIX, momento en el que se producen nuevas y significativas renovaciones. Las flechas indican la perduración de una especie a lo largo del tiempo y también vínculos genéticos o adiciones entre elementos surgidos en diferentes épocas.

CUADRO I. ELEMENTOS POÉTICOS ARRIBADOS AL LITORAL HASTA EL SIGLO XIX

Siglo XIII	Siglo XIV	Siglo XV	Siglo XVI	Siglo XVIII	Siglo XIX
Poesía trovadoresca española (Estructuras irregulares con estribillos, expletivos y artificios).	Romance monorrimo				
			Romance criollo		
			Romance en cuartetas		Compuesto
					Cielito
		Seguidilla	"Pie de Gato"		
		Copla			
			Décima espinela		

CUADRO II. ELEMENTOS MUSICALES ARRIBADOS AL LITORAL HASTA EL SIGLO XIX

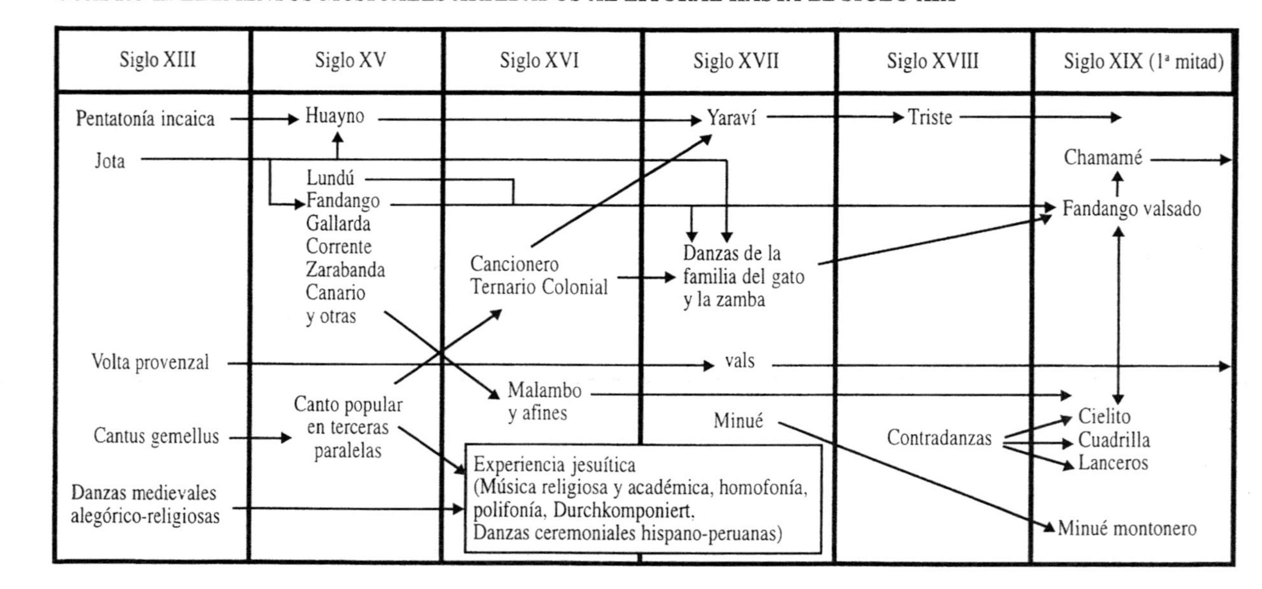

Los cantares de la guerra triste

Para 1865, turbios manejos porteños producen un enfrentamiento inicial entre Corrientes y el Paraguay que pronto desembocaría en la tristemente célebre Guerra de la Triple Alianza (1865—1870). De aquella época datan muchos *compuestos* en los que el pueblo paraguayo recuerda, aún hoy, el protagonismo heroico de sus mayores. Muchas de estas canciones se reconocen ahora como *polkas* —gracias a un fenómeno que detallaré más adelante— y llevan por título el nombre de combatientes, batallas o topónimos correspondientes a los sitios donde acamparon los distintos destacamentos. "Campamento Cerro León", por ejemplo, que había sido compuesta por un soldado que revistaba en la banda de la guarnición de Humaitá, y otros como "Campamento Cerro Corá", "Teniente Godoy", "Acosta *ñu*", "Diana *Mbayá*", "*Caazapá*", "Cigarro *mi cha Caraí*" o "Mamá *che mo sé*", todos temas caracterizados por dos pautas fundamentales: "Primera, una definida adscripción al compás ternario que condiciona morfológicamente casi toda la música latinoamericana; segunda, una raíz esencialmente española", al decir del maestro Herminio Giménez (Talavera, op. cit.: 18).

Otro tanto ocurrió en Corrientes aunque con menor intensidad, tal vez por el hecho de que mientras la confrontación fue para el paraguayo una gesta patriótica en la que vio comprometida la soberanía de su país, para el correntino fue virtualmente una lucha contra hermanos de raza, lengua y cultura en la que se vio involuntariamente envuelto para defender intereses ajenos.

Transcribo una poco simpática *copla* relacionada con aquellos episodios que recogiera en Corrientes Perkins Hidalgo:

> Paunero es un temporal[46],
> Bartolo Mitre es un rayo[47];
> pobre infeliz, paraguayo,
> ¡Dios te libre de un volcán!

Esta *copla* —sin duda parte de una composición más extensa— ha sido recogida aisladamente, lo mismo que los versos de truco que siguen, seleccionados de mi propia cosecha correntina:

> Cuando Chirife en Caí Puente
> golpeó a los sacos *pucú*
> traía por avanzada
> la flor de la juventud[48]

Estos episodios pasaron también a integrar la temática del *romance criollo*, cuya principal diferencia con el viejo *romance* fue su liberación de las ataduras de la monorrimia. La asonancia comenzó entonces a variar por grupos de versos, sin que este agrupamiento llegara a determinar una estrofa propiamente dicha. El ejemplo que he elegido corresponde a la fórmula 8+8 aaaabbaaaaaabb. Fue compuesto por Victoriano Abente, un poeta español que hacia 1864 se radicó en el Paraguay y que tomó la guerra como motivo de inspiración de buena parte de su obra. A partir de su gran popularidad en el Paraguay, donde "se lo cantaba al son de guitarras y arpas" (Moya, 1941: 377) se difundió —con el nombre de "Romance de la paraguaya"— por varias provincias argentinas. Ismael Moya (op. cit.) consigna en su *Romancero* nueve versiones: dos de Santiago del Estero, una de Salta, una de Catamarca, una de Tucumán, dos de San Juan y una de Santa Fe; pero aclara que conoció por lo menos treinta variantes. Transcribo la versión santafecina:

"Noche de luna"

En una noche de luna estando en el Paraguay
suspiraba dulce aroma al fondo de un naranjal. (Bis)
Vi una joven paraguaya de tierna y hermosa faz;
sentada al pie de un naranjo suspiraba sin cesar. (Bis)
¿Por qué suspiras —le dije— con tan profundo dolor?
¿No tienes ningún hermano que te puedan[49] consolar?
Tenía tres pero murieron en diferentes lugares[50].

Juan Bentos, acordeonista de Gualeguay (Entre Ríos). (Foto: R. Pérez Bugallo, 1991.)

Uno murió en Itatí, otro murió en el Pilar,
otro cayó defendiendo las trincheras de Humaitá. (Bis)
Mi padre huyendo de López en el camino del Corá[51]
cayó cubierto de heridas sin poderse levantar.
La guerra con tres naciones a mi pueblo desgarró.
Pobre, triste y[52] abandonada en el mundo me dejó. (Bis)

(Moya, op. cit.: 378)

Por supuesto, este *romance* también circuló en Corrientes. Perkins Hidalgo recogió en Santo Tomé una versión fragmentaria de labios de Basilio Menéndez, quien en 1945 contaba con cincuenta y un años. Es la siguiente:

En una noche de luna estando en el Paraguay
aspirando el dulce aroma de un frondoso naranjal,
vi una joven paraguaya suspirando sin cesar.
¿Por qué suspira —le dije— con tan profundo dolor?
¡Ay! suspiro porque tengo desgarrado el corazón.

La guerra de la Triple Alianza resultó también un oportuno motivo de inspiración para los músicos académicos enrolados en el mitrismo, quienes compusieron en ese entonces varias *polkas* militares respetando —dada su formación— el ritmo binario de la *polka* europea. Entre su producción del momento pueden citarse las *polkas* "Rataplán, rataplán, rataplán" de José Soro; "Uruguayana" de Ernestina I. C. (?); "Flores de Montevideo" de P. Sachetti; "Combate naval del 11 de junio" de A. M. Celestino y "La bandera nacional" de Eduardo Tamborini, todas aparecidas en 1865 con el subtítulo de *polka rataplán*, tomado de la mencionada en primer término. De un año después —y dentro de la misma corriente— datan "Itapirú" de C. S. F. (?); "La Guardia Nacional" de Gustavo Nessler (1835—1905); "El 5° de nacionales" de José Giribone y "Los inválidos" de Carlos Rolandone. Saturnino Berón (1847—1898), a la sazón Director de la Banda de Artillería, también aporta su *polka*; pero opta por un título de menor ubicuidad histórica: "Lola", con lo que retoma la modalidad aparentemente impuesta por Amancio Alcorta (1805—1862) con "Angélica": bautizar *polkas* y *mazurkas* con nombres femeninos.

Al paso de los soldados del ejército brasileño por nuestro territorio se debería la llegada de la *polka canaria* o *chamarrita*[53]. Transcribo algunas de sus populares estrofas que he escuchado en ambas márgenes del Río Uruguay. Las dos primeras aparecen también en Chávez, 1979.

Chamarrita, chamarrita,
chamarrita del estero
¿Por qué no me has recordado
a la hora que canta el tero?

Chamarrita, chamarrita,
chamarrita de a caballo
¿Por qué no me has recordado
a la hora que canta el gallo?

Aguardiente maliciosa[54]
calentame la pobreza
que el rico chupa por gusto
y el pobre por ligereza.

Aguardiente refinada
revoleada en la ceniza,
así me tiene tu amor
por el campo y sin camisa.

Aguardiente brasilera
que venís en bordalesa
yo te mando a la barriga
... vos te vas a la cabeza.

Chamarrita, chamarrita,
chamarrita 'el *anguyá*[55]
tenés el caracú seco,
parecés *cambá tuyá*[56].

El contrapunto liberal-autonomista

En agosto de 1869 se realizan en Corrientes elecciones para elegir representantes para la Convención Nacional. Se imponen los miembros del Club del Progreso contra los que integraron la Lista de la Libertad. Pero los vencidos alegan que hubo fraude —maniobra "política" habitual en la época— y el periódico "La Unión Argentina" lo comenta a su modo en su número 119 del 22 de agosto. Lo hace con un *compuesto en redondillas* que firma como autor "El gaucho argentino" y que trancribo respetando la grafía original:

....
Tuitos votamos, ¿Por cual?
Por la del Pueblo por cierto
que digan si alguno ha muerto
O le hemos puesto vozal.

Bastante cancha tubieron
para bellaquiar a gusto
si no votaron de susto
confiesen que la perdieron.

Pero no salgan diciendo
no hubo orden ni libertá
porque eso es una falsedá
y pa' qué salir mintiendo.

Si la han perdido, patrones
y los hemos trajinao
es porque nos han tratao
lo mismo que a mancarrones.

Han pretendido apartar
tuita la gente platuda
y a la gauchada desnuda
la han querido recular.

Pero se han equivocado
saben bien los correntinos
que tuitos los argentinos
pueden votar, y han votao.

Por eso es que la han perdido
y siempre la han de perder.
Aunque vuelvan a nacer
serán los mesmos que han sio.

Pueden hacer su prutesta
más larga que un maniador
que ya están hasta el fiador
con todo el recao a cuesta.

Si les apreta la sincha
patrones, tengan paciencia
que ya irán a la querencia
por ahora el pueblo relincha.

....

Por eso tuitos votamos
y ganamos la ilición.
Ahora sí, a la Cunvención
los Dotores que apartamos.

En 1877, el Partido Federal queda rebautizado en Corrientes con el rótulo de Autonomista. Sus rivales de siempre, más consecuentes, conservaron la identificación de Liberales. Muchas estrofas sueltas de *compuestos* y contrapuntos con los que los cantores correntinos exteriorizaban su militancia en uno y otro bando se recuerdan aún hoy, trayendo al presente una rivalidad que en sus inicios llegó a provocar la lucha civil. Veamos algunas de las *coplas* que cantaban los liberales, identificados con el color azulceleste en ponchos, cintillos y pañuelos:

¡Viva la media naranja,
viva la naranja entera!

Y viva Don Juan Ramón[57]
que nos legó esta bandera.

Subí por un alto cerro,
bajé por un tacuaral;
¡Viva la cinta celeste
y el Partido Liberal!

Viva la cinta celeste,
caiga la cinta punzó;
¡Viva el Coronel Martínez[58]
con todo su batallón!

Opáma el milico,
opáma el *mondá*;
ahora mandan los celestes,
¡Upea catú iporá![59]

Liberalmiba a ñenanaú
hobí porá renderesá
ha coló, o cuerandie a há
huguï sïrï rende yurú[60].

Los colorados, por su parte, contestaban de esta manera:

No importa lo que me cueste;
véndame un trapo, Don Pancho,
busco pañuelo celeste
pa' atarle la cola a un chancho.
(Zappa, 1959: 47)

Morochita de ojos negros
que me has empayesado[61]
prefiero perder la vida
pero nunca el colorado.

Es el color colorado
el que cargo en mi divisa.
Me moriré de vergüenza
si algún liberal me pisa.

En el amor soy constante
y generoso a la vista;
así también soy amante
del Partido Autonomista.

En el campo de batalla
casi me muero de risa:
Los celestes dispararon
sin sombrero y sin camisa.

El *cachilo*[62] está en el agua
y el *teutéu*[63] en la cañada;
¡Abajo la cinta azul
y arriba la colorada!

Porfirio Zappa, buen conocedor del alma correntina, ha dejado páginas que describen esta rivalidad en términos de psicología popular: "Tiene Corrientes dos divisas políticas de histórico arraigo [...] el celeste y el colorado que son las banderas de los partidos Liberal y Autonomista, respectivamente. La tradición de estos colores marca una profunda trayectoria en el alma popular de la provincia; el varón correntino es "colorado" o es "celeste" porque el padre y el abuelo así lo fueron, y se aferran al color de sus divisas con emociones profundas. [...] De ahí la importancia decisiva que tiene para ellos la ejecución pública de las músicas que determinan o simbolizan a los partidos políticos y sus colores respectivos. Cuando en los bailes populares se ejecuta la *polca* El Liberal[64], los afectos a ella cantan sus *compuestos* hirientes y provocativos para los contrarios; y lo mismo ocurre cuando otros ejecutantes hacen oir los acordes del Colorado[65]. Cualquiera de estas dos músicas populares, El Liberal y Colorado, solamente se pueden ejecutar en el campo correntino en épocas en que no hay ni se avecinan luchas electorales en la provincia." (Zappa, op. cit.: 47) [66]

Ejemplifico las observaciones de Zappa con el

extenso *Compuesto de Pedro González*, que paso a transcribir en sus estrofas más significativas.

"Compuesto de Pedro González"

Atienda el pueblo florido
voy a cantar el compuesto
de Castro, Pedro González
y Azarón Bruno Mareco.

Les contaré la desgracia
sucedida en Yaguarón
desgracia que ha sucedido
en baile de diversión.

El seis de agosto, por cierto
un día martes desgraciado
a eso de las ocho en punto
Pedro y Castro habían llegado.

Eran los dos muy valientes,
Pedro y su acompañado
según decía la gente
eran gauchos afamados.

Entonces Pedro González
al músico le ha pedido:
—¡Una *polka* "Colorado"
para bailar he venido!

El músico contestó:
—No puedo tocar, querido,
las autoridades dicen
que esa *polka* es muy prohibido...

El sargento respondió:
—Amigo, le doy el gusto.
Si quiere tocar el músico
puede bailarla con gusto.

Entonces hubo un enredo
por la *polka* "Colorado"

y ahí nomás estaban prontos
y armados los afamados.

Un puñal en el costado
Ramón Castro recibió
entonces muy alterado
a Brítez atropelló.

Al Cabo con su puñal
le pegó una puñalada
mandándole al José Brítez
a la última morada.

Entonces Pedro González
su revólver descargó.
Apuntó a un celeste al pecho
y casualmente le erró.

Dos puñaladas seguidas
Ramón Castro le tiró
a Cáceres, gaucho vivo,
y ninguna la acertó.

Y escaparon los dos juntos
porque les dieron lugar
y aquel Sargento Rolón
no supo determinar.

El domingo por la noche
dejaron Paraguarí
a caballo, enderezando
para el lado del Brasil.

Soy como Pedro González,
sé morir por mi opinión
como hombre justo y cabal
por sostener mi color.

Adiós mi padre y mi madre,
adiós hermanos, parientes,

adiós mi *guayna* querida,
adiós mi querida gente.

Y aquí se acaba el *compuesto*
y aquí se acaba la historia
que Castro y Pedro González
dejaron para memoria.

En estas últimas páginas he debido hacer algunas referencias a la *polka*. Y es que hemos arribado a la etapa quizás más interesante de este proceso. A ella vamos.

Gringos que se asientan y gauchillos que se alzan

En contraposición al conservatismo de los viejos federales, la ideología liberal consideraba prestigiosa toda influencia cultural moderna que llegara de Europa, apoyándola y favoreciéndola. Esta postura y la realidad de la diezmada población que tras muchos años de conflicto presentaba gran parte del territorio argentino desembocó en el fomento de la inmigración, proyecto del que Urquiza fue, en Entre Ríos, uno de sus más decididos ejecutores durante la segunda mitad del s. XIX.

En el mosaico poblacional de Corrientes, en cambio, la proporción de extranjeros —especialmente suizos, alemanes e italianos— nunca llegó a superar el diez por ciento de los habitantes. Y aquí vienen los interesantísimos fenómenos que espero esclarecer definitivamente en esta obra. El inmigrante llega con un repertorio de *polkas, valses, mazurkas* y *chotis*. Resumiendo la información sobre la que me explayo más adelante —ver Apéndice I— puede decirse que la *polka* de Bohemia, surgida alrededor de 1830, arribó al Plata en 1845, casi en forma simultánea con España y Portugal, luego de haber pasado por Praga, Viena y París. Una de sus variedades de *tempo* más vivo —la *galopa*—, ya aparece en el Paraguay en 1849. La *mazurka* de Polonia y el *chotis* —en sus variedades inglesa y alemana— llegaron entre 1847

Asociación instrumental poco usual en Corrientes: arpa, bandoneón y guitarras. (Foto: R. Pérez Bugallo, 1978.)

y 1853, año este último en el que arriba contratado a Asunción el maestro músico francés Francisco Dupuy. El *vals*, oriundo del sur de Alemania, ya estaba en realidad de moda hacia comienzos del s. XIX. Prestó luego sus figuras al *cielito*, al *pericón* y a la *media caña* para recuperar su identidad individual con el aluvión inmigratorio. Sumemos a estas especies los derivados del *lundú* brasileño (baile lascivo de parejas sueltas en Portugal y Brasil) desde el s. XVII que pasó a ser de parejas tomadas en el ámbito rioplatense hacia 1850 y que sobrevive hoy como danza individual integrada a algunas ceremonias religiosas en Minas Gerais), y la *danza* cubana, que en las primeras décadas del siglo pasado llegó a Europa desde La Habana —ya con su nombre definitivo de *habanera*— para difundirse luego por toda América, desde México a Buenos Aires.

Todo esto lo trajo la inmigración. ¿Cuál era, mientras esto ocurría, la situación social de los criollos y mestizos? Fernando Assunção ha destacado que desde los tiempos del dominio hispánico habían sido estos los destinados a los oficios subalternos y menores, constituyendo el sector social de "los marginales, tanto rurales como urbanos... los desplazados, los rebeldes, los aventureros, los guerrilleros, los salteadores, los vaqueros y los contrabandistas" (Assunção, 1968: 43). Esa condición de marginalidad y su consecuente reacción fuera de la ley no había mejorado en los siglos siguientes. Muchas víctimas de las sucesivas levas llegaron a ver, al final de su vida, cómo se "premiaban" sus acciones de guerra otorgándoles tierras... a los extranjeros. El natural sentimiento de rebeldía se canalizó no contra el inmigrante —salvo casos excepcionales— que incluso llegó a ser su ocasional compañero de infortunios, sino contra la autoridad constituida. Y es entonces que nacen aquellos *compuestos* tan difundidos en Corrientes a principios de este siglo en los que se relataban penurias o se recordaban hazañas; se cantaba la apología de criollos alzados contra la partida policial y se los elevaba a la categoría de auténticos héroes populares.

Ofreceré dos ejemplos relacionados con el fenómeno de la canonización popular y se refieren a Olegario Álvarez y Aparicio Altamirano, integrantes de una misma gavilla que hallaron la muerte a manos de la policía en el año 1906 en Yuruí —cerca de Rincón de Luna— y en Frontera —en inmediaciones del río Batel— respectivamente. El primero se estructura al modo tradicional, en cuartetas. El segundo lleva décimas, lo que obedece a influencias tradicionalistas llegadas de la Pampa Húmeda.

"Compuesto del Gaucho Lega"

Atención señores míos
les voy a contar primero
cómo fueron sorprendidos
los famosos bandoleros.

Gauchos que merodeaban
en varios departamentos
cometiendo asesinatos
y saqueo al mismo tiempo.

Armados a *winchester*
de tiento a tiento cruzaban;
montaban buenos caballos,
partida no respetaban.

El día veintiuno de mayo,
día que han convocado
de cada departamento
a misión un comisario.

....

El ventitrés dirigieron
a lo de Francisco Merlo
antes de que llegue el día
con miras a sorprenderlos.

....

Sentados en el corredor
en el rancho se encontraban
los tres hombres de feroz
adentro se enderezaron.[67]

Los tres salieron armados
y corrieron a un talar
con el Comisario Ortiz
persiguiéndolos de atrás.

....

El Comisario Ortiz
les intimó rendición.
Una nutrida descarga
tuvo por contestación.

....

Al pasar un alambrado
Olegario se torció
del lado del pie izquierdo
y un soldado lo baleó.

Con la violencia y con fuerza
se afirmó y peleó
y un tal Sargento González
otra vez lo baleó.

Aparicio Altamirano
con furia de admiración
se dirigió a su caballo
buscando la salvación.

....

A su compañero Silva
en ancas quiso llevar;
la Comisión cargó a tiempo
pues no le daba lugar.

....

Alzaron estos dos cuerpos
y mandaron los avisos;
los soldados divirtieron
como en el Día del Juicio.

....

El veintitrés de mayo
de mil novecientos seis
la Comisión del Gobierno
peleando los terminó.

De Alvarez, Silva y Altamirano
este *compuesto* se ha formado,
así los departamentos
ya quedaron sosegados.

....

El Municipal prometió
mandarle hacer una tumba
colorada como él pidió,
con velas la iluminó.

(Dellepiane, 1966: 56)

"Al milagroso Aparicio Altamirano"

Era amigo de los pobres
Aparicio Altamirano
en esos tiempos lejanos
que al recordarle yo acierto;
vengo a contar a los vientos
su historia triste y pasada;
él a los ricos robaba
jugando fiero su vida
y esquivando a las partidas
a los pobres ayudaba.

Era nacido en Mercedes,
hombre valiente y cabal,
en Corrientes jugó su vida
con coraje sin igual;
y era su gran querer
Angela que siempre lo llora
en su ranchito ella ora
por el recuerdo de aquel;
rezan en su honor también
amigos que al cielo imploran.

Aparicio en su caballo
tordillo de regia estampa
salió a buscar su revancha
y el destino le fue cruel.
Estaba todo un cuartel
emboscado en el lugar,
la tarde se hizo infernal
y peleando por su honor
salió a enfrentar al montón
con coraje sin igual.

Herido corrió a un maizal,
besó su *payé* y su cruz,
Bella Vista dio su luz
para alumbrarle su muerte;
él no maldijo su suerte,
al contrario, triste oró.
Velardo lo sepultó
con su poncho colorado
como homenaje sagrado
al amigo que cayó.

(López Breard, 1973: 85)

Así como en Corrientes, también en el Chaco y en Entre Ríos han circulado *compuestos* de carácter similar a los vistos. Se refieren a Adolfo Silva, Severo Cano, Isabel García, Ventura Gallardo, Dolores Godoy, Los Camelinos, Antonio Alvarenga, Vicente Rojas, Felipe Corrales, Pedro Alcántara

Arce ("El Toro Bayo"), Agapito, Eusebio Verón, Nicolás Fretes, Faustino Pérez ("El Gato Moro"), Alberto Zárate (Idem.), Ramón Alegre, Isidro Velázquez, Juan Cepeda, Gregorio Torrilla, Miguel Galarza ("Tuquiña"), Demetrio Maldonado, Luis Duarte, Mateo Gamarra y Sebastiana del Castillo —estos dos últimos de procedencia paraguaya y española, respectivamente— y varios más donde los asaltos, los crímenes, las persecuciones y las desgracias abundan con fruición.

La revolución de los acordeones

Toda la música de la segunda mitad del siglo pasado —el *compuesto* incluido— comienza a teñirse con los matices de un instrumento traido por los inmigrantes, para quien era virtualmente insustituible en el acompañamiento de los bailes de pareja enlazada: el acordeón. Hasta las supervivencias de los esclavos negros, *candombe* y *charanda*, lo adoptan entusiastamente[68]. Los primeros ejemplares, que aparecen hacia 1853, poseen una sola hilera de diez botones melódicos en el lado derecho y uno o dos bajos en el izquierdo. Su denominación popular se feminizó en "acordeona" o "cordeona", quizás por el hecho de que fuera muy común verlo en manos de las mujeres.

El reemplazo del arpa por el acordeón debe atribuirse a razones de índole práctica. El arpa había llegado en tiempos coloniales al Paraguay —junto con la guitarra— en las carretas de las diferentes expediciones, continuando por ese mismo medio su dispersión hacia nuestro Litoral. Pero el extraordinario incremento de la actividad ganaderil produjo a partir de fines del S. XVI en Corrientes, Chaco, Santa Fe y Entre Ríos una cultura ecuestre cuyo patrimonio ergológico no pudo integrar de ningún modo el arpa. Resultaba imposible transportarla "de a caballo", impedimento que no contaba en cambio para las pequeñas guitarras de modelo colonial. La expansión de los hombres montados fue inversamente proporcional a la paulatina retracción del arpa. Cuando llegó el acordeón tuvo el campo virtualmente libre para erigirse en el instrumento melódico por excelencia.

La inmigración trae también consigo variedad de pequeños y medianos carruajes tirados por caballos que permiten con facilidad el transporte del acordeón. Se podrá señalar que en estos carros livianos (sulquis, "charrés", "jardineras", "volantas", "vagones", etc.) se podía llevar también un arpa. Pero quien alguna vez se haya movilizado por caminos rurales con alguno de esos vehículos sabe los dificultades que ello implicaría[69]. De todos modos quedaban pocas arpas y al inmigrante no le interesaba ni llevarlas ni traerlas, sencillamente porque su instrumento era otro: el acordeón.

Solamente en la franja fronteriza de Formosa, Corrientes y Misiones con el Paraguay, la música criolla siguió sonando hasta hoy con arpas, en ocasiones asociadas a los instrumentos de fuelle. Y siempre con acompañamiento de guitarras, instrumento criollo por antonomasia que no cedió sus posiciones ante el aluvión de aerófonos.

La convivencia de extranjeros recién llegados y criollos arraigados al terruño, es interesantísimo y vasto tema del que me interesa ahora destacar la simbiosis entre sus respectivos caudales musicales. Un buen día, gringos y criollos decidieron hacer música juntos. El que llegaba de Europa aportó su acordeón y sus ritmos de ambos órdenes: el binario de la *polka* y el *chotis* y el ternario del *vals* y la *mazurka*. El hombre de tierra adentro tomó su guitarra y acompañó con rasguidos, ritmicamente fiel a lo que le dictaba su tradición: en seis por ocho.

El encuentro entre estas dos modalidades se dio en el campo entrerriano y santafecino. Todavía en 1942, realizando Carlos Vega un viaje de estudios a Entre Ríos, recogió temas en guitarra y acordeón en los que cierta indecisión rítmica resulta evidente. Algunas de la ejecuciones grabadas en aquella oportunidad se hallan realmente a medio camino en lo que

Don Luis Anconetani trabajando en su taller de acordeones de Chacarita, que su padre fundó en 1896.

a determinación de tiempos por compás —tres o dos— se refiere. La mayoría de esos registros constituyen el mejor ejemplo del choque y mutua adaptación entre ambas vertientes.

En cuanto al resultado de esa mixtura, sabido es que en toda asociación instrumental espontánea lo que marca la modalidad rítmica es el acompañamiento —en este caso, recordemos, a cargo de la guitarra criolla—, de modo que éste sería el nada misterioso nacimiento de la "*polka*" ternaria. Pero hay más. Si de cantar se trataba, esa responsabilidad no podía caer sino en manos del criollo, porque las especies de reciente arribo eran preferentemente instrumentales mientras que el criollo siempre había cantado. Y cantaba todavía, especialmente *compuestos*.

Sintetizando, las danzas europeas de pareja enlazada comienzan a recibir un tratamiento ternario en virtud del acompañamiento guitarrístico. La "*polka*" correntina no es, entonces, "música guaraní" —idea echada a andar por animadores, locutores y periodistas—. Pero tampoco puede definírsela como "una *polka* acordeonizada" ni como el producto de un error al haber sido "falsamente escrita en tres [tiempos] por recolectores ineptos" (Vega, 1944: 254). La *polka* y el acordeón llegaron juntos de Europa, no se asociaron aquí. Y no había en ese entonces —ni bastante después— recolectores. Ni ineptos ni sistemáticos.

¿Qué tiene, entonces, lo que se dio en llamar "*polka* correntina" de auténtica *polka*?: el nombre —adoptado en virtud del auge de la *polka* verdadera—, la presencia del acordeón y el baile enlazado. Y hay que destacar que, en todo caso, si hubo una especie europea que contribuyó a la plasmación de una nueva expresión musical litoraleña —nombres aparte— esta no fue la *polka* sino la *mazurka*. En efecto, una *mazurka* de acordeón acompañada por una guitarra en seis por ocho produce un resultado dificilmente diferenciable de un *chamamé*.

Resulta clarificador comprobar que mientras en

VUELVE EL CHAMAME
A SU SALON FAVORITO

"JOSE VERDI"

ALMIRANTE BROWN 736
BOCA - TEL. 23 - 1321

DOS CONJUNTOS CORRENTINOS

MODESTO GOMEZ
Y RAMON ESTIGARRIBIA
(EL YAGUARETE)

TIPICA y JAZZ TROPICAL

SABADOS Y VISPERAS DE FERIADOS DE 22 A 3,30 HS.

BUEN SERVICIO DE BUFFET, PRECIOS ECONOMICOS

ENTRADAS POPULARES

Afiche callejero en La Boca.

las provincias con mayor caudal inmigratorio (Buenos Aires, Entre Ríos, Misiones) terminaron por preponderar las especies nuevas (*polkas* y *mazurkas* populares de esas provincias no se diferencian en nada de sus progenitoras europeas), en Corrientes la primacía fue, en lo que a ritmo se refiere, para la modalidad criolla, produciendo, en todo caso, la acordeonización del *compuesto*.

Tampoco en el Paraguay resulta válido hablar de "ternarización", ya que allí las canciones y danzas con arpa y guitarra siempre fueron de ritmo ternario. El paraguayo simplemente adoptó, para una antigua especie —el *fandango valsado*— un nombre nuevo: "*polka*". Solamente el nombre, porque la gran mayoría de los elementos de la música folklórica paraguaya siguieron siendo hispano-peruanos. La amplia difusión del arpa obró allí a modo de barrera para la penetración del acordeón hacia el norte, el cual frenó en Corrientes su ascenso para desviarse hacia Misiones.

Es necesario destacar que el uso de uno u otro instrumento determina diferencias importantes en el estilo musical. El arpa no puede modular ni hacer notas largas, arrastres ni portamentos; mientras que en el acordeón son difíciles los "floreos" o trémolos, las escalas de *tempo* acelerado y los trinos, pero en cambio se hallan facilitados en él los saltos melódicos y los valores irregulares. Sin duda, son estas las razones que nos hacen diferenciar, a simple oído, la música paraguaya de la correntina. Y de allí la diferenciación entre "*polka* paraguaya" y "*polka* correntina", rótulos nacidos para satisfacer necesidades artísticas y discográficas[70].

Pero no nos adelantemos. Finalizo este capítulo con una simpática *copla* correntina que sintetiza distintos elementos de creencias populares a la vez que evidencia el grado de asimilación alcanzado por el nuevo instrumento:

> El día que yo me muera
> entiérrenme en un porrón

y dejen mi mano afuera
pa'tocar el acordeón.

El brote tradicionalista

La reacción tradicionalista contra el aluvión foráneo no se hizo esperar. Desde fines del siglo pasado se inició en Buenos Aires un movimiento que pronto alcanzó trascendencia nacional. Llegó cargado de intenciones restauradoras pero también de no poca ingenuidad en lo que hacía a su ecléctico criterio para establecer los fundamentos de una tradición que entendían como capital invariable más que como proceso dinámico.

El Movimiento Tradicionalista tuvo su especie musical más representativa en el *estilo*: el viejo *triste* fraseológicamente regularizado y despojado de los estribillos y expletivos propios de la poética andina. Su fórmula estrófica predilecta fue la décima *espinela*, de rima *abbaaccddc*, recuperada de la España anterior al 1600 y adornada con el elegante artificio de la glosa. Valiosos poetas populares la prohijaron en todas las viejas provincias. Pero en Corrientes no tuvo casi oportunidad de arraigar, porque casi inmediatamente a los comienzos de su tardía difusión se le superpusieron otras dos influencias sucesivas, también surgidas en Buenos Aires pero que gozaron de más amplia aceptación popular: el *tango* y poco después la música nativista. No se poseen, por eso, muchos cantares correntinos en décimas. Al ya presentado de Aparicio Altamirano agrego ahora otros dos. El primero muestra el funcionamiento de los "pies forzados" en la glosa:

¿Es posible, cielo amado,
que me trates con rigor?
Yo he sufrido por tu amor
martirios que no he soñado.
Viéndome en tan triste estado,
¿No te condueles de mí?

¿Cómo quieres que hasta aquí
siga mi desgracia en pos
si hemos de sufrir los dos
tú por otro y yo por ti?

Tu fuiste juez en mi causa
en esta triste suerte
con la sentencia de muerte
aumentaste mi desgracia.
Mira que el tiempo se pasa
y solo espero de ti,
hasta conseguir el sí
iré con dolor profundo;
sufriremos en el mundo
tú por otro y yo por ti.

Consulta tu corazón
si es que sientes desvarío
y lo has de ver con el mío
respirar el mismo amor.
Y verás cual es mejor,
si el oro de Potosí[71]
o lo que te prometí
si el juramento cumplimos,
que en este mundo sufrimos
tú por otro y yo por ti.

Serás un tesoro hermoso
siempre de mi ser querido,
si a mi corazón herido
vienes a darle reposo.
Haz un infeliz dichoso,
cese mi dolor aquí
pero si no fuese así
y la esperanza perdemos
a la tumba bajaremos
tú por otro y yo por ti.

(Pérez Bugallo, 1992 a: 87)

El siguiente, también estructurado en *espinelas* procede de la ciudad de Corrientes y de la Encuesta

Láinez. En su correspondiente legajo trae la aclaración: "Canto de guitarra oído a J. Ruiz en la época de la muerte de Alsina".

"En la calle Potosí"

En la calle Potosí
entre las de Salta y Lima
el doctor Adolfo Alsina
ha dejado de existir[72]
Después de tanto sufrir
de una cruel enfermedad
la Divina Majestad
dispuso que se muriera
sin importarle que fuera
hombre de tanta bondad.

Mucha obra por la nación
debemos a Adolfo Alsina,
siendo la más noble y digna
la de la conciliación.
A él, la fortificación
debemos, de la frontera,
que hoy el país no tuviera
tanta paz, tanto progreso,
debemos sentir por eso
toda la Nación entera.

Hoy todo el pueblo argentino
debe estar de luto y duelo
al ver que falta en su suelo
patriota tan distinguido;
tanto los de su partido
como los que son rivales,
extranjeros, nacionales,
debemos sentirnos juntos,
que cuando somos difuntos
ante Dios, somos iguales.

Fue hombre de alto destino,
benefactor de su tierra,

fue Ministro de la Guerra,
fue pueblero y campesino
....
con veneración notoria
en su gratitud y memoria
debemos rogar por su alma,
para que descanse en calma
junto con Dios, en la gloria.

(Fernández Latour, 1960: 358)

Algunos *chamamés* que hoy llevan letra en décimas, ya sean cantadas o recitadas, obedecen a este influjo tradicionalista de las últimas décadas del siglo pasado.

Circula a nivel periodístico la versión de que la primera "*polka* correntina" surgió en 1880 y llevó el nombre de "La querida por todos", atribuyendo a esta composición el origen del *chamamé*. Es un error. "La querida por todos" fue una *polka* compuesta por Joaquín A. Callado en Buenos Aires y editada por la casa Hartman en 1878. Se popularizó rápidamente —sobre todo en la llanura pampeana— donde aún se la escucha. Y no es otra cosa que una *polka* a secas, a la europea.

Sobre fines del s. XIX, se inicia en almacenes y "bolichos" de campaña la difusión comercial del acordeón de dos filas y ocho bajos, con "voces de acero", que pasa a convivir con el de una fila y a suplantarlo paulatinamente. Este nuevo modelo del instrumento es el que fue rebautizado en nuestro medio rural como "verdulera". Las marcas más difundidas —cuyos antiguos ejemplares aún se ven en el campo, sobreviviendo tras una sucesión de remiendos— fueron "Stradella", "Castelfidardo", "Pistelli e Figoli", "Piemonte", "Verdi", "Fidelio", "Anconetani", y "Ricci" (italianas); "Hohner" y "Hering" (alemanas, la segunda con sucursal en Brasil); "Diarca Elite" y "Premier" (francesas); "Huzinger" y "Helvética" (suizas, ambas instaladas en la provincia de Santa Fe); "Unión" y "Sabia" (checoeslovacas) y "La Diva" (española).

Del tiempo de "La Forestal"

El *compuesto* se resiste aún a perder su identidad frente a la invasión acordeonística. De la época de las trágicas huelgas obreras de "La Forestal", en el Chaco Santafecino, data el entrañable *"Ajhá potama"*, del cual circulan aún hoy varias letras diferentes. Una de ellas se ajusta a la monorrimia asonantada del *romance* español:

"Ajhá potama"

Adiós Colonia Florencia y los campos de Arazá,
adiós la Picada Grande que fue *che* dulce *mbotá*, [73]
adiós Francisco Lallana[74] y el Partido Radical
adiós mis pagos queridos de frondoso carrizal.

La versión que recopiló el cantor montielero Evaristo Fernández Rudas, en cambio, se ajusta a los parámetros del *romance criollo* ya que su rima varía regularmente cada par de dieciseisílabos:

"Ajhá potama"

Adiós Colonia Florencia, Guillermina y El Rabón,
adiós *che* gente *porá*[75], Don Rogelio Lamazón[76],
adiós Don Luisito Bentos, Villa Ana y Tartagal,
adiós Ingenio Las Toscas y la zona forestal.

Adiós capataz de playa, perdoná *che* despedida
usté' sabe que una moza se fue llevando mi vida.
De luto quedan los campos, muy tristón el malezal
y alguna noche en el monte triste me vieron llorar.

....

Adiós, para siempre adiós, lloren las que me han querido
y aquel que me tuvo antojo, que no me eche en el olvido.[77]

Otro *compuesto* de la misma época —1921—

recrea el difundido tema del joven que, convocado a cumplir con su servicio militar, se despide cantando:

"Adiós ciudad de Corrientes"

Adiós ciudad de Corrientes,
adiós provincia natal,
soy de los movilizados
de la Guardia Nacional.

Adiós tierra en que nací,
adiós ciudad de Corrientes.
Volveré a verte algún día
si no me llega la muerte.

Adiós parientes y amigos,
adiós queridos hermanos,
que luego voy a partir
porque tengo los veinte años.

Adiós pueblo correntino,
adiós queridos hermanos.
Ha llegado mi partida
como a todo ciudadano.

Con dos meses de ejercicio
creo será suficiente
para defender la Nación
como un soldado valiente.
....
Nos iremos los correntinos
coronados como un rey
y como bravos ciudadanos
en cumplimiento de la ley.
....
La patria como una madre
encierra un gran deber
y para mí será un honor
si perezco por defender.
....

Adiós parientes y amigos
les dejo este recuerdo
para no echarme en olvido
en caso que yo no vuelvo.

(Moya, op. cit.: 397)

Los elementos aportados por el aluvión inmigratorio sumados a algunas influencias tradicionalistas hacen necesario, antes de abordar el próximo capítulo, la presentación de un nuevo cuadro de situación que destaque y ponga al día el proceso de cambio de la música mesopotámica durante la segunda mitad del siglo pasado.

VIII. HACIA LA CONQUISTA DE BUENOS AIRES

Los pioneros

Este capítulo estará dedicado al riquísimo e inagotable tema de los músicos populares que bajaron a Buenos Aires desde las primeras décadas del s. XX. Me basaré especialmente en el cúmulo de recortes periodísticos que desde hace años he venido reuniendo y cotejando con entrevistas directas —siempre amistosamente informales— a muchos de los más importantes protagonistas de este movimiento, entre los que cabe destacar el aporte inestimable de Constante Aguer.[78]

En el año 1927 encontramos al músico paraguayo Herminio Giménez residiendo en Corrientes, adonde ha llegado a exiliarse por razones políticas. Allí toma sus primeras lecciones de bandoneón. Junto al guitarrista García y el flautista Trinidad —compañeros de exilio— comienza a dedicarse profesionalmente —si es que puede utilizarse esta expresión refiriéndonos a aquella época— a la música del *tango*. Un año después se traslada a la Capital Federal donde forma un dúo de canto y guitarras con Justo

CUADRO III. FACTORES DE CAMBIO ARRIBADOS AL LITORAL DURANTE LA SEGUNDA MITAD DEL SIGLO XIX

1850

Especies preexistentes	Acordeón	Polka	Mazurka
Fandango valsado (Chamamé)	Tonalidad mayor, acordes desplegados, "saltos de acordeón", síncopas, variaciones de intensidad.	Modifica temporalmente su nombre: "Polka correntina"	Acompaña-miento en 6/8 de subdivisió binaria.
Vals	(Idem) Produce, hacia 1870, la variedad del *valseado*.		
Gato	Tocado con acordeón denota su íntimo parentesco con el *chamamé*.	Produce el *gato polqueado*.	
Compuesto	Tocado con acordeón llega a confundirse con el *chamamé*.	Algunos *compuestos* pasan a ser identificados como *"polkas"*.	
Triste			
Contradanzas (Pericón, Cielito, Media Caña)			

(GRADO DE INCIDENCIA SOBRE LAS ESPECIES PREEXISTENTES)

1900

Habanera	Chotis	Movimiento tradicionalista
Difunde los versos de metro italiano. Intensifica la temática románti-ca.	Incorpora el "molinete" de la dama mientras el varón zapatea.	Poesía en décimas y tendencia —no tradicional— a recitar "glosas".
		Lo bautiza *gato correntino* y sistematiza su coreografía.
		Aparecen *compuestos* estructurados en décimas, con temática gauchesca o matonesca.
		Lo regulariza fraseológicamente, le impone la décima y lo transforma en *estilo*.
		Las sistematiza e impone el *pericón* como "danza nacional".

Pucheta. Con él graba para el sello Brunswick los primeros discos con temas paraguayos: "*Yasy morotí*", "*Floripamí*", "*Cazaapá*", "*Corasó rasy*", etc.[79]— y entre ellos incluye el *compuesto* "El *carau*" ampliamente difundido en Corrientes. Ese mismo año llega a Buenos Aires el músico de Empedrado (Corrientes) Policarpo Benítez, a quien sin duda cabe el honor de ser "El Primer Adelantado" de la música popular correntina en la metrópoli.

Hacia 1930 la presencia en Buenos Aires de músicos paraguayos —muchos, como Giménez, ex integrantes de bandas militares en su país de origen— se hace habitual. Comienzan a formar conjuntos en los que dan también lugar a algunos correntinos, u oriundos de otras provincias argentinas que participan de esa efervescencia. Entre los paraguayos se cuentan Félix Pérez Cardozo (el autor de "Pájaro Campana") y Alejandro Villamayor (autor de "Piririta") —ambos arpistas— y los violinistas Julián Alarcón, Julio Escobeiro, Aniceto Ibarrola — de extracción tanguera—, Ricardo González Martínez y José Asunción Flores, el creador en 1928 de la revolucionaria *guarania* junto a Manuel Ortiz Guerrero. Se suma a estos últimos el violín del santiagueño Pedro Infante. Como guitarristas se destacan Cumersindo Ayala y Ampelio Villalba; en flauta Mauricio Cardozo Ocampo —autor de "Isla Sacá"— y el correntino Antonio Giannantonio —autor de "El hormiguero".

En 1930 el cantor paraguayo Samuel Aguayo graba en 78 rpm un disco para el sello RCA Víctor en una de cuyas caras aparece el tema "Corrientes *Poti*" (La Flor de Corrientes) que en sus primeras ediciones fue identificado como "*polka* correntina" y luego como "*chamamé* correntino" y finalmente como *chamamé* a secas. Sus autores fueron Diego Novillo Quiroga —escritor y poeta bonaerense— y Francisco Pracánico, reconocido compositor de *tangos*. Y precisamente un *tango* era lo que parecía "Corrientes *Poti*", tanto por su tratamiento melódico-armónico como por el instrumental con que se realizó la grabación. Solamente en el aspecto rítmico —de orden ternario— se asemejaba a lo que ya por aquel entonces se daba en llamar "*polka* paraguaya", equívoca denominación cuya gestación ya he comentado.

Resulta curioso que este primer *chamamé* grabado fuera, en honor a la verdad, un *tango* en seis por ocho. En todo caso, el hecho resulta sintomático del papel preponderante que la ciudad de Buenos Aires comienza a jugar en este proceso.

La finalización de la Guerra del Chaco entre Paraguay y Bolivia, en 1935, favorece nuevos aportes musicales a Buenos Aires. Muchos son los músicos de ese país que llegan imbuídos de los aires marciales compuestos durante el conflicto: "Boquerón", "Chaco Boreal", "Fortín Toledo" y otros. Paralelamente, nuevos músicos provincianos van abandonando la "típica" —léase *tango*— para volcarse a la música "guaraní". A los ya nombrados se suman Emilio Biggi, Severo Rodas, los hermanos Juan y Valentín Escobar —este último, excelente clarinetista— y el bonaerense Pedro Sánchez. Muchos de ellos —Pérez Cardozo, Sánchez, Giannantonio, Alarcón, Ayala y otros— formaron parte en 1933 de una embajada artística argentino-paraguaya con el sugestivo nombre de "Los Macheteros de la Muerte", del producto de cuyas actuaciones se enviaba ayuda económica para el Paraguay.

Para 1935, el músico de escuela y bandoneonista Mauricio Valenzuela trae a Buenos Aires su conjunto "Tribu Goyana" para actuar, en principio, en Radio Callao. Lo integraban Marcos Ramírez en violín y acordeón, Pascasio Enríquez en guitarra y "Coca" Monges en canto, además del propio Valenzuela. A él se debe el rescate de varios motivos populares instrumentales como "La *caú*" —atribuído al "Zurdo" Escobar—, "La llorona" y "Fierro punta", a los que luego el poeta Porfirio Zappa les adicionaría letra.[80]

Poco antes que Valenzuela había arribado desde el pueblo de Concepción el joven Osvaldo Sosa

Cordero, autor de la *polka* "Colorado *retá*" y del *chamamé* "Alma guaraní", además de cultor destacado de la *guarania*. Samuel Aguayo, mientras tanto, se abre paso por cafés, confiterías y la incipiente radiotelefonía. Su orquesta —dedicada inicialmente al *tango*— contaba con tres bandoneones, tres violines, clarinete, contrabajo y piano.

En 1936 Constante Aguer compone la letra de su primer tema: "Kilómetro 11". La música estuvo a cargo de Tránsito Cocomarola, quien lo grabó inmediatamente con las voces de Herminio Cejas y Juan Ledesma. Mauricio Valenzuela y Angel Guardia hacen también sus primeras incursiones como compositores: "6 de Enero" y "La Rinconada". Guardia en bandoneón, Valenzuela en guitarra y Marcos Ramírez en acordeón forman un celebrado trío que hace llegar a los discos la síntesis gringo-tanguero-criolla que representaban.

Aguer forma dúo con Emilio Chamorro en 1938. Actúan en Radio Stentor, componen juntos[81] y rescatan motivos populares como "María de la Cruz". Comienza a difundirse entre estos músicos el acordeón de tres hileras, desplazando paulatinamente al de dos hileras y ocho bajos —"verdulera"— instrumento este último que sobrevivió en la campaña.

Resulta de suma importancia que los dúos mencionados —Giménez-Pucheta; Cejas-Ledesma; Aguer-Chamorro— y otros que los siguieron habían adoptado el estilo de canto cuyano traído a Buenos Aires por el sanjuanino Saúl Salinas en 1910 e inculcado al dúo Gardel-Razzano a partir de 1917. De ese modo, los dúos litoraleños sustituyeron la impostación varonil plena y potente —presente aún entre los cantores paraguayos— por los dúos de voces agudas y nasalizadas, a menudo en falsete, que la mayoría conserva hasta hoy como modalidad "tradicional"[82]. Se considera que fue el dúo Vera-Lucero —integrado por Eustaquio Vera y Salvador Miqueri— el que más contribuyó a imponer esa modalidad en la música chamamecera.

Estamos en la época en que el santiagueño Andrés Chazarreta[83] publica su Noveno Album incluyendo en él la *polka* "*Cuñataí porá*". Surgen además, en este momento, algunos intentos de cambiar la denominación de "*polka* correntina" —acusada de alóctona— por otra que tuviera mayor representatividad regional. Los nuevos rótulos optativos fueron "campera" y *kire'í*, este último tomado del Paraguay. Ninguno de los dos arraigó, aunque temas como "Arroyo Solís" de Santiago Barrientos; "Chicharó trenzao" de Miguel Repiso; "*Isipó potí*" de Chamorro-Cocomarola-Aguer; "Correntino *che* patrón" de Pancho Lucero; "Soy correntino" de Isauro Guereño y Osvaldo Sosa Cordero; "Riachuelo" de Chamorro-Cocomarola; "La entrerrianita" de Sosa Cordero; "*Ycuá caaby*" de Chamorro y "Campo Largo" de Chamorro-Barrientos se grabaron como "camperas", mientras que "*Cotimí*" de Félix Pérez Cardozo; "*Chalí*" de José Asunción Flores; "*Nde la che yarará*" de Papi Meza e Hilarión Correa —y hasta el mismo "Kilómetro 11" en algún momento— fueron identificados como *kire'í*[84]. En definitiva triunfaría la vieja voz *chamamé*, aunque todavía se dan casos de que un mismo tema compuesto en aquellos años lleve indistintamente dos rótulos: *polka* o *chamamé*; y hasta ambos en conjunción: *polka-chamamé*.

Entre las primeras grabaciones para el sello Odeón del dúo Aguer-Chamorro se cuenta el chamamé "*Camba cuá*" que fue registrado con "glosas", —como se había dado en llamar entonces a las introducciones o interludios recitados que inoculó el Tradicionalismo— compuestas por Sosa Cordero, con el aporte bandoneonístico de Isaac Abitbol. Abitbol contaba entonces sólo con diecinueve años, y pronto daría muestras de su talento con una prolífica obra entre la que se cuentan clásicos grabados para RCA Víctor como "María Pacurí" y "María de la Cruz". Chamorro, por su parte, conforma poco después su Trío Típico Correntino al que incorpora circunstancialmente el mandolín. Temas muy recordados como "La tranquerita" se grabaron con las voces de Chamorro-

Ketti con acompañamiento de mandolín, acordeón y guitarra.

Son estas recreaciones las que van produciendo la diferenciación con las viejas formas. El *chamamé* comienza a apartarse del *compuesto* sobre todo por su poesía, que ya poco guarda del carácter hispánico llegado al Paraguay desde el Perú. Tampoco en lo musical las características del *chamamé* han cristalizado, ni lo harán posteriormente.

Fueron bandoneonistas de estos años Urbano Montenegro, Luciano Elhiart, Ramón Domínguez, Secundino Sequeira, Rubén Fernández y Ramón Bernardez. En acordeón se destacan Sixto Acuña, "Mincho" Ruiz Díaz, Pedro y Ramón Montenegro, Mariano Rodríguez y Lorenzo Valenzuela[85]. A bandoneones y acordeones comienza a sumarse como instrumento melódico, tímidamente, el acordeón a piano.

En el año 1937 Ernesto Montiel comienza a trascender en Buenos Aires. Luego de trabajar junto a Emilio Chamorro y Julián Alarcón como músico de bailes y de grabar algunas placas discográficas a dúo con Ambrosio Miño funda en 1942 el celebrado Cuarteto Santa Ana con músicos de extracción básicamente tanguera: el entrerriano Francisco Casís, José Pilepich —ex músico de Herminio Giménez— e Isaac Abitbol. Poco después el cuarteto formará con Montiel, Abitbol, Luis Ferreyra —autor del *rasguido doble* "Juan *Payé*"— y Pedro de Ciervi, apodado "El campiriño". Cuando Abitbol se desvincula, Montiel queda a cargo de la agrupación, ahora integrada por de Ciervi, Emeterio Fernández —luego independizado con su Conjunto del Litoral— y Pascasio Enríquez. Este último y Fernández serían reemplazados a su vez por Julio Luján y Martín Torres. Gracias a temas como "Mama Rosa"[86], el difundidísimo "A Villanueva" y muchísimos más de amplia repercusión popular, Montiel es hoy uno de los compositores considerados clásicos. También se le deben recreaciones de temas anónimos, como es el caso de "General Madariaga". Desde sus inicios en el

Ernesto Montiel.

"Teatro Verdi" del barrio de La Boca —en Almte. Brown 736—, en el salón de su propiedad "Rincón de Corrientes" o bien en sus presentaciones en las radios Buenos Aires, Splendid y El Mundo, Montiel difundió la práctica de ataviar a sus músicos a la usanza gauchesca. Incluyó también el contrabajo —novedad adoptada desde entonces por muchos músicos de *chamamé*— ejecutado en *pizzicatos* que marcaban ritmicamente los bajos, sin utilizar el arco. Montiel ha rememorado en no pocas oportunidades las feroces hambrunas que debió sufrir en aquellos primeros tiempos, compensadas sólo con el fervor con que la gente más humilde recibía su música.

En 1939 aparece una formación orquestal de cuarenta músicos dedicada exclusivamente a la música del Litoral. Su primer director fue Mauricio Valenzuela, sucedido luego por Ángel Guardia, cuya primera experiencia en ese campo la había realizado junto a Juan de Dios Filiberto. El aporte de los músicos de *tango* —por lo general con conocimientos técnicos superiores a los chamameceros— continuaba enriqueciendo la música llegada de la Mesopotamia.

Los salones del pueblo

A partir del 1° de enero de 1944 Montiel comienza a divulgar su actividad y la de sus colegas editando la revista "*Iverá*", publicación mensual que desde sus primeros números tuvo gran acogida popular. Su principal clientela la constituyeron los importantes contingentes de provincianos que comenzaban a asentarse en la Capital Federal buscando trabajo dignamente remunerado. Muchos llegaban con sus guitarras y acordeones. Paralelamente a sus tareas en frigoríficos, el puerto y las barracas, algunos consiguen "changas" como músicos populares. Actúan sobre todo en la zona de La Boca y Avellaneda —por ejemplo, en locales de despacho de bebidas de la Isla Maciel, donde habitualmente tocaban "por convite"—, aunque también acceden a salones como el

Tránsito Cocomarola.

"Verdi" o el de Bomberos Voluntarios —en Brandsen 567—, comienzan a organizar reuniones bailables por su cuenta u obtienen contratos en los cafetines del Bajo.

La alegría de los sectores asalariados de más bajos recursos comienza a invadir los salones bailables de los barrios capitalinos: el "Palermo Palace", en Godoy Cruz y Santa Fe, donde se inició "Rulito" González: el "Parque Japonés" de Retiro: el "Monumental" de Palermo —Aráoz 2371—, el "Salón Bompland" —Bompland y Paraguay— la Sociedad Yugoeslava de La Boca, "La Salamanca" en Primera Junta y el afamado "Salón Princesa" de Armando Nelli. El Gran Buenos Aires acusa el auge del *chamamé* en el "Rincón del Litoral" de Témperley, "Recreo El Rodeo" de Fiorito, "Rincón de Luna" en la Isla Maciel —regenteado por Amado Sotelo— y otros "centros culturales" o "recreativos", "rincones" y "patios" donde van haciendo sus primeros contactos con el público muchos de los actuales ídolos como Cocomarola y Tarragó Ros, ya desaparecidos pero absolutamente vivos en el recuerdo legendario de las clases populares.

Celebrados acordeonistas de aquel momento fueron también Tito Aranda, Ramón Estigarribia ("El *Yaguareté*"), Santiago Barrientos y Adolfo Barboza (padre del hoy internacionalmente reconocido Raúl Barboza). Entre los bandoneonistas merece un párrafo aparte Dalmacio Esquivel, quien pasó de la música académica al *tango* y de allí a las expresiones litoraleñas. Esquivel, al igual que Angel Guardia, supo tener a su cargo la tarea de pasar al pentagrama las composiciones intuitivas de muchos de sus colegas.

Otros músicos de singulares méritos que no alcanzaron, sin embargo, la repercusión masiva fueron José Elgul, Ferradás Campos, "Rubito" Larramendia, Julio Rivero... un verdadero ejército de músicos intuitivos llegados principalmente de Corrientes; aunque la presencia santiagueña era también notable. Santiagueños fueron, por ejemplo, el violinista

Raúl Infante y los pianistas Carlos y Oscar Lisa.

No pocos provincianos recuerdan las presentaciones de Constante Aguer y su conjunto en el "Círculo Santiagueño". Integraban el grupo en el año 1946 los bandoneonistas Luciano Elhiart —de Paso de los Libres— y Alberto Torres —de Itatí—, Raúl Infante en violín, más las guitarras del paraguayo Argentino Toledo y el propio director. Ese mismo año, al formarse el Sindicato de Músicos, Aguer es designado representante de la "música guaraní".

Si hablamos de arpistas no puede dejarse de mencionar a los paraguayos Quintín Irala —reconocido autor de temas popularísimos como "Joyita", que falleció en 1986— y Prudencio Giménez, quien desde 1945 a 1950 actuó en la peña "*Achalay Huasi*" de los Hermanos Abalos.

Por estos años Mario Millán Medina —ex integrante del Santa Ana— graba para el sello Odeón antológicos *chamamés* de carácter narrativo, auténticas pinturas regionales de situaciones de la vida real. Tal el caso de "Adiós pago", que desarrolla el tema del joven correntino que debe abandonar su tierra buscando trabajo a la vez que rememora las viejas disputas entre liberales y autonomistas, siempre vigentes en la memoria correntina. Transcribo su letra:

"ADIÓS PAGO"

(Chamamé de M. Millán Medina y Oscar Cerra)

—La bendición, mi *taitá*.
—Dios lo bendiga, mi hijo,
Dios le conceda el permiso
para ir a trabajar.

—La mama conforme está
con esta triste partida,
voy en busca de otra vida,
dejaré el malezal

por no andar en el lugar
en este pago lejano
orejeando al comisario
o peleando a la autoridad.

La prueba tengo en usted
aunque creerlo le cueste
que siempre anduvo juyendo
por serle fiel al celeste.

Ochenta leguas al sur
pa'la estancia de Entre Ríos
voy en busca de conchabo
con un caballo de tiro.

Adiós madre, adiós hermano,
adiós *guainas* de mi pago.
La bendición, mi *taitá*,
voy en busca de conchabo.

Entre innumerables temas Millán Medina compuso el *rasguido doble* "El rancho'e la Cambicha". Lo grabó en 1947, después de lo cual lo tomó Antonio Tormo —cantor de repertorio cuyano— quien logró con él un resonante éxito, llegando a vender 3.600.000 discos en unos pocos años[87].

Nuevos salones bailables surgían al compás del *chamamé*: "Ranchito" en La Boca, "La enramada" en Santa Fé y Uriarte, "Asociación Argentina Yapeyú" —25 de Mayo 253—, "Circulo Vecinal Belgrano" —conocido como "El Sucre" por estar en la esquina de Sucre y Montañeses—, propiedad de la familia Elías. Los anteriores: "Irupé", "Bompland", "Princesa"... continuaban también en plena actividad. El nuevo género bailable que promocionaba la metrópoli era en realidad otro: la llamada "música característica" creada por Feliciano Brunelli (un santafecino que inició el auge del acordeón a piano en la música popular y que en su híbrido repertorio no pudo dejar de incluir "Corrientes Potï").

En 1949 el santafecino cantor de cantinas Heraclio Catalín Rodríguez se inicia como "vocalista" en el conjunto de Herminio Giménez, que por ese entonces se presentaba en el salón "Torcuato Tasso" de La Boca integrado por el propio Giménez en violín, los hermanos Pilepich en bandoneón y guitarra y José Elgul en guitarra. Rodríguez realizó su debut cantando "Adiós pueblo" en el "Palermo Palace". Continuó con el conjunto hasta 1952, año en que comenzaron a mermar las posibilidades laborales[88]. Los conjuntos, sin embargo, no se desmembran. Abitbol, en este momento, actúa junto al guitarrista Samuel Claus y el cantor Emeterio Fernández. Y las publicaciones aumentan: ahora circulan, compitiendo con "Iverá", las revistas "Vergel Guaraní", "El Pago" y "Ñandé", todas las cuales transcriben las letras de los temas en boga.

Los tiempos que se avecinan son los que hemos vivido y recordamos personalmente. En 1954 gana también los escenarios el *chamamé* como danza cuando el Ateneo Gral. San Martín de Corrientes presenta en público una recreación coreográfica basada en la popular música de "El toro". Pero la "Revolución Libertadora" pronto se encargaría de frenar estos "excesos" tratando por todos los medios —persecuciones políticas incluídas— que el *chamamé* desapareciera tanto del espectáculo artístico como del baile público. Se trató de combatir a toda costa el des-orden popular, y no era cosa de hacer caso omiso de la expresiones musicales (uno de los principales cordones umbilicales mediante los cuales la identidad cultural establece su anclaje).

Boicot oficial y oleada norteña

El golpe militar de 1955 derroca al presidente constitucional Juan Domingo Perón, pisoteando la voluntad popular. Perón logra huir al Paraguay a bordo de una cañonera especialmente destinada para esa misión por Stroessner, el presidente paraguayo. Ambos países habían estrechado vínculos cuando Perón, en prenda de amistad, devolviera al Paraguay las banderas que nuestro ejército le había tomado durante la Guerra de la Triple Alianza, y Stroessner tuvo la oportunidad de mostrar su agradecimiento ofreciendo refugio al presidente depuesto. El mismo año del golpe de estado comenzó a circular en ambos países una "*polka*" que alude a los hechos que acabo de sintetizar:

Argentina y Paraguay
hermanas las dos naciones.
Con Perón, con Stroessner,
dos líderes, dos corazones.

Con su ayuda verdadera
en la mala llegó Stroessner.
Llegó con su cañonera
al paso de los malones.

El cielo la habrá traído
para una gloria sin fin
a la tierra de los López
y José de San Martín.

Ya flamean las dos banderas
bajo el signo de su estrella,
ya cruzaron la frontera
gobernantes dignos de ellas.

Que vivan las dos naciones
entre lazos de amistad,
que se unan los corazones
y viva la libertad.

Que se unan las dos naciones
entre lazos de amistad,
que vivan las dos naciones,
Argentina y Paraguay.

La realidad social, política y económica que les tocó vivir a los provincianos transplantados —llamados "cabecitas negras" por una pretendida *elite* urbana y "blanca"— fue a partir de 1955 realmente desalentadora. Discriminación, racismo y revanchismo del lado del poder produjeron escasez de fuentes de trabajo, desazón y no poco miedo entre los desposeídos. Muchos músicos chamameceros recibieron en esos años "sugerencias" de dedicarse a otro género —o a otra cosa— cuando no fueron directamente prohibidos. Las persecuciones se sistematizaron y se inauguraron las "listas negras", que llegarían con el correr del tiempo a ser tristemente célebres.

Pero el *chamamé*, lejos de retraerse, se erige en el símbolo de lo no porteño radicado en Buenos Aires, constituyéndose en una especie de bandera del desorden. En efecto; esa música, emperrada en seguir sonando, no era sino la evidencia palmaria de una consigna popular tan tácita como eficaz: no acatar el "orden" que se trataba de imponer compulsivamente.

La jugada de los dueños del poder político y militar no se hace esperar. Desde el prejuicio antipopular se comienza a promocionar un "folklore" despojado de rusticidades conflictivas, purificado, inocuo, inofensivo y aderezado con enigmáticos giros metafóricos que de algún modo resultaran gratificantes —aunque no fuera nada más que como moda— a los incondicionales cultores urbanos del snobismo pasajero. Los años sesenta se convierten de ese modo en la época de oro del Movimiento Nativista, nacido en realidad treinta años antes con Roberto Chavero ("Atahualpa Yupanqui"). Los conjuntos de a cuatro con un bombo, embajadores de un Norte tan pintoresco como surrealista, se convierten en un espléndido negocio. Las guitarreadas invaden los estudios de televisión, las playas veraniegas, las veladas estudiantiles...

En esta inyección de música y mística con apariencia regional se destacaron, sin duda, algunos artistas de verdaderos quilates. Pero de todos modos, esta mal llamada "Proyección Folklórica" no partía de ningún folklore ni le interesaba hacerlo sino, en todo caso, adueñarse del rótulo y sustituir su contenido. No se sabía ni se quería saber gran cosa sobre la auténtica música criolla de cada región. Ideólogos e intérpretes —muchos, hay que decirlo, ni siquiera enterados del papel de fuerza de choque que se los estaba haciendo jugar— soñaban, eso sí, con que lo que estaban componiendo y cantando se convirtiera lo más pronto posible en folklore sin comillas.

Imitando a Buenos Aires y gracias al creciente desarrollo de los medios de comunicación, pronto todo el país pareció volcarse entusiastamente a la nueva moda. Pero en realidad, en principio solamente la clase media era la que hacía el juego a los promotores. Los festivales que comienzan a surgir en todo el territorio nacional cuentan generalmente con apoyo oficial y alcanzan niveles de concurrencia inéditos en el país para espectáculos musicales.

La "Proyección Folklórica" no fue bailable, salvo en su faz "peñera", donde se aglutinaban todos los adiestrados en innumerables academias para hacer gala memoriosa de las más insólitas coreografías, practicando una danza absolutamente despojada de su función social. De modo que otros géneros se encargan de cumplir esa función: la "nueva ola" y la *cumbia*. La primera tuvo sus representantes iniciales en el llamado Club del Clan, integrado entre otros por "Palito" Ortega, Nicky Jones, Jhonny Tedesco, Violeta Rivas, "Lalo" Fransen y Leo Dan,[89] quienes por medio de la difusión televisiva y los recitales introdujeron la amplificación electrónica de los instrumentos musicales. La *cumbia*, en cambio, fue liderada por el conjunto Los Wawancó y su principal instrumento melódico fue el acordeón a piano. Con ambas compartió el "folklore" los halagos de la promoción comercial.

Mientras tanto, la música de la Mesopotamia era, en el mejor de los casos, oficialmente ignorada. Conjuntos como Los Trovadores de la Selva, creado en 1958 por Julián Vera e integrado por Sabino Aguirre (Bandoneón) Waldino Luque (Acordeón) y Rodolfo Argüello (Canto y guitarra) hacían las delicias de los provincianos transplantados pero eran deliberadamente desconocidos para el aparato publicitario. A este pretendido "borrón y cuenta nueva" de la música del pueblo se suman dos variantes apócrifas del *chamamé*: la línea "cómica" que lideró el santafecino "Coco" Díaz (que fuera integrante del conjunto santiagueño Los Cantores de Salavina entre 1964 y 1966) y la efímera *litoraleña*, especie híbrida por sus elementos formativos pero de factura prolija e insospechablemente ciudadana. La receta simple de esta última fue propuesta por el "Cholo" Aguirre[89]: obligadas alusiones fluviales ("Río rebelde"; "Río manso"; "Río de sueños", "Río de ausencias", "Río de usted", "Río compañero", "Río río"... etc.[90], audaces construcciones poéticas y música "para escuchar". Refiriéndose a estas canciones tan plagadas de ríos como de lugares comunes el compositor Albérico Mansilla acuñó por ese entonces una frase que resultó no poco festejada: "El Paraná es a la música del Litoral lo que el adulterio al *tango*".

Tal vez intentando recuperar fuentes de trabajo, algunos compositores talentosos del Litoral se volcaron momentáneamente a la *litoraleña*. Así nacieron "Cieguito cantor" y "Noches de amor" de Aníbal Sampayo; "Los hacheros del *Guayrá*", "Noches isleñas" y "Camino del nutriero" de Pedro Sánchez; "Azahares secos" y "Acuarela del río" de Abel Montes. Pero la *litoraleña* no prosperó.

En 1959 Cocomarola incorpora a su conjunto la novedad del trío de voces, tal vez inspirado en los grupos nativistas, que daban preeminencia al aspecto vocal. Sus cantores fueron Argentino Vargas, Lizardo Cáceres y Pedro Reyes. Su público de siempre lo aceptó con entusiasmo, pero el aparato de difusión se empeñaba en ignorarlo, al igual que todo lo que proviniera del Litoral.

Pero la presión popular, insubordinadamente y a contrapelo de las modas impuestas, seguía pidiendo *chamamé*. Algunas radios —tímidamente al principio y con entusiasmo después al ver crecer su nivel de audiencia— comenzaron a dar lugar a aquella música "mersa" que no había querido irse. En 1963 surcaban ya el "eter" —como todavía se decía— las audiciones "Por los caminos de Corrientes", "Cartelera correntina", "La peña del Litoral" y "Fiestas correntinas" por Radio Porteña; "Sol de Corrientes", "Club Radial Guaraní", "Fiesta en el rancho" y "Corrientes y sus canciones" por Radio Antártida; "Noches guaraníes" y "Aquí Corrientes" por Radio del Pueblo; "Fiesta de los sábados" y "Fiesta guaraní" por Radio Colonia; "Por los caminos de Corrientes"[92] por Radio Rivadavia y "Aquí: peña del Litoral" por Radio Argentina. Pero eso no era "folklore"... era *chamamé*.

El proyecto oficial de sustitución comenzaba a hacer agua y a mostrar sus contradicciones. Y la música mesopotámica se infiltraba en el Movimiento Nativista.

Veamos algunas paradojas: el *rasguido doble* "Puente Pexoa" había sido compuesto por Cocomarola en 1953, pero pasó desapercibido para los cultores del "folklore" hasta que diez años después uno de los grupos vocales nativistas —Los Trovadores del Norte— lo incorporó a su repertorio y lo hizo conocer en sus giras internacionales, después de lo cual fue reconocido en Buenos Aires. Por su parte, Luis Ferreyra tenía compuesto su *rasguido doble* "Juan *Payé*" desde 1948, pero el visto bueno metropolitano llegó cuando fue cantado —también en 1963— por Los Indianos, un grupo de características netamente urbanas. Y la melodía de la *polka* "Qué linda es mi bandera", de Cardozo Ocampo, recién comenzó a sonar en los oídos cultores de la "proyección" cuando Jaime Dávalos la tomó —tal vez sin advertir el plagio— para musicalizar su "Canción para mi pueblo joven", que llegó a ser éxito de Los de Salta.

Mientras tanto, ni los intérpretes ni el repertorio correntino perdían las preferencias de un público menos proclive a encandilarse con los "éxitos" pasajeros. Tarragó Ros, sin los favores de la radio ni la televisión, era el artista que más discos vendía en el país considerando todos los géneros. También Mon-

Músicos que acompañaban a Ramona Galarza en 1974: Juan Carlos Gorrias, Roberto Uballes y Víctor Silva.

tiel figuraba al tope de las ventas discográficas anuales, constituyéndose en un artista "de catálogo", según la expresión de los productores.

Solo pueden marcarse dos excepciones a la negativa oficial de difundir el *chamamé* genuino durante la década del sesenta. Una es la de Ramona Galarza, cantante correntina que logró incorporarse al aparato comercial de los grandes festivales —como el de Cosquín[93]— y los espectáculos teatrales como "Esto es Folklore" en 1964 y "Otra vez Folklore" en 1965, ambos en el Teatro Odeón de Buenos Aires,—donde se inició la mala costumbre de presentar el baile de los correntinos mediante parodias ridiculizantes—. La otra es la de Raúl Barboza, novedoso ejecutante del acordeón que accedió a los grandes escenarios al pasar a formar parte de la Compañía de Ariel Ramírez.

Comicidad versus reivindicación social en la democracia

Mientras el país comienza a vivir el avance de la música internacional —que tras el auge de la "Nueva Ola" ahora se volcaba directamente a Los Beatles— se inicia en la Argentina una etapa de apertura democrática: se aproximan las elecciones de 1973 en las que el Partido Peronista —ya sin proscripción, después de dieciocho años— puede presentarse. Es entonces que "Coco" Díaz, tal vez atisbando la posibilidad de tiempos mejores —que no llegaron— lanza al mercado su *chamamé* "La Frejulina" en adhesión al Frente Justicialista de Liberación. Su letra aludía, entre otras cosas, al regreso del General Perón luego de su forzoso exilio en España:

"LA FREJULINA"

(Chamamé de "Coco" Díaz)

En los pagos de Argentina
nació una *guaina* muy especial
la llaman "La Frejulina"
y muchos mozos le andan atrás.

Cuando era muy pequeñita
a los pretendientes nos iba mal
porque a la pobre *guainita*
no la dejaban desarrollar.

Ahora que ya es mayorcita
ocho millones le andan atrás
¡Chá que no levanta nada...!
..."La Frejulina" se va a pasar.

Muchos andaban mirando
a otras *guainitas* de la Argentina
y ahora todos te dicen:
—¡Yo siempre quise a "La Frejulina"...!

Viva la "Freju", viva la "Freju",
viva la "Freju", "La Frejulina"
es la *guainita* más preferida
y más querida de la Argentina.

Viva la "Freju", viva la "Freju"
yo cada día la quiero más.
Con su llegada estoy muy contento
porque con ella vino Papá.

Pese al triunfo de la fórmula justicialista Cámpora-Solano Lima, el tema de Díaz —cuya poesía era coherente con la tendencia del autor a una discutible comicidad[94]— no llegó a cobrar popularidad. La aceptación fervorosa la logró en aquellos años Juan Vicente Ferrau ("Juancito el Peregrino"). Tanto los correntinos reubicados en Buenos Aires como aquellos que habían permanecido en su lugar de origen le hicieron repetir insistentemente durante sus giras tres *chamamés* fundamentales de su repertorio: "Lamento correntino" (motivo popular recopilado por Chamorro); "Las Tres Cruces" (de Mario Millán Medina, conocido popularmente como "Las Cuatro Bocas") y el más reciente "El último *sapucay*", de Oscar Valles. Transcribo un fragmento de cada uno y hago notar que el primero conserva íntima relación con el *romance*, si bien posee los segundos hemistiquios de nueve sílabas y una coda irregular que comienza con expletivos:

"LAMENTO CORRENTINO"

(Chamamé, motivo popular)

Allá abajito, muy lejos, tras las colinas del Tuyutí
un correntino 'e rodillas junto a la Virgen cantaba así
con tierna voz lastimera las tristes notas que canto
aquí:
Ay, ay, ay, ay,
por la Itatí
me voy a jugar la vida para salvar mi *cuñataí* [95]

....

El que sigue está armado con decasílabos —tal vez por influencias de la *habanera*—, pero su estructura se adecua a la del *romance criollo*:

"LAS TRES CRUCES"

(Chamamé de M. Millán Medina)

Para una fiesta de día patrio,
pa' un Venticinco de Mayo fue
que hubo carrera en Las Cuatro Bocas
en el bolicho de Don José.

Luca Braulio Areco.

Taitá y Olano, viejos contrarios,
enemistados por su opinión
al encontrarse se pelearon
ponchillo en brazo, facón a facón.

Cambá que era el comisario
corrió a apartarlos, era su deber
y allí heridos y ensangrentados
los tres quedaron allí en su ley.

Y desde entonces Las Cuatro Bocas
son muy sagradas en el lugar
y las tres cruces son milagrosas:
las de *Taitá*, Olano y *Cambá*.

....

"EL ÚLTIMO SAPUCAY"

(Chamamé de Oscar Valles)

La muerte apagó la luz
del sol que duerme ardiendo en el Chaco
porque Machagai se ha vuelto
un llanto triste de sangre y barro.

Ya no está Isidro Velázquez
la brigada lo ha alcanzado
y junto a Vicente Gauna
hay dos sueños sepultados.

Camino de Pampa Bandera
lo esperan en una emboscada
y en una descarga certera
ruge en la noche la ametrallada.

Isidro Velázquez ha muerto
enancado a un *sapucay*[96]
pidiéndole rescate al viento
que lo vino a delatar.

Tarragó Ros y Ramona Galarza posando durante la grabación del disco "Los grandes del Litoral" (Emi-Odeón, 1976).

Resulta clara la razón del éxito de estos tres temas. Conservan la esencia del *compuesto*, con el que se cantaban las hazañas de los héroes populares —así fueran bandidos— y las desgracias vinculadas con ellos. Los autores y el intérprete habían calado hondo en la psicología colectiva del criollaje ansioso de reivindicación.

En 1972 se realiza del Primer Festival de la Canción Correntina en la ciudad de Corrientes. Quizás lo más importante —además de la previsible repercusión popular lograda— fue la convivencia sobre el escenario de artistas apegados a formas "clásicas" con aquellos que como "Pocho" Roch trataban de abrirse paso con nuevas propuestas, tal el caso de la inclusión de instrumentos electrónicos. Dos años después Teresa Adelina Sellarés —activa impulsora de este festival— ingresa a la Orquesta Folklórica de Corrientes dirigida por Herminio Giménez. Dos años más y la abandona buscando proyectarse como solista y compositora, brindando su primer recital en 1978 —ya con el nombre artístico de Teresa Parodi— y frecuentando desde entonces con su canto la denuncia de las penurias de la gente humilde.

1973 fue el año en que el *chamamé* fue incluído —no sin resistencia por buena parte del cuerpo de profesores— en los programas oficiales de la Escuela Nacional de Danzas en su especialidad de Folklore. Poco después fue nuevamente eliminado.

Mientras tanto, la personalidad musical del *chamamé* se basa ya en una polirritmia con frecuentes síncopas y contratiempos, además de un esquema armónico simplificado, lo que acentúa definitivamente sus diferencias con la "*polka*" paraguaya. En el baile el abrazo se ha hecho más estrecho desde la época de su convivencia con el *tango*, aunque en ciertos tramos el varón continúa zapateando como en los orígenes de la especie. El conjunto acompañante completo consta de acordeón, bandoneón, contrabajo y guitarras, estas últimas generalmente a cargo de los cantores. El bandoneón lleva la principal voz

Damasio
Esquivel.

cantante, equilibra y dulcifica el timbre, mientras que el acordeón refuerza la marcación rítmica y se encarga de los adornos. La natural estridencia de este último aerófono es a veces realzada por los fabricantes a pedido de los músicos. Esto se logra afinando las lengüetas que normalmente deben sonar al unísono con una leve diferencia entre sí. El instrumento afinado de este modo recibe el nombre de "tremolado" y se lo considera más "gritón" que el de afinación exacta.

El carnaval-espectáculo

Como resultado de la forzada retracción de los festejos populares, el languidecimiento del carnaval había sido la característica general de todo el país en los últimos años. Como contrapartida, el gobierno correntino impulsa a partir de 1961 la etapa de las comparsas espectaculares, las carrozas monumentales y los atuendos fastuosos. Se alega que el objetivo es atraer al turismo, pero en la base del proyecto está la intención de quitar espacio al protagonismo popular y de convertir una auténtica fiesta, de paso, en un espectáculo rentable.

El tradicional recorrido del corso, de cuatro o cinco cuadras por las calles Julio, Rioja o Junín, se transforma en un desfile de cinco kilómetros por la Avenida Costanera Gral. San Martín, luego trasladado a la Avenida 3 de Abril. En 1961 se crean las comparsas "Copacabana" —con cuarenta parejas de la alta sociedad correntina— y "Ará Berá", con ostensible apoyo comercial. Ambas cuentan con directores de coreografía, de atuendo y de música. Casi por todas sus características, estos grupos —a los que seguirá "Frou Frou" en 1964— copian la modalidad brasileña de las *escolas de samba*, sustituyendo tanto los relictos afrocriollos de los quince mil morenos que habían llegado a Corrientes con la Guerra de la Triple Alianza, como el estilo murguero —de franca imitación porteña— que también conservaba rasgos del *candombe* hasta hace poco más de medio siglo. En 1965, sin embargo, resurge la murga "Los Dandys" luego de venticinco años de silencio. Estaba compuesta exclusivamente por hombres y no pretendía competir con la fastuosidad —falsa imagen de opulencia para una provincia donde la mayoría no lo estaba pasando bien— sino demostrar que el espontáneo des-orden aún sobrevivía en medio de los desfiles regimentados.

En 1967 Osvaldo Sosa Cordero da a conocer en un disco larga duración del sello Sapukay una serie de marchas —tipo carnaval carioca— algunas de las cuales fueron adoptadas por las comparsas, no sin someterlas a eventuales recreaciones. Sus letras originales eran absolutamente pasatistas y nada tenían del tradicional canto —tan cuestionador como cuestionado— de los viejos grupos carnavaleros. Transcribo tres fragmentos de estas nuevas letras. El primero muestra claramente la imitación estructural y fonética con la marcha brasilera "¡Eh... vozé ahí!":

"CHÉ... MIRÁ HACIA AQUÍ"

(Marcha de O. Sosa Cordero)

¡Ché... mirá hacia aquí!
Si yo te estoy mirando
mirame vos a mí.
(No te enojés que es broma)
¡Ché... mirá hacia aquí!
si yo te estoy mirando
mirame vos a mí.

"ARÁ BERÁ"

(Marcha de O. Sosa Cordero)

"Ará Berá",
"Ará Berá",
relámpagos que alumbran
la noche tropical.

"A COPACABANA"

(Marcha de O. Sosa Cordero)

El carnaval llegó
y todo el mal murió.
Que nadie se preocupe
por lo que ya pasó.

Toda esta producción de marchas carnavaleras transcurre hasta ahora en forma paralela a la del complejo *fandango-compuesto-chamamé* sin que por el momento puedan advertirse casos de convergencia. El carnaval correntino se ha convertido —tal como quisieron sus promotores iniciales— en un importante resorte de la industria turística, lo mismo que los que surgieron imitándolo como el de Gualeguaychú, en la provincia de Entre Ríos, este último con amplia participación de los estudiantes secundarios.

La expansión

El Movimiento Nativista había cultivado en su propio seno ciertas contradicciones que a la postre provocarían su desmembramiento. Primero: había sido una moda, y las modas pasan. Segundo: casi desde sus comienzos había incubado —mal que les pesara a los promotores iniciales— cierta creciente ideología contestataria que poco a poco fue cuestionando, de manera cada vez más virulenta, al sistema que sin querer le había dado vida. A partir de 1976 el llamado "Proceso de Reorganización Nacional" trató de corregir aquel descuido y se lanzó decididamente a prohibir artistas y temas. Las "listas negras" regresaron a los festivales provincianos y especialmente a las emisoras radiales metropolitanas. Ciertamente, los artistas perseguidos estaban lejos de ser populares en el sentido cabal del término, ya que sus incondicionales seguidores conformaban una no muy abundante *elite* de pretensión intelectual reclutada no mucho más allá de los centros de estudios universitarios. No eran una multitud, como digo, pero "hacían ruido" como si lo fueran. Y el gobierno creyó ver en ellos — artistas y seguidores— alguna vinculación con la guerrilla armada. Que los compositores y cantantes profesionales fueran o no sinceros en sus manifestaciones "de protesta" y que la gente que los aplaudía estuviera o no dispuesta a tomar un arma para defender los ideales que se pregonaban arriba de los escenarios, poco importó. Ante la duda, se decidió cambiar de rumbo: desalentar el nativismo y abrir las puertas al *chamamé*, que si bien era realmente popular —algo había que perder— al menos sus cultores aparentaban ser más inofensivos.

Fue entonces que el *chamamé* tuvo vía libre para lanzarse a conquistar el territorio nacional. Como muestra de la proliferación de audiciones radiales dedicadas exclusivamente a este género a principios de la década del ochenta pueden citarse —para Buenos Aires y el Litoral— las siguientes: "Recordando el Litoral" de Julio Rodríguez Armesto y "Momento chamamecero" de Carlos Serial, por Radio Argentina; "Cantos y leyendas del Litoral" de Visconti Vallejos, "Fiesta en el Rancho" de Pirca Rojas, "Cartelera correntina" de "Polito" Castillo y "Recordando el pago" de Ramón Espíndola por Radio del Pueblo; "Entre *polka* y *chamamé*" de Odín Fleitas por Radio Provincia; "Recorriendo el Litoral" por Radio Nacional Rosario; "Mateando en Corrientes", "Corrientes y su música" y "Corrientes y sus posibilidades" por Radio Gral. Madariaga de Paso de los Libres; "Recorriendo el Litoral", "Tardecitas correntinas" y "Amanecer de mi tierra" por Radio Nacional Santo Tomé; "Pampa y cielo" y "Correntinísima" por Radio Corrientes; "Así canta Corrientes" por Radio Guaraní de Curuzú Cuatiá; "Mi tierra roja" por Radiodifusora Misiones; "La hora del *Yasi Yateré*" por L.S. 4 de Posadas; "Mañanitas correntinas", "Siesta correntina"; "Melodías correntinas", "Fogón de mi *Taragüí*" y "Patio correntino" por Radio Sargento Cabral de Goya; "Correntinísima" por Radio del Iberá de Mercedes, y

"Música correntina" por Radio del Litoral de Concordia.[97]

Otro tanto ocurría con los salones de baile o "bailantas". Por estos años se hallan en febril actividad "Fortín del Litoral" —Independencia 2250— "El Fortín de Armando Nelli" —Humboldt al 500, junto al Club Atlanta—, "Rincón del Litoral", "Patio Litoral", "El pasatiempo" y "Mi ranchito" en La Boca; "Casona del *chamamé* en Villa Luro"; "La linqueñita" en Caballito; "Círculo Santiagueño" en Flores; "*Ñandutí*" en Almagro y el Club Unidos de Pompeya. Todo el Gran Buenos Aires vibra al ritmo chamamecero de "El sin rival" de Villa Domínico; "El Boyerito" de San Martín; "Patio del Litoral" y "General San Martín" de Laferrere; "La Yunta" de Moreno; "El Rincón" de Témperley; "El Ciclón" y "Santiago Querido" de Burzaco; "Estrella del Litoral" y "La Nueva Bailanta" de San Miguel; "El Palenque" de Lanús Oeste; "Salón Itatí" de Florencio Varela; "Palacio del *Chamamé*" de José C. Paz; "Litoral Norte" de Virreyes; "Nuevo Patio Santiagueño" de Isidro Casanova; "Monumental" de Merlo; "Sociedad de Fomento Casanova Oeste", etc. etc. En el centro urbano de Rosario se destacan "La Ranchada" de Chamorro y "El Rancho de Ramón Merlo". Allí brillaba el *chamamé* "engarronado" o maceta, de ritmo vivo, con abundancia de floreos melódicos y a menudo "liso" —sin canto—, aunque en los intervalos de las orquestas solían aparecer cantores... y la gente bailaba con sus temas.

Santiago del Estero fue la primera provincia alejada de la Mesopotamia que adoptó el *chamamé*. Ya hacia 1948 esta música estaba en el departamento Loreto, en cuyos bailes de campo compartía el gusto popular junto a *polcas* paraguayas y los consabidos *gatos* y *chacareras*. Por esa época el atamisqueño Ramón Villareal —quien luego crearía el trío Sauce Solo— se iniciaba con una bandónica, al igual que tantísimos santiagueños jornaleros que, al regresar de la cosecha del algodón en el Chaco, traían a su provincia los oídos llenos de *chamamés* y algún

María Ofelia

"fuelle" que la paga les había permitido adquirir en algún almacén de ramos generales.

El *chamamé* se baila ya en todo el país. Basándome solamente en mis observaciones personales puedo decir que ya en 1973 he visto a esta especie, tocada con acordeón y bombo, preponderar sobre el *gato*, la *chacarera* y el *escondido* en los carnavales santiagueños de Salavina, Chilca Juliana y Los Cerrillos. Cuatro años después el conjunto de Orlando Gerez —también santiagueño— intercala *chamamés* en sus discos de música de su provincia. En 1980 Elpidio Herrera —el creador de "Las Sachaguitarras Atamisqueñas" hacía furor en los carnavales de Atamisqui con su grupo Los Novios (guitarra, bajo eléctrico, batería y raspador) ejecutando *chamamés*, "*polkas*" y recreaciones propias sobre la base de estas especies. Ese mismo año vi bailar entusiastamente el *chamamé* en la Puna Salteña. En 1982 comprobé su vigencia en la cordillera neuquina —de donde pasó a Chile— y en la meseta de Río Negro; y en 1985 lo ví casi arrasando el antiguo repertorio regional en el Oeste Pampeano.

Por iniciativa de los santiagueños surgió en 1982 en el Gran Buenos Aires la corriente del "*chamamé* tropical" que adoptó la instrumentación propia de la *cumbia* (guitarra y bajo eléctricos, acordeón a piano, tumbadora, contrabajo y raspador). La mayoría de los conjuntos que lo cultivaron adoptaron la modalidad de identificarse con voces guaraníes bisilábicas y agudas. El primero fue el de Los *Caú* —que se pintaban el rostro como los integrantes del conjunto de *rock* norteamericano *Kiss*— y a ellos les siguieron Los *Caté*, Los *Abá*, Los *Añá*, Los *Cambá*, Los *Tatú*, Los *Mitá*, Los *Tupá*. Luego se sumaron el conjunto de Pastor Luna, Los de Mailín, Los caimanes santiagueños y Los Demonios del Chamamé Tropical. Los *Aguará* incorporaron el charango al grupo instrumental, pero no lograron imponerlo. Desde 1987 estos grupos abordaron también la "*polka* tropical".

Esta corriente compitió por las preferencias del público con la música "cuertetera", que no fue en

Blas Martínez Riera.

principio otra cosa que la de Feliciano Brunelli ligeramente enmascarada por teclados y vestimentas exóticas. Poco después —en 1989— el plagio franco-brasileño de una *saya* boliviana terciaba en la disputa: la *lambada*, de tan explosivo como pasajero auge.

Las tropicalizaciones de procedencia metropolitana —chamameceras o no— no fueron aceptadas en la Mesopotamia, donde persistieron las preferencias por el *chamamé* clásico, del que pueden diferenciarse dos variedades: uno lento y cadencioso, *cangüí* o "chaqueño", representado por ejemplo por Los Hermanos Barrios —cuyo éxito de 1987 fue el tema "General Perón"— y el ya mencionado "maceta", representado entre otros por el conjunto *Ivotí*, verdadero coleccionista actual de discos de oro y platino que desde 1982 no desdeña incluir en su repertorio temas tradicionales como "Lamento correntino". En el *chamamé* "maceta" suele ser de rigor la intercalación de "glosas" —recitados— en décimas y, sobre todo, la impostación matonesco-circense que adoptan los recitadores influenciados por el gauchismo de radioteatro que en su momento formó parte del Movimiento Tradicionalista. También es común que esos versos se rubriquen con un *sapucay* sensacionalista cuyo intérprete a menudo ostenta cartel propio en las contratapas de los discos.

Se aclaran los tantos

Fue durante la Guerra de las Malvinas que el nativismo hizo demasiado evidente su faz acomodaticia. Años antes, un grupo de consagrados había organizado el proyecto Decuna —Defensa de la Cultura Nativa— que pese a su convocadora sigla no tuvo otros objetivos —para los consagrados no perseguidos, que fueron sus impulsores— que estrechar filas para conservar las fuentes de trabajo que mermaban en forma alarmante.[98]

La apertura democrática de 1984, en cambio, mostró nuevamente y por poco tiempo la faz "revolucionaria" de ese "folklore" inventado en la gran ciudad. Pero ni esta breve resurrección contestataria ni el papel retardatario cumplido por los autodenominados "folkloristas tradicionales" resultó creíble. Tampoco lo fueron algunos exiliados que regresaron al país, cultivando ahora un repertorio despojado de referencias políticas contemporáneas, aunque en ocasiones se dejaran ganar por otra tendencia llegada desde Francia y allí ya casi olvidada: el pseudo indigenismo de obligada alusión incaica, surrealismo *kitsch* alucinado por una mística de pacotilla que ignoró prolijamente toda información etnográfica fidedigna que pudiera legalizarlo y evitarle su quiebra a corto plazo.

Una vez más, pero ahora más convencidos que nunca, cantantes y músicos asumieron el papel de expertos en Antropología y se lanzaron a dar cátedra del tema —como si lo conocieran— a quien quisiera escucharlos. ¿Y los antropólogos? Bien, gracias. Estaban casi todos muy ocupados en la construcción de su máxima aspiración: el "marco teórico". Habían iniciado ya su apasionante diálogo con las computadoras y no disponían de tiempo —ni querían disponerlo— para observar realidades sobre el terreno.

Campo libre, entonces, para el disparate nativista en sus penúltimos coletazos.

El Movimiento Nativista que nació desconociendo al *chamamé* se ganó, por méritos propios, la indiferencia generalizada. Ni la metáfora intrincada ni la recarga arreglística ni el alegato explosivo[99] —mucho menos la teatralización "gauchesca"— convocan hoy demasiado público. Pocos artistas talentosos sobreviven dificultosamente y otros sin talento —pocos, también— luchan por eternizarse integrando "trenzas" monolíticas en las que el único objetivo real —aunque habitualmente hablen de patria, cultura, raíces ancestrales, idiosincracia, identidad nacional y leyes proteccionistas de todo eso— es la obtención de dinero fácil.

La juventud y especialmente la adolescencia de la clase media en las grandes ciudades ha captado, un poco aperceptivamente, todo ese *bluff*, y le ha retirado su apoyo. Consume casi exclusivamente rock en cualquiera de sus variedades: "nacional", *punk, pop, heavy, heavy metal, strash, hard cord,* etc., etc. Entre la malversación de las culturas musicales regionales y el culto por lo estrafalario de otras latitudes ha optado por lo segundo. No ignoro que este vuelco también es en gran medida consecuencia de no muy lejanos lavajes colectivos de cerebro y quizás también parte del abultado precio que debemos pagar por nuestro soñado ingreso al "Primer Mundo". Pero la opción juvenil por usar lo ajeno preserva al menos lo propio de nuevas manipulaciones y deja abierta la posibilidad para un hipotético retorno —incontaminado de esquemas perimidos— a las tantas veces citadas como poco conocidas fuentes. Más claro y tal vez un poco exageradamente: la decadencia y la ridiculez ajena —aún cuando eventualmente irrumpan en nuestra casa— siempre resultan menos dolorosas que las propias.

El *chamamé* tiene, como hemos venido viendo, otra historia. Su deliberada exclusión del "folklore" en los años sesenta le impidió alcanzar el estrellato de éste. Pero no sólo lo puso a salvo del desgaste de los ochenta — donde amplió, por el contrario, sus horizontes— sino que finalmente le evitó arribar en los noventa a la orilla de la indiferencia colectiva. Vayamos, entonces, a una síntesis del movimiento chamamecero en estos últimos años, los primeros de la década del noventa.

Sin olvidar que el primer gran renovador fue el virtuoso acordeonista Raúl Barboza —quien con su velocidad de digitación y su particular manejo armónico ha realizado creaciones inimitables— hay hoy toda una corriente alternativa representada por compositores e intérpretes de la última camada. Antonio Tarragó Ros, lanzado por caminos experimentales, trabajó el *chotis* junto a los misioneros Luis Angel Monzón y Agustín Barchúk, se asoció a Gonzalo del Corazón de Jesús "Pocho" Roch para renovar la coloratura instrumental —sin desdeñar el acordeón—, se

"Isaco" Abitbol y Antonio Tarragó Ros actuando en el Teatro Presidente Alvear de Buenos Aires. (Año 1984.)

vinculó con el "*rock* nacional" componiendo y actuando junto al santafecino León Gieco, y grabó en noviembre de 1990 el primer *compact disc* de *chamamé*. Los de Imaguaré, Chacho Müller, Mateo Villalba y Ariel Acuña son algunos de los representantes de estas nuevas perspectivas en las que al manejo de la teoría musical suman una poesía elaborada, despojada de ingenuo romanticismo, a menudo comprometida con la problemática social y, sobre todo, dicha de un modo que no resulta incomprensible para el público en general. Franklin Rúveda, "Cacho" González Vedoya y Julián Zini son destacados poetas de esta vertiente.

A nuevas concepciones melódicas y armónicas se agrega el insoslayable recurso de la amplificación electrónica en todos los instrumentos, lo que incluye una variada percusión jazzística, negroide, criolla o una mezcla de todas ellas. Esta intención transformadora no desdeña las puestas en escena espectaculares donde algunos artistas cargan tal vez demasiado las tintas en la sobreactuación de su rol histriónico.

En el terreno de la experimentación instrumental cabe la mención de los hijos de Avelino Flores —"Rudy" y "Nini"— notables ejecutantes de acordeón y guitarra que agregan a ambos instrumentos bajos suplementarios, logrando un resultado sonoro de poco común densidad.

En cuanto a las formas de externación vocal, la gran novedad cae bajo la responsabilidad de Teresa Parodi, cuya amplitud de registro, potente volumen e impostación un tanto masculina establece una obligada comparación con los viejos —y aún vigentes— dúos masculinos en suave falsete. Esta cantante y Antonio Tarragó Ros son hoy los artistas litoraleños que más claramente lograron insertarse en el agónico Movimiento Nativista, aunque sin verse afectados por su desgaste. En 1993 Parodi se unió a Ramona Galarza en un dúo que llamaron Correntinas, logrando mutuo beneficio: el aporte de Parodi facilitó la inserción de ambas en el aparato promocional

Roberto Galarza.

y los festivales, mientras que Galarza aseguró la repercusión popular que personalmente nunca había perdido en el Interior.

Apadrinado por Teresa Parodi, en 1991 se presentó en el festival de Cosquín el juvenil conjunto Los Alonsitos, logrando constituirse en lo que allí se denomina "revelación". En realidad no puede decirse que este grupo ofreciera novedades en su estilo y mucho menos en su repertorio. Su "éxito" de ese año fue nada menos que "El burro", *chamamé* de Millán Medina habitualmente utilizado por innumerables conjuntos cuando de obtener el aplauso y la risa fácil se trata. Al año siguiente Los Alonsitos insistieron con esa actitud. Tocaron y cantaron "Mi caballo bayo" —canción triste, si las hay, que ya interpretaba el dúo Gardel-Razzano— dándole un carácter jocoso tan desubicado como rayano en el mal gusto. Cabría preguntarse si ese es el precio para que el *chamamé* subiera al "escenario mayor del folklore"...

Salvo, quizás, los últimos nombrados, ninguno de estos nuevos artistas hace su música para que sea bailada. En la provincia de Corrientes las preferencias se siguen volcando a la música bailable tocada al estilo de tres chamameceros ya desaparecidos. En efecto, sobre la costa del Río Uruguay el gusto se inclina por la modalidad cadenciosa de Ernesto Montiel; sobre el curso superior del Paraná y aproximadamente hasta el departamento Saladas el preferido es Cocomarola; desde Mercedes hasta el Paraná por el oeste y hasta el límite con Entre Ríos por el sur domina el estilo "tarragocero". Entre las dos últimas franjas mencionadas hay un área incondicional del dúo Vera-Lucero, especialmente en la zona de Mburucuyá. En la provincia de Misiones los gustos se reparten en una vertiente oriental y otra occidental. La primera gusta de Abitbol y la segunda de Cocomarola y el misionero Ramón Méndez. En Entre Ríos gustan todos estos artistas por igual —tal vez con alguna inclinación hacia Tarragó Ros— Pero allí el auge nativista de la neo *chamarrita* ha calado hondo, proliferando composiciones e interpretaciones de

Los Alonsitos

una hibridez superlativa, fenómeno en parte similar a lo que está ocurriendo en la República Oriental del Uruguay.

El cultivo del *chamamé* en todas partes se sigue observando hoy principalmente en la franja social de menores recursos, como siempre ocurrió, pero ya no exclusivamente en ella. Doy un ejemplo: el 23 de mayo de 1990 se realizó en Santo Tomé el sepelio del ex Jefe del Estado Mayor del ejército, General Isidro Cáceres. La Banda Infantil Municipal ejecutó en su honor dos de sus *chamamés* preferidos: "Kilómetro 11" y "A Villanueva". Esta noticia, que hoy no sorprende, hubiera sido impensable en los no muy lejanos años de prejuicio y discriminación.

Desde principios de la década del noventa, una expresión musical derivada del "cuarteto" cordobés y explosivamente popularizada tomó para sí la denominación de "bailanta", hasta ese momento exclusiva de las reuniones danzantes de música litoraleña. Dos años después, esa música "bailantera" —convenientemente manipulada por ciertos políticos ansiosos de consenso popular— adquirió un auge inusitado que avanzó desde la periferia capitalina tanto hacia el centro metropolitano como hacia el interior del país. Sus máximos exponentes —"Mona" Giménez, Chébere, Sebastián, Ricky Maravilla, Lía Crucet, Alcides— percibían por sus desopilantes actuaciones, se decía, sumas tan fabulosas como inexplicables dado el estado de profunda crisis económica por el que pasaba la Argentina. La nueva y la vieja "bailanta" disputaron espacios, con ventajas iniciales para la primera, y así muchos salones chamameceros cambiaron drásticamente de género. Los anuncios que rezaban "ESPECIAL PARA BAILANTA" constituyeron, por un tiempo, la más eficaz promoción para ofrecer amplios salones, galpones o tinglados en alquiler o venta. Y hasta muchos recintos de establecimientos industriales cerraron sus puertas, modificaron ligeramente sus instalaciones y reabrieron para recibir a los fanáticos cultores del nuevo furor bailantero. Furor tan intenso como efímero, porque en el momento de escribir estas páginas se lo ve languidecer, no sin haber provocado el agotamiento psicológico de no pocos cultores.

Decía yo hace poco tiempo: "El *chamamé* —que está lejos de haber concluído su etapa de crecimiento— sigue siendo, con tanta fuerza como siempre, una de las más caudalosas corrientes que circulan por el canal de reconocimiento de la auténtica provincianía. Después de haber convivido y competido, entre otros géneros, con la "típica", la "característica", la "nueva ola", el "folklore", el "*rock* nacional", la *cumbia* y la *lambada*, de todos los cuales tomó elementos para remozarse, hoy debe librar una nueva y desigual batalla. No han de pasar muchos años para que podamos decir cuál fue su suerte" (Pérez Bugallo, 1992 a: 108). Pasados apenas dos años, puedo asegurar que también en esta disputa con la nueva "bailanta" se lo está viendo emerger triunfante al *chamamé*, a cuyo seno veo día a día regresar a no pocos momentáneos cultores cuartereros y bailanteros.

Ya hice referencia a la fuerza con que hoy se presenta el *rock* entre la joven clase media urbana. Y hay que decir también que si bien este género influyó en el renovado *chamamé* —también urbano— de esta última década, a su vez ha acusado la influencia de éste. El grupo La Portuaria incluye el acordeón, León Gieco compone *chamamés* y "El toro" irrumpe en el repertorio de Divididos en manos del "Chango" Spasiúk, cuyas presentaciones junto a ese grupo rockero han logrado desde 1992 excelente acogida general.

Los músicos de *chamamé* "puro" suman hoy en todo el país una verdadera multitud. La sola mención de los profesionales en actividad insumiría varias páginas —y resultaría, en definitiva, una especie de censo inconsecuente— de modo que haré mención solo de algunos. Y aquí el lector deberá disculparme si incurro en un resbalón asistemático —no ha sido el único— ya que daré cuenta únicamente de aquellos que, conozco personalmente o poseo sus grabaciones, me consta que se hallan en actividad y no he nombrado antes a lo largo de este trabajo.

Ellos son Los Hermanos Cardozo, Alvaro Copello, Ubeda-Chávez, Moncho Mieres, Las Hermanas Vera, Rosendo y Ofelia, Carlos Santa María, Los Cunumí, Coquimarola, Los Menchos, Cejas-Solís, Cresencio Lezcano, Orlando Veracruz, Los Grandes del *Chamamé*, Conjunto Nogoyá, Hugo Leiva, Los Chamarriteros, "Paquito" Aranda, Grupo *Purajhey*, Vera-Monzón, Los Hermanos Barrios, Los Reyes Chaqueños, Los de Lugones, Roberto Galarza, Cacho Orcajo, Los Hermanos Gotte, Los Caminantes del Litoral, Los Criollos del *Chamamé*, Los de Mailín, Isidro Soria, Alberto Montenegro, Dúo *Panambí*, "Pico" Gerez, Orlando Ayunes, Las Voces *Tagüé*, Hermes Solís, Trío Pancho Cué, Los Ases del Litoral, Juancito Pedrozo, Marcial Moyano, Juan Montiel, Las Voces del Nuevo Día, "Toto" Maidana, Los Reyes del *Chamamé*, María de los Angeles Ledesma, Carlos Talavera, Las Voces de Montiel, Las *Guainas* del *Chamamé*, Angel Suárez, Los *Tagüé*, Los Gauchos de Saladas, Rubén Rodríguez, Ramón Sosa, "Coqui" Correa, Dúo Reyna-Alfonso, Los Gurises Chamameceros, Chaloy Jara, Los Posadeños, Lidio Herrera, Julio Lorman, Los Chamameceros de 25 de Mayo, Angel Godoy, Los Sombras del Litoral, Los Amantes del Litoral, "Moncho" Merlo, Ramón Merlo, Los Hermanos Sena, Palomita Base, Los Hermanos Galarza, Miriam Asuad, Conjunto *Coembá*, María Elena Sosa, Los Amigos del *Chamamé*, Raúl Alonso, Los del Gualeyán, Los Entrerrianos, Rodríguez Esquivel, Los de Tintina, Rubén Rodríguez...

Hay muchos más, claro está, pero entiendo que los mencionados sirven para dar una idea de la magnitud del movimiento, especialmente si se tiene en cuenta que estos son sólo los intérpretes, a quienes hay que agregar la muchedumbre que baila con ellos y compra sus discos. El *chamamé* —denigrado, perseguido, escarnecido, suplantado e ignorado en diferentes épocas— mantiene una vigencia descomunal.

Los Hermanos Barrios.

Y esto merece un intento de análisis. La euforia popular que significó la reconquista de la democracia en 1984 fue sucedida por un período de desorientación y otro de descreimiento generalizado, que es el que hoy se vive. Que ninguno de los dos partidos sucesivamente gobernantes han logrado satisfacer la esperanza popular por una vida mejor es un hecho fuera de toda discusión. Que el motivo haya sido la incapacidad, el desinterés, los condicionamientos internacionales o la corrupción generalizada —o todo eso junto— no modifica los resultados. Ha habido, por lo menos, un desorden administrativo que nos ha impedido "despegar", como dicen algunos políticos. Nada extraño, entonces, que el pueblo se despegue por su cuenta de partidismos inconducentes[100] y se apegue a su tradicional des-orden, haciendo oídos sordos a las frecuentes solicitaciones electoralistas. Nada ilógico, tampoco, que se mantenga fiel a una expresión musical libre por antonomasia que ha desoído las sistematizaciones coreográficas, que ha "visteado" profundas estocadas, que ha sobrevivido contra viento y marea de abuelos a nietos, que se ha venido remozando sin dejar de ser la misma y que ya desde su nombre indica una esencia irrenunciable: la libre determinación popular; el espíritu de rebeldía inclaudicable que no tolera ni acata ordenamientos arbitrarios o antojadizos. El *chamamé.*

Los instrumentos musicales del chamamé. Secuencia cronológica y responsables de su incorporación al ámbito profesional.

1. ***Guitarra.*** Fue popular entre la población criolla desde los tiempos coloniales. El dúo Giménez-Pucheta la utilizó en sus primeras grabaciones discográficas de 1927.
2. ***Arpa.*** Instrumento criollo colonial. Desde 1930 Félix Pérez Cardozo desarrolló sus posibilidades interpretativas.
3. ***Verdulera.*** Arribó al Litoral a mediados del siglo pasado con la inmigración centroeuropea. Su gene-

ralización entre los músicos profesionales comenzó con Marcos Ramírez en 1936.

4. ***Mandolín.*** Popular desde principios de siglo. El primero en grabar discos utilizándolo fue Emilio Chamorro en 1940.
5. ***Violín.*** Fue popular desde principios de siglo. Samuel Aguayo lo incorporó a su orquesta en 1930.
6. ***Armónica.*** Gozó de cierta popularidad desde principios de siglo. Hugo Díaz la incorporó a su repertorio nativista, que incluía temas litoraleños.
7. ***Flauta.*** La incorporó a su orquesta Samuel Aguayo en 1930.
8. ***Clarinete.*** Tras su incorporación por Samuel Aguayo, fue Valentín Escobar —desde 1935— quien se perfiló como uno de sus más destacados ejecutantes.
9. ***Contrabajo.*** Desde 1930 la orquesta de Samuel Aguayo contó con un contrabajista. Pero fue recién a partir de 1942, con su adopción por parte de Ernesto Montiel, que su uso se generalizó entre los conjuntos chamameceros.
10. ***Piano.*** Instrumento casi exclusivo del ámbito urbano y académico. Su inclusión —no muy frecuente— en conjuntos litoraleños comenzó en 1930 con Samuel Aguayo.
11. ***Bandoneón.*** Tras su auge tanguero, fue el maestro Herminio Giménez el primero en ejecutar con este instrumento música correntina, en 1930.
12. ***Batería.*** Herminio Giménez incluyó bateristas en sus orquestas desde 1935.
13. ***Acordeón de tres hileras.*** Lo adoptó Marcos Ramírez en 1938.
14. ***Acordeón a piano.*** Su auge comenzó en 1940 con Feliciano Brunelli, quién incluyó *chamamés* dentro de su repertorio "característico".
15. ***Guitarrón.*** El primero en utilizarlo en actuaciones públicas fue Roberto Galarza en 1958.
16. ***Guitarra eléctrica.*** El primero en utilizarla profesionalmente fue Bartolomé Palermo, en 1959.
17. ***Acordeón cromático a botonera.*** Variedad de los instrumentos de fuelle cuyo primer impulsor fue el eximio Raúl Barboza desde 1959.

18. ***Violoncello.*** El primero en utilizarlo fue Ramón Solans, hacia 1960.
19. ***Teclados.*** Se incorporaron al sonido chamamecero con las experimentaciones tímbricas de "Pocho" Roch en 1972.
20. ***Sintetizador.*** Rodolfo Regúnaga comenzó a utilizarlo en 1976.
21. ***Requinto.*** Cordófono que en 1980 introdujo en el chamamé Juan Saccú.
22. ***Bajo eléctrico.*** Incorporado por Antonio Tarragó Ros en 1981.
23. ***Saxo.*** En 1982 Tarragó Ros lo incluyó en su conjunto.
24. ***Tumbadoras.*** Las adoptó el conjunto "Los Caú" en su variedad de "chamamé tropical" en 1982.
25. ***Raspador.*** Incluido por "Los Caú" en 1982.
26. ***Charango.*** Lo incluyó en sus grabaciones de 1985 el conjunto "Los Aguará".
27. ***Guitarra de doce cuerdas.*** La adoptó desde 1990 Ramón Ayala para sus interpretaciones como solista.
28. ***Cajón peruano.*** Lo incluyó entre sus instrumentos acompañantes el "Chango" Spasiúk en 1996.

IX. LAS PRUEBAS MUSICOLÓGICAS

Buscando un método

El cuadro que acabo de presentar bien podría constituir el final de esta obra, ya que con él y con las consideraciones de las páginas anteriores se llega hasta la situación del *chamamé* en el presente. El lector no olvidará, sin embargo, que mi propuesta inicial fue la de intentar determinar que las raíces de la música litoraleña antigua son tan auténticamente hispano-peruanas como las del resto de nuestra música criolla, la anterior a los aportes inmigratorios.

Que esos aportes transformaron profundamente la fisonomía del *chamamé* y sus especies emparentadas es absolutamente cierto, tanto como que los movimientos Tradicionalista y Nativista hicieron lo suyo al respecto. Y que lo hicieron sobre la base de auténticos talentos innovadores, pero también cultivando una "tradición" que nunca había existido y/o siguiendo los dictámenes —mediante permanentes reacomodamientos— de la industria y el mercado del arte y del espectáculo.

Después de tantos cambios, de tanta interpenetración de modalidades musicales diversas y de tanto artista que, por una razón o por otra, buscó diferenciarse de sus colegas con alguna porción de novedad, parece poco menos que imposible el rastreo —y especialmente el hallazgo— de alguno de los elementos que en tiempos de la Colonia ingresaron por el Perú para llegar al Litoral. Sin embargo, los elementos están aún a la vista. Así como ofrecí al principio demostraciones de tipo histórico y poético, tanto como documentación sobre las viejas danzas y canciones que circularon por la mesopotamia, pondré ahora a consideración pruebas que avalan mi hipótesis, surgidas del análisis musicológico.

Obviamente, en el terreno de la etnomusicología no nos es dado trabajar con fuentes secas. Nuestros documentos son los registros contemporáneos de terreno y de ellos —en caso de pretender establecer vínculos genéticos, como en esta oportunidad— debemos disecar los elementos constitutivos para someterlos al análisis comparativo con las formas antiguas, que pueden haberse conservado escritas —en el mejor de los casos— pero que ya no "suenan". Menuda dificultad, entonces: intentar el cotejo de música que se ejecuta, se canta y se baila hoy con música que se ejecutó, se cantó y se bailó en tiempos coloniales. Y aquí el agravante es que el documento escrito brilla por su ausencia en ambos casos, porque se trata de música popular, realizada en forma absolutamente empírica.

Existe, no obstante, una solución. La música criolla tradicional de raíz hispano—peruana se mantiene aún vigente en el Norte y Centro de nuestro país (además de Perú y Bolivia, obviamente). Rara vez aparece en el pentagrama, efectivamente —como no sea mediante la transcripción del etnomusicólogo— pero resuena cotidianamente en las voces, los instrumentos, el cuerpo y la memoria de muchísimas personas. La comparación, entonces, puede establecerse entre las expresiones musicales registradas más o menos recientemente en el Litoral y en el área de ya probada influencia peruana. Es un riesgo metodológico, claro. Pero si fuera cierto que su procedencia es la misma, debería haber similitudes. ¿Las habrá?

La ruta del fandango

Comenzaré rastreando los pasos del *fandango*, danza picaresca de pareja suelta gestada en el s. XVI en España —muy probablemente con influencia negra— y convertida en danza nacional de ese país dos siglos después. Si una vez arribado a América el *fandango* llegó al Paraguay desde el Perú, como digo, lógico es suponer que debería haber dejado vestigios en el trayecto. Veamos si realmente ha ocurrido así.

En junio y julio de 1983, trabajando en territorio boliviano en cumplimiento del viaje de investigación Nº 138 del Instituto Nacional de Musicología, pude comprobar que el *fandango* era aún en ese momento una especie musical vigente entre las comunidades campesinas del departamento Chuquisaca. Registré con el grabador varios ejemplos cantados *a capella*, también con acompañamiento de *charango* o bien puramente instrumentales. Y hasta una particular afinación de *charango* denominada "jantanco" —clara corruptela de *fandango*— que allí se emplea para ejecutar *fandangos* y *huaynos* durante la fiesta de San Juan. Esa afinación —sin transportes ni "correcciones" de ninguna especie— es la siguiente:

AFINACIÓN "JANTANCO" PARA CHARANGO

(Campamento Padcoyo, 1983.)

He aquí, por lo pronto, los intervalos de cuarta y de tercera que caracterizaron al llamado "temple nuevo" de la guitarra española renacentista. Con esta afinación se tocaban *fandangos* binarios y de melodía tetratónica como el que transcribo:

FANDANGO.

(Campamento Padcoyo, 1983.)

Un interesante hallazgo de aquel mismo viaje lo constituyeron las melodías propias del tiempo de la vendimia cantadas por solista y coro en alternancia, al modo afrocriollo. De ese tipo es "El jailalito" que se canta en la comunidad Ocurí, por ejemplo, y que resulta una clara muestra de esa a menudo inadvertida o negada influencia negra en la música criolla. Otro tema tradicional de los pueblos de Chuquisaca es "El paraguaycito", canto y baile de bodas que se reconoce formalmente como un *fandango*. Pude recoger de él varias versiones, todas con zapateos en los interludios de un canto que casi siempre lleva melodía pentatónica.

Muestro un ejemplo:

"EL PARAGUAYCITO"

(Camargo, 1983.)

Ay, paraguaycito, ay, paraguaycito
de por allá abajo, de por allá abajo.

Casate me han dichu, casate me han dichu
no quiero casarme, no quiero casarme
quiero vivir libre, quiero vivir libre
menos sujetarme, menos sujetarme.

De aquel cerro verde, de aquel cerro verde
bajan mis ovejas, bajan mis ovejas
unas trasquiladas, unas trasquiladas
y otras sin orejas, y otras sin orejas.

Según las referencias de los propios informantes, "El paraguaycito" llegó a territorio boliviano desde el Paraguay traído por los soldados que intervinieron en la Guerra del Chaco (1932-1935). Es probable que así fuera; así parecen confirmarlo su nombre y sus versos que se refieren a una procedencia "de por allá abajo". Pero en realidad lo que ocurrió fue que el Paraguay —en la década del treinta y seguramente también antes— estaba devolviendo hacia el noroeste el *fandango* que había recibido de las tierras altas en el siglo anterior.

El modo de arribo de los elementos hispano-peruanos al Paraguay nos sugiere un intento de afinación de los conceptos de "área de cultura" y "área de edad" de Steward (1955). En efecto, ese transplante se produjo mediante dos mecanismos: a) el directo, debido principalmente a las expediciones comerciales y b) la dispersión progresiva por sucesivas áreas contiguas. La primera es una operación rápida que transporta los rasgos culturales "de un viaje", como se dice popularmente, sin que haya ni ocasión ni tiempo para modificaciones demasiado sustanciales. La segunda es un proceso lento —de tan difícil como interesante rastreo— en el cual los rasgos pueden protagonizar contramarchas —regresando sobre sus pasos— y sufren, en estos movimientos de ida y vuelta, constantes interpenetraciones. Ambas formas de difusión —la vertiginosa y la progresiva— se inician sincrónicamente, pero sus respectivos caudales pueden arribar al mismo sitio notablemente desfasados en el tiempo. De modo que puede ocurrir —y ocurre— que un canto o una danza, al llegar a determinada área según el modo b) se encuentre con especies afines que se le han anticipado en siglos por haber participado de la rápida vía a). Esto es lo ocurrido con "El Paraguaycito". El modo de difusión a) llevó el *fandango* virtualmente intacto al Paraguay en tiempos coloniales, pero allí la influencia del *vals* le adicionó el enlace de las parejas. Mientras tanto —paralelamente— el *fandango* también se paseaba lentamente por todo el trayecto, convirtiéndose parcialmente a la pentatonía y al ritmo binario y hasta deformando en Bolivia su nombre: *jantanco*. Los combatientes bolivianos que regresaron de la Guerra del Chaco, a su vez, llevaron a su tierra el *fandango valsado*, novedoso detalle que sin duda coadyuvó para que se lo comenzara a practicar en los rituales de la unión matrimonial, como "número especial" intercalado entre las danzas criollas de pareja suelta de las ciudades y luego también entre las rondas prehispánicas de las poblaciones campesinas, contexto éste último en el que pude hallarlo aún vigente en 1983.

Resumiendo: el *fandango* se gesta en España en el S. XVI e inicia un rico proceso de difusión y multiplicación en subespecies por toda América criolla. Llegó hermanado a la guitarra y en el Perú —donde funda una gran familia de bailes de pareja suelta— se le asocian el *charango*[101], el arpa e importantes elementos kinéticos y vocales propios de los negros esclavos. La larga convivencia con la música andina lo emparenta con el *huayno* mestizo. Llegado al Paraguay deja en el *sarandí* una descendencia tan importante como la peruana —parte de la cual lo ha acompañado en su viaje, tal el caso del *gato* y la *zamba*—; toma elementos del *vals* y uno de los derivados de esta asociación retorna al área andina con el nombre de "El paraguaycito".

Advierto que el cambio ocurrido en el Paraguay con el *fandango* —pareja suelta por pareja tomada, pero conservando los zapateos masculinos— es la piedra fundamental que dio origen al *chamamé* en nuestro país. Lo que no quiere significar que en el Litoral desapareciera todo vestigio del *fandango* y otras danzas de pareja suelta. Informantes de la encuesta de 1921 han testimoniado que hacia 1860 —pleno auge de la pareja enlazada— aún se recordaba en Corrientes el nombre de *fandango* como sinónimo de baile. De esa misma fuente pueden extraerse datos sobre la presencia en Corrientes y Entre Ríos de variados bailes afandangados: *caramba, chacarera, firmeza, aires, huella, mariquita, marote, palito, escondido, triunfo, zamacueca, zamba, cueca, triunfo, calandria, prado* y por supuesto, *gato*, el hijo pródigo de la familia. Y hasta existe un viejo film

Nélida Argentina Zenón en el 4° Festival Provincial de la Democracia de la localidad de Hasenkam, provincia de Entre Ríos.

mudo que muestra la vigencia del *sarandí*, el *gato* y el *prado* en el chaco santafecino hacia principios de este siglo[102].

La huella del gato

Vayamos entonces a los vestigios del *gato* —una danza que parece haberse bailado inicialmente con cuatro esquinas, tal como ahora aparecen en el *escondido* y el *triunfo*— y comencemos observando la conocida melodía del *gato correntino* tal como fue recopilada por Andrés Chazarreta y ampliamente divulgada luego por Los Hermanos Abalos:

EL GATO CORRENTINO

(Recopilación de Andrés Chazarreta)

Tengo la plena seguridad de que estamos ante un *gato* de acordeón diatónico. Así lo sugiere su tonalidad exclusivamente mayor, las melodías de las frases impares, apropiadas para ejecutar con los dedos de la mano derecha sobre cuatro botones vecinos de una hilera —el segundo, el tercero, el cuarto y el quinto de la "fila de afuera"— y el juego rítmico—melódico de las frases pares, cuyas cuatro notas quedan notoriamente facilitadas por el recurso de abrir y cerrar el fuelle. Si se recuerda la época en la que surge esta versión del *gato* —posterior a 1843— no habrá dificultad en pensar que su música nació con el acordeón. Conserva, sin embargo, dos elementos claramente coloniales: la melodía terminando en la tercera y el canto de las seguidillas que ya vimos al dar las pruebas poéticas.

Voy a demostrar ahora cómo en muchos de los *chamamés* que hoy se escuchan perviven elementos del *gato* y de otras danzas de pareja suelta. Comienzo con "La pollona", un motivo popular que tiene, por lo pronto, frases que se adaptan perfectamente a la vuelta y al zapateo de un *gato*. Transcribo las correspondientes a la parte B de la composición. Si se tiene en cuenta que las semicorcheas descendentes constituyen un adorno agregado al texto básico, se notará claramente que estas frases se adaptan a la métrica de la seguidilla. Hay también un interesante juego de síncopas y la alternativa de finalizar las frases correspondientes al verso pentasílabo en si —la tercera— y en re —la quinta—, final "abierto" éste último de claro sabor andaluz, muy arraigado en la zona andina. La gama utilizada —sol mayor— y el rápido descenso por grados conjuntos recuerdan la modalidad del arpa diatónica, si bien el tema fue volcado al pentagrama desde el bandoneón.

"LA POLLONA"

(*Chamamé*. Recopilación de Ángel Guardia)

Veamos el caso de "El ceibalito", *chamamé* en el que tras una introducción —o zapateo— claramente "gatunos" sigue un período —repetido— de ocho compases que bien podría pasar por el de una *chacarera*:

"EL CEIBALITO"

(*Chamamé* de Antonio Niz.)

En ambas partes, las melodías descendentes de las cadencias finales nos hablan de una composición seguramente concebida con el arpa que pide acompañamiento de tono y dominante, salvo un breve pasaje por el cuarto grado en el sexto compás de la parte B. Quiero decir que la primera vez que escuché este tema fue a un solista de guitarra, y me costó creer que se tratara de un *chamamé*. Repuesto del asombro, comprobé luego que no sólo estaba registrado como tal sino que era además un excelente ejemplo demostrativo de mi teoría hispano—peruana.

Otros *chamamés* que presentan claras similitudes con *gatos* son, por ejemplo, "Laguna Totora", de Tránsito Cocomarola y "Acordeona *tuyá porá*", de autor anónimo. Transcribo la melodía de este último —hoy ampliamente popularizada por los discos— no sin hacer la salvedad de que también es casi idéntica a la de una *ranchera* popular en la llanura bonaerense:

"ACORDEONA TUYÁ PORÁ"

(*Chamamé*. Motivo popular)

En el tema transcripto queda evidenciada buena parte del proceso de síntesis que produjo el*chamamé*, ya que bien podríamos estar ante una *mazurka* europea tratada con el ritmo, el fraseo y la tonalidad menor del *gato*. Los tresillos derivan de la ejecución acordeonística y el pase al subdominante del menor en el décimo compás es influencia reciente, tal vez debida al *tango*.

Voy ahora a la *polka* "*Guyrá* campana", de

Carballo, cuyas frases corresponden perfectamente a las cuatro esquinas del *escondido* —o *gato escondido*, como se lo llamó antes—:

"GUYRÁ CAMPANA"

(*Polka* de Carballo.)

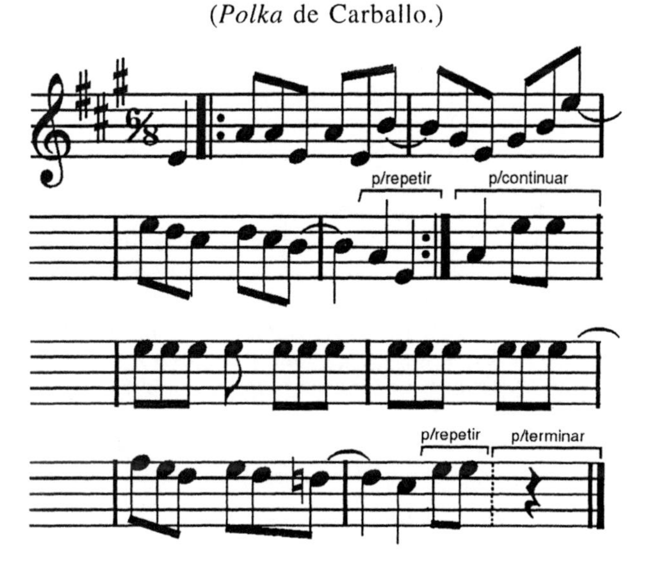

La melodía que acabo de transcribir muestra en su última frase dos detalles importantes: paso al dominante solamente en el tercer compás —característica identificante, casi exclusiva del *escondido* tradicional— y la alternancia entre cuarta justa y aumentada que viene de los tiempos medievales.

Zapateando el chamamé

Sabido es que en el baile del *chamamé* el hombre puede zapatear. Y he hecho notar que ese zapateo no deriva de otra cosa que del *fandango*. Ahora bien: ¿En qué momento de la composición van los zapateos?

¿Cuánto duran esos "taconeos" o "cepilladas"? ¿Van donde cada uno quiera y la cantidad de compases depende exclusivamente del entusiasmo del bailarín o del capricho de un coreógrafo? Con respecto a la última pregunta, así parece ocurrir cuando en los medios urbanos se montan espectáculos de danza y se incluye al *chamamé* (casi siempre y por desgracia, como el ingrediente grotesco del repertorio). Sin embargo, el hombre correntino del medio rural sabe que hay determinados tramos de la composición que "piden a gritos" ser zapateados. En algunos *chamamés*, digo, porque otros —más modernos— carecen de esa parte (y entonces no deben zapatearse). El bailarín empírico reconoce estas secciones zapateables a puro oído apenas comienzan los músicos a ejecutarlas. Y estas partes son reconocibles porque poseen una particular configuración rítmica y melódica que no deja —al que sabe de qué tratan— lugar a dudas. Transcribo algunos ejemplos de esos zapateos de *chamamé* tomados al azar.

"KILÓMETRO 11"

(*Chamamé* de T. Cocomarola y C. Aguer.)

"LAS TRES MARÍAS"

(*Chamamé* de T. Cocomarola y C. Aguer.)[103]

"CAMBA CUÁ"

(*Polca* de O. Sosa Cordero.)

"A MI CORRIENTES PORÁ"

(*Polka* de L. Bayardo y E. Martínez.)

"EL MOSQUITO"

(*Chamamé* de Gregorio Molina.)

Raúl Barboza.

"MARÍA PACURÍ"

(*Chamamé*, recop. de E. Chamorro.)

"MARÍA DE LA CRUZ"

(*Chamamé*, recop. de E. Chamorro.)

Como se habrá podido apreciar, estos tramos zapateables están siempre constituídos por períodos de ocho compases —como en el *gato* actual— que se pueden repetir —como en el *gato* antiguo, en el que las pautas coreográficas estaban lejos de la normativa inflexible de las academias—. Con síncopa o sin ella, las células musicales se corresponden con las mudanzas adecuándose a las clásicas onomatopeyas del zapateo: "papito papá", "la chica'ta linda", "talega de pan", "cortita la trenza, chiquito el botón" y tantos otros que se han utilizado en las provincias del Centro y del Norte como regla mnemotécnica de aprendizaje. La provincia de Corrientes no ha sido ajena a esta utilización de onomatopeyas en función rítmica. El *chamamé* "María Pacurí", que acabo de transcribir, lleva la siguiente letra:

María *Pacurí*
abatí pororó
opáma la fiesta
aguatá terehó.

El *pacurí* es una fruta silvestre. *Abatí* es el maíz y *pororó* el maíz frito o "pochoclo". Las dos últimas frases de la estrofa significan: La fiesta ha terminado, tienes que retirarte. No se busque a estas frases otro valor que el acompañamiento onomatopéyico de las mudanzas. Otro tanto ocurre con los populares temas "*Cambá timbocá*" y "Mamá *che mondó*" que ya transcribo:

Cambá timbocá,[104]
cambá cheraí[105]
opáma la fiesta
hay que trabajar.

Cambá timbocá,
cambá cheraí
opáma la fiesta
se fue el carnaval.

Mamá *che mondó*
a *yuguá cumandá*
a *yerero guará*
o cañí che cambá.[106]

Abundo mencionando otras composiciones como "*Cambá tí sirí*", "Carancho *pepó*" y "*Aguara chaí*" que han adquirido nombre propio tomándolo de una de estas frases—células y que se han desarrollado en torno a ellas. El hecho de que muchas de estas frases estén expresadas en guaraní no llega a enmascarar su carácter afrocriollo. Otro ejemplo clarísimo de esta procedencia lo constituye la *charanda* que se canta y se baila durante la fiesta de San Baltasar:

—Tomá este remedio.
—*Eñé po há* nó,
no quiero remedio
tobé ta manó[107]

En todos los casos estamos ante frases pentasílabas —o hexasílabas si la última palabra es grave— que se adecuan perfectamente al efecto sonoro básico del zapateo criollo y que aparecen con la misma frecuencia en las danzas de pareja suelta como en el *chamamé:*

Chacarera, chacarera...

Paso ahora a destacar dos casos de virtual identidad entre distintas expresiones musicales del Litoral y *chacareras*. Comparemos en primer término la melodía de "La patrulla" —una *chacarera* cuya melodía recogió "Chango" Rodríguez de la tradición cordobesa— con un canto de *alabanza* que recogí en junio de 1979 en Laguna Blanca (Formosa) durante la celebración de la fiesta de San Juan:

"LA PATRULLA"

(*Chacarera* del Chango Rodríguez.)

ALABANZA TRADICIONAL FORMOSEÑA

(Recop. R. Pérez Bugallo, 1979.)

Como se sabe, las *alabanzas* no han integrado ni integran oficialmente la liturgia cristiana. Son expresiones de religiosidad popular admitidas en alguna medida por las autoridades eclesiásticas pero de ningún modo alentadas. Los jesuitas enseñaron a los indígenas a cantar misas e himnos religiosos que en realidad no perduraron. El pueblo criollo, en cambio, prohijó y conservó hasta la actualidad algunos cantos religiosos populares que respondían a sus propias pautas estéticas. Y por esa razón —porque bien pueden responder a esa misma estética musical tradicional— es que no debe resultarnos extraño que un canto popular religioso del área de influencia paraguaya —la *alabanza* que he presentado— se parezca muchísimo a una danza criolla tradicional del Centro del país.

Y ya que estoy comparando *alabanza* con *chacarera*, nada más sugerente que el nombre de una conocida *chacarera* santiagueña: "La alabanza", cuya melodía toma como base precisamente la de una auténtica *alabanza*, si bien adaptándola al modo mayor. Pero he aquí que existe en el Paraguay y en nuestro Litoral un popularísimo *compuesto* —"*El carau*"— notoriamente similar a esa *chacarera*. ¿Cuál de los dos temas es más antiguo? No importa. Lo fundamental es que ambos responden a las mismas pautas porque derivan de un tronco común.

"LA ALABANZA"

(*Chacarera*, motivo popular.)

"EL CARAU"

(*Compuesto*, motivo popular.)

Un último elemento comparativo en torno a la *chacarera*. Las versiones populares son coincidentes en afirmar que Emilio Chamorro no recopiló el *chamamé* "Lamento correntino" tal como hoy se lo conoce, sino que lo recreó tomando como base una *chacarera* bonaerense titulada "La chacayalera". He indagado sobre este asunto y entiendo que bien podría haber sido ese el motivo de inspiración de Chamorro, si bien el *chamamé* es más rico tanto en melodía como en estructura que la versión original, que no fue una *chacarera* tradicional sino una creación del músico académico Arturo C. Scianca, nacido en Mercedes (Bs. As.) en 1889. Se llamaba en realidad "Carta serrana" y llevaba el curioso rótulo de "chacayalera". Comparemos su parte cantada con la introducción de "Lamento correntino":

"CARTA SERRANA"

(Chacayalera de Arturo Scianca.)

Hace un ratito que la chacarera
con voz plañidera cantando pasó
y en sus versos ella iba diciendo:
La chacra está helada, ya nada quedó.

"LAMENTO CORRENTINO"

(*Chamamé* de E. Chamorro.)

Concordancias a la vista. La melodía de "Lamento correntino" es exactamente la segunda voz de "Carta serrana". He transcripto la primera estrofa de este último tema tanto para mostrar la necesidad de la anacrusa que provoca el endecasílabo como para destacar la mención de la chacarera —la mujer del chacarero—, ya que bien podría estar en esta composición de Scianca el origen de la *chacarera* como especie. En cuanto a que dos melodías paralelas a distancia de tercera aparezcan respectivamente en una "protochacarera" y en un *chamamé*, es un hecho que habla a las claras —"recopilaciones" y plagios aparte— del nexo parenteral entre las formas.

La especie que fue "danza nacional" del Paraguay

Tengo detectados abundantes ejemplos de temas musicales del Litoral cuyas similitudes con *zambas* tradicionales resultan indiscutibles. Confieso que hace años, cuando mi experiencia de músico popular comenzó a sugerirme estos primeros "aires de familia" supuse que se trataría de meras casualidades. Hoy, las "casualidades" acumuladas me indican que se trata en realidad de parentescos íntimos, simplemente por el hecho de que la *zamba* y el *chamamé*—y también la llamada *polca* paraguaya— tienen un origen común: el hispano-peruano. Comienzo cotejando la *polca* "Falso juramento" y la *zamba* "La yaveña", ambos motivos populares, del Paraguay la primera, de Bolivia, Jujuy y Salta la segunda:

"FALSO JURAMENTO"

(*Polca*, motivo popular.)

Amor eterno tú me juraste
amor eterno yo te juré
cobardemente me abandonaste
y yo insensato no te olvidé.

"LA YAVEÑA"

(*Zamba*, versión salteña, recop. de R. Pérez Bugallo, año 1979.)

Amor eterno me prometiste
amor eterno yo te juré
vos me olvidaste cobardemente
y yo insensato no te olvidé.

Entiendo que resulta claro que la versión paraguaya —para arpa— es en este caso la más antigua. El cromatismo que en "La yaveña" enlaza los compases sexto y séptimo es, en efecto, imposible de realizar con un arpa diatónica, y constituye sin duda un agregado reciente. La estructura y línea melódica de ambos temas denotan claras vinculaciones, sin contar las estrofas virtualmente idénticas con que se cantan ambos.

Entre los cultores del *chamamé* pocos habrá, con seguridad, que no conozcan alguna versión de "La llorona". Pocos también, sin embargo, se habrán percatado que con ese mismo nombre se conocen también varias viejas *zambas* norteñas. Una de ellas —quizás la más célebre gracias a la vía discográfica— la firman como autores José Luis Padula y Gabino Coria Peñaloza, y circula con varias letras diferentes. Otras —desconocidas aún en los estudios de grabación y en los escenarios— las he recogido repetidamente en el área chaquense de Santiago del Estero, Salta y Formosa, casi siempre a cargo de violín y bombo, algunas veces también cantadas. Hasta aquí puedo aceptar que se alegue que un mismo nombre no implica una procedencia común ni mucho menos, y que intento conferir categoría de ejemplo demostrativo a una simple coincidencia. ¿Pero qué se pensaría si algunas de esas *zambas* —llamadas "lloronas" o no, ya que eso es, efectivamente, lo menos importante— fueran por lo menos melódicamente similares al célebre *chamamé* que recopiló Valenzuela? Comparemos ya ese *chamamé* con una *zamba* que recogí en el pueblo salteño de Pichanal:

"LA LLORONA"

(*Chamamé*, recop. de M. Valenzuela.)

ZAMBA

(Recop. de R. Pérez Bugallo, año 1980.)

Analicemos. El *chamamé* está totalmente en modo mayor de Fa mientras la *zamba* resuelve en re menor, si bien pasa por el relativo mayor en el cuarto compás. Nótese entonces que así como en un ejemplo anterior la superposición de ambos términos de la comparación nos brindaba la presencia de las terceras paralelas, aquí la relación entre ambas melodías nos habla claramente de la antigua bimodalidad que caracterizó al Cancionero Ternario Colonial. Si dejamos de lado las bordaduras que presenta el *chamamé* —detalle seguramente introducido por el acordeón— la diferencia más notable con la *zamba* estriba en el ascenso al mi en el séptimo compás, detalle que en la *zamba* no existe. Pero ocurre que ese séptimo compás resulta a todas luces un elemento intrusivo, un agregado *a posteriori* que rompe con la tradicional estructura fraseológica cuadrada —o "perfecta", como la consideraba Carlos Vega— de las formas típicas, en las que la regla de oro es emplear dos compases por frase. El hecho de que la tercera frase del *chamamé* insuma tres compases —y no dos— constituye una verdadera anomalía, tal vez originada al pretender adaptar la melodía a las necesidades de la letra que le agregó Porfirio Zappa. Expongo a continuación la melodía de otra *zamba* —en este caso tucumana— que también tiene semejanza melódica con los ejemplos expuestos, a la vez que hace más notoria la presencia del "cuerpo extraño" —séptimo compás agregado— en el *chamamé*:

ZAMBA

(Recop. de L. Valladares, año 1966.)

Pasemos ahora a observar las semejanzas melódicas del *chamamé* "*Cambá cuá*" —cuya melodía tomó Sosa Cordero en los tradicionales festejos correntinos de San Baltasar— y la *zamba* "La pretenciosa", que recogí personalmente en el año 1977 en Humahuaca

(Jujuy) de labios de quienes probablemente hayan sido los últimos auténticos cantores criollos de la Quebrada: Bartolomé Lerma y Alfredo Leiva.

"CAMBÁ CUÁ"

(*Chamamé* de O. Sosa Cordero.)

"LA PRETENCIOSA"

(*Zamba*, recop. de R. Pérez Bugallo, año 1977.)

Como se ve, los cuatro primeros compases son virtualmente idénticos, salvo por el fraseo característico de cada especie y el *glissado* que presenta la *zamba* en el final de la frase par, detalle este último que carácter expresivo y circunstancial. En los cuatro compases siguientes, la principal diferencia pasa por el aspecto armónico, ya que el *chamamé* lleva I-V-V-I —o sea el clásico acompañamiento de tono y dominante, llamado popularmente "de ida y vuelta"— mientras que en la *zamba* la secuencia es IV-I-V-I, donde el inicio en subdominante —hoy ya característico— sugiere menor antigüedad.

Vestigios y reconstrucciones del triste peruano

Voy a ofrecer, por último, muestras del modo como una antigua especie lírica representativa del Ternario Colonial arraigó en las provincias del Litoral. La idea rectora que me impulsó a iniciar este rastreo surgió de suponer, a modo de hipótesis, que si las canciones llegadas al Litoral desde el Perú lograron en su momento una difusión importante, al menos algún vestigio de ellas debería haber alcanzado, en el final de su recorrido, el siglo XX.

Obviamente, no podrá pretenderse que búsquedas de esta naturaleza proporcionen "formas puras". Los estragos debidos al paso del tiempo, las diversas influencias modernizantes y, sobre todo, la tamización que estas canciones sufrieron a través del cernidor urbano las presenta ahora a menudo incompletas en alguno de sus aspectos o bien simplificadas por la impericia de quienes tomaron a su cargo los sucesivos retoques. Y no estoy hablando precisamente de los cantores y guitarreros criollos de la campaña.

No cuenta aquí, entonces, el requisito metodológico de la objetividad que describe los fenómenos tal como se presentan al observador, ya que tengo la certeza de que el estado en que encontré esos cantos es precisamente el resultado de un afán reconstructivista mal encaminado. Y eso hace necesaria una nueva y auténtica restauración[108]. A las pruebas me remito.

El doctor Benjamín Martínez —escritor y tradicionalista entrerriano— dejó entre las memorias de su vida en campos de Entre Ríos y Corrientes un valioso dato para el tema que nos ocupa. Refiriéndose a un viejo criollo asentado a cinco leguas de Concepción del Uruguay, camino a Gualeguaychú, de nombre Lino Bento, destaca la celebridad que había alcanzado este personaje —en las últimas décadas del siglo pasado y primeras de éste— como músico y bailarín. Según Martínez (1924: 80-81), Don Lino era habilidoso para el *malambo* "cepillao" y buen cantor de *tristes* con guitarra. No sabemos si fue precisamente de este informante que el autor del libro aprendió un *triste* que luego le pasó a Andrés Chazarreta —quien a su vez lo publicó como "El matrero. Estilo entrerriano"— y que también fue cantado por Gardel. He aquí el tema tal como lo publicó el Instituto Nacional de Musicología (Jacovella, 1982: 24/ 52)

TRISTE ENTRERRIANO

(Recop. de A. Chazarreta).

En la más honda amargura.
¡Ay sí!
alma de mi alma, me alejo. } Bis
A ti en la dicha te dejo,
mientras que yo a la espesura
¡Ay sí!
llevo solo mi amargura.

En las noches estrelladas.
¡Ay sí! } Bis
contemplando el firmamento,
llegan a su alma los acentos
de las caricias pasadas.
¡Ay sí!
en las noches estrelladas.

Esta melodía aparece en el disco de la citada Antología armonizada totalmente en mayor, pasando por los grados V y I en las dos primeras frases —que se repiten—, con modulación al subdominante en el segundo período y retorno a la tónica en el final.

Entiendo que, presentado de esa forma, el *triste* original pierde buena parte de sus antiguas características. Una reconstrucción armónicamente correcta debería haber pasado al subdominante por medio de la séptima y luego haber puesto dominante y tónica del menor en los dos últimos compases[109]. En cuanto al aspecto melódico, creo que una cuarta aumentada al finalizar el quinto compás —lo que llevaría también a un reemplazo armónico de cuarto por segundo— hubiera terminado de restituir al tema, en gran medida, su resonancia tradicional.

Otra versión de este *triste* —en este caso, exclusivamente poética— aparece en el legajo N° 204 correspondiente al departamento Gualeguaychú de la Encuesta del Magisterio. El informante fue Juan Jurado Villanueva, quien contaba setenta años en 1921, cuando se realizó la encuesta:

En la más honda amargura
¡Ay, sí!
alma del alma te dejo
parezco cuando me alejo
perdido en la noche obscura.

Sin fe, sin luz, sin ventura
¡Ay, sí!
desesperado y rendido
yo me encuentro sumergido
en la más honda amargura.

Ya no escucho más consejos
¡Ay, sí!
y el bien con el mal confundo

y hasta sin madre en el mundo
parezco cuando me alejo.

Desde que perdí la calma
¡Ay, sí!
por darte tanta ternura
no me dejes, bien del alma
perdido en la noche obscura.

Resulta aquí evidente la falta de una estrofa —la segunda— para completar el artificio de la glosa en cuartetas.

El siguiente ejemplo fue recopilado por Vicente Forte al tradicionalista porteño Domingo V. Lombardi y publicado en 1925 bajo el título de "Triste entrerriano". Posteriormente, los técnicos del Instituto Nacional de Musicología intentaron también su reconstrucción cambiándole las estrofas de corte nativista de la versión de Forte por otras tradicionales tomadas del material recogido por Juan Alfonso Carrizo, y haciéndolo acompañar —para la grabación del disco documental— exclusivamente en modo menor, lo que constituyó un nuevo error. Si lo que se intentó fue restituir al tema su sabor antiguo, debería haberse puesto especial cuidado en evitar el subdominante del menor —reemplazándolo por el fa mayor—, y hasta se podría haber acompañado el final de cada período con la tónica del mayor a continuación de su dominante, o bien reemplazar la cadencia do7-faM por la de la7-re m mediante una modulación por equívoco que tomara como base la nota sol, que integra tanto el acorde de do como el de la7. Si así se hiciera, al llegar a la anteúltima nota —si bemol, la famosa cuarta aumentada— nos quedaríamos, claro está, sin acorde acompañante. Si se recurre al cuarto grado del menor (sol) le daríamos un carácter moderno, inadmisible en una reconstrucción técnica. Podríamos incluso recurrir a un acorde disminuido (mi-la s- do s- sol), pero aún nos alejaríamos más de las formas tradicionales. ¿Qué hacer? Entiendo que la solución en este caso era poner dominante de re en el acompañamiento y cantar la nota la sostenido, solución "anómala" que frecuentemente he visto utilizar a los cantores rurales. Vayamos al tema en cuestión.

TRISTE ENTRERRIANO

(Recop. de Vicente Forte.)

Lloraré toda la vida
¡ay de mí!
en un silencio profundo. } Bis
Si la que amo tiene dueño
¡para qué estar en el mundo! Bis

Para qué quiero la vida
¡ay de mí!
si cada día la lloro, } Bis
si otro merece gozar
la prenda que tanto adoro. Bis

Una última aclaración antes de pasar al tema siguiente. He copiado el melograma de arriba tal como aparece escrito en la obra original (Jacovella, 1969: 24) si bien los cantantes a quienes se encargó la interpretación no lo respetaron textualmente, empleando un compás completo para el expletivo. Y un llamado adicional de atención: nótese, en la primera estrofa, el parentesco de esos versos con los que inician la *zamba* salteña "Lloraré".

El ejemplo que sigue es un *triste* entrerriano grabado por Carlos Gardel para Odeón en 1923, que firmaron como autores Domingo Lombardi y José Ricardo.

TRISTE ENTRERRIANO

Ay, triste del alma mía
nadie comprende tu queja,
nadie escucha tu armonía
cuando saludas al día.
Cuando saludas al día
que tras de la luz se aleja.

He transcripto solamente la melodía cantable y una de las estrofas. Se trata de un tema que presenta, sin apartarse de la cánones tradicionales, un interesante abanico de posibilidades. Además del acompañamiento liso y llano con las funciones I, V y IV del modo mayor, admite —anteúltima frase, segundo compás, primer tiempo— la aplicación del II en séptima, cadencia habitual hoy tanto en la música folklórica de Andalucía como de Perú, Bolivia, Chile y otros países hispanoamericanos. Además, hay partes de la melodía que admiten su acompañamiento alternativo en modo menor, con el ingrediente de poder alternar, en la anteúltima frase, con la sucesión de I y II del mayor en sendos tiempos del primer compás. Incluso podría pensarse en cantar si becuadro en lugar de si bemol en la anteúltima nota de la melodía. Y también aquí nos quedaríamos sin acorde establecido —contradicción inherente al propio sistema— si no echáramos nuevamente mano al segundo grado mayor, ya sea perfecto o con séptima. Finalmente, la última nota de la melodía podría ser —en términos tradicionales— tercera menor y ser acompañada con si bemol menor, con lo que también tendríamos un matiz de la antigua bitonalidad que caracterizó a la especie.

Algunos investigadores han creído ver influencias cuyanas en estos *tristes* y otros cantares entrerrianos (Fernández Latour, 1977). No se trata, en rigor de verdad, de influencias, sino simplemente de identidad de caracteres. Si Gardel en su primera época frecuentó el cancionero de Cuyo e incluyó también en su repertorio *tristes* populares de Entre Ríos; y si Chazarreta incluyó un *triste* entrerriano en su colección de música básicamente santiagueña fue sin duda porque ambos percibieron empíricamente las similitudes de carácter. Y esas similitudes —por cierto notorias— no obedecen a otra razón que a una procedencia común: la hispano—peruana.

Ese origen compartido se hace también evidente hoy en día en las concordancias que presentan algunos *chamamés*, por ejemplo, con especies derivadas del *triste* que arraigaron en diversas zonas de nuestro país, como es el caso de la *tonada* cuyana. Veamos cómo se asemejan el comienzo de "Gallo *sapucay*" con la segunda sección de una *tonada* tradicional mendocina:

"GALLO SAPUCAY"

(*Chamamé* de M. Ramírez y C. Aguer.)

"DEVOLVEME AMADA MÍA"

(*Tonada*, motivo popular.)

Ya sabemos que los tresillos y los saltos de tercera son recursos característicos del acordeón. Y obviamente, en una música bailable el fraseo suele presentar mayor regularidad que el de una melodía para cantar. Pero estamos en presencia de la misma melodía aplicada a un viejo *chamamé* y a una vieja *tonada*. No es de extrañar.

Llego al final de esta tarea entendiendo haber puesto en evidencia el despropósito de la "música guaraní" y refutado el lugar común de la "herencia jesuítica". La documentación expuesta demuestra fehacientemente la filiación hispano-peruana de la música litoraleña, y, en consecuencia, su identidad de origen con el resto de las especies coreográficas y líricas correspondientes a nuestro patrimonio criollo tradicional. Develado "el misterio de la ternarización", creo que a partir de este momento existe una certeza de las razones por las cuales hay temas del Litoral que poseen cuarta aumentada —como "A mi Corrientes *porá*"— o que son bimodales y/o bitonales —como el tema recién mencionado y la *polka* "Isla Sacá"—; no asombrará que "Destacamento Ñandubay" se llamara antes "El zapateo" en el Chaco —donde lo recogió Néstor Amarilla, en 1942— ni que su estructura poética se ajuste a la del *romance criollo*; que la *chacarera* "Del Norte cordobés" que firma Ica Novo resulte sugerentemente parecida en su melodía al *chamamé* "Entre amigos y *chamamé*"; que "Añoranzas" sea una *chacarera doble* compuesta por Julio Jeréz en Santiago del Estero y un *chamamé* de Eustaquio Vera y Salvador Miqueri en Corrientes; que ese mismo *chamamé* tenga un "aire" a la *zamba* "La López Pereyra"; que "Mi caballo bayo" —una suerte de *habanera*— se cante como *corrido* en México, como *tonada* en Cuyo y como *chamamé* en el Litoral; que "Allá en el quinto cuartel" sea en Cuyo una *tonada*, en Buenos Aires un *triste* y en Corrientes un *chamamé*; que el *rasguido doble* "Campamento La Salada", de Armando Nelli, tenga sus compases iniciales exactamente iguales a... "El cóndor pasa", etc., etc., etc.

Una muestra exhaustiva de concordancias como las expuestas insumiría varios tomos de transcripciones y análisis —y suscitaría, tal vez, más de un pleito por plagio—. A quien los elementos de juicio que he dado a conocer no le resulten suficientemente convincentes le ruego con toda sinceridad que inicie ya mismo su propia indagación y su trabajo comparativo. Cualquiera sea su conclusión, la Antropología, la Musicología, el Folklore, la Historia de la Cultura Popular y la Sociología se verán enriquecidas con su esfuerzo, en caso de que aún existan como disciplinas científicas cuando ese hipotético —y necesariamente prolongado— trabajo esté listo.

"La Calandria", julio de 1994.

Apéndice

El autor de este libro frente al oratorio del "Gaucho Gil" que posee Doña Argentina Vallejos en Goya (Corrientes). (Foto: Luis A. Goitia, 1993.)

I
"BAILES DE ACORDEÓN"

Si bien en diferentes partes de este libro he venido haciendo referencia a las danzas europeas de pareja enlazada que adquirieron auge en el s. XIX conjuntamente con el acordeón en Corrientes y provincias vecinas, he entendido que el tratamiento pormenorizado de cada especie en particular insertado en las páginas precedentes hubiera desviado el planteo expositivo con detalles cuya especificidad merecía más bien una atención especial. He destinado, entonces, el estudio monográfico de cada uno de los que he dado en llamar "bailes de acordeón" a este apéndice, cuya relativa autonomía no le resta carácter de complemento indispensable para la obra total. Expongo las danzas en orden de antigüedad, con base en la documentación histórica que he tenido a mi alcance y he sintetizado respecto de cada una.

El vals

La historia europea del *vals* bien puede considerarse iniciada cuando la *volta* provenzal irrumpe en 1178 en los salones parisinos para instalarse a lo largo de los siglos XII y XIII, haciendo las delicias de la corte de Valois y prolongando su vigencia hasta el s. XVI. De 1589 —cuando aparece la "Orquesografía" de Thoinot Arbeau— data el primer testimonio que nos permite vincular sis características con las que luego adoptaría el *vals*. Mientras tanto, el *laendler* y el *langaus* de Austria y el *jodler* y el *weller* alpinos eran los bailes preferidos por los campesinos, quienes los bailaban por parejas en las que el abrazo se matizaba con movimientos de brazos y manos y con esbozos de zapateos. Se recorría al compás de la música, con amplios desplazamientos, todo el espacio disponible para bailar.

En 1660 ya tenemos el *vals* en los suburbios de Viena. Como evidencia de su lento ascenso hacia la consideración de las clases dirigentes, comienza a aparecer incluído en las numerosas comedias musicales que hacia la mitad del siglo pasado se inspiraban en ciertos aspectos de la cultura popular. Uno de sus creadores, el *clown* Félix von Kurz —apodado "Bernardón"— consigna el término *walzen* —"valsar"[110]— como indicación de canto con baile que debía ejecutarse como parte de aquellas representaciones (Nettl, 1945: 276).

Finalmente, las ciudades alemanas adoptan "*der valzen*", danza de origen rural caracterizada por la marcada audacia de sus estrechos abrazos y sus caricias deshinibidas. Cuando en Francia se produce la sangrienta alteración de las estratos sociales, la burguesía —ahora en la cúspide del poder— abandona las rigideces de los *minués* y las *gavotas* del período monárquico y se vuelca decididamente al aldeano y jugoso *vals*. Detalles como el contacto íntimo y hasta la costumbre de que la pareja pudiera bailar envuelta —y semioculta— por la pollera de la dama, constituyeron elementos decisivos para su adopción por parte de la juventud. Y esto pese al descontento generalizado de los maestros de danza sin cuyo previo visto bueno el *vals* había logrado imponerse en París. Estamos en 1790, año a partir del cual comienza el *vals* su difusión por el mundo.

Cuatro años después, las princesas de Mecklenburg se animan a bailarlo en la corte berlinesa durante una celebración en vísperas de Navidad. Según Nettl (op. cit.: 274), el rey acogió la novedad con beneplácito pero la reina, horrorizada, prohibió a sus hijas volver a dar semejante espectáculo. Como consecuencia, el *vals* quedó prohibido en aquella corte —

tal como doscientos años antes había ocurrido en Suiza— hasta los tiempos de Guillermo II. En la corte rusa esta danza sólo pudo ingresar después de la muerte de Catalina II, cuando en 1798 la bailaron por primera vez la princesa Ana Lapujin y su amante Pablo I. Inglaterra —más aferrada a sus *contradanzas*— la aceptó recién el 13 de julio de 1816, durante un baile ofrecido por el príncipe regente que produjo la automática protesta de el "Times" y la airada condena de Lord Byron.

Antes de dar cuenta de su paso a tierras americanas conviene destacar que el *vals* no ha accedido a los salones sin sufrir algunas modificaciones. Por lo pronto, las parejas siguen recorriendo el recinto dando vueltas, pero ya no golpean el suelo sino que arrastran suavemente los pies. El ritmo es ahora de tres por cuatro —y no binario, como en el viejo *laendler*— con una notoria acentuación en el primer tiempo. Las parejas continúan estrechamente abrazadas —eso no ha cambiado— y giran sobre sí mismas cada dos compases, de modo que se observan en el conjunto de bailarines movimientos simultáneos de traslación y rotación. Los maestros de danza, siempre temerosos de desactualizarse, se han avenido finalmente a incluirlo en sus clases, no sin intentar sistematizarlo, como solía y suele ser de rigor. Lo enseñan entonces distribuyendo las parejas en la periferia de un amplio círculo, con una pareja rectora que conduce el desplazamiento. En el libro que Thomas Wilson escribe en 1816 titulado *Description of the correct method of waltzing* se distingue un estilo francés —que comienza con cuatro pasos hacia el frente— y uno alemán que se inicia directamente con un desplazamiento circular. En ambos, el maestro pretende que las parejas, en el modo de enlazarse, conserven del *laendler* sólo el movimiento de brazos, lo que implica a la vez mantener una prudente distancia entre los cuerpos. Pero ni este *break* académico ni el pretendido ordenamiento coreográfico lograrán imponerse.

En los primeros años del siglo pasado el *vals* llega a Buenos Aires. Alexander destaca que ya para 1806 se halla en boga en las tertulias de la ciudad. Entre 1810 y 1815 ya se ha difundido por toda América del Sur. Auguste Saint Hillaire lo observó en auge el año 1816 en Río Grande do Sul, destacando que no era allí tan rápido como en Europa pero sí más voluptuoso. Es en estas primeras décadas que el *cielito*, el *pericón* y la *media caña* adoptan la figura del *vals* en su desarrollo coreográfico. No obstante ello, la danza conserva su independencia, difundiéndose desde Buenos Aires —donde lo promocionan los maestros de baile— por la pampa y la mesopotamia; mientras que a las provincias cuyanas llega desde Chile. Chas Lieut Brand lo ve bailar en Mendoza en 1827 y Sarmiento lo incluye en el programa de un proyecto de Liceo para la ciudad de San Juan en 1839.

A las provincias norteñas llega principalmente desde la vertiente peruana, donde ya en 1829 había logrado gran aceptación, especialmente entre los criollos limeños. En 1830 Alcides D'Orbigny observó el baile del *vals* en la localidad boliviana de Santa Cruz de la Sierra.

Muchas de las composiciones que circulaban por Sudamérica eran compuestas por músicos extranjeros cuya obra se difundía simultáneamente en diferentes puntos del continente. Sirva como ejemplo de este fenómeno el caso del compositor George Geib (1782-1842), quien en 1823, al saber de los triunfos de San Martín en Chile y Perú compuso el "General San Martín *Waltz*", dedicando además otra pieza al General O'Higgins y otra a la toma de El Callao. Estas y otras composiciones del mismo Geib circularon por Perú, Chile y la Argentina ilustradas con litografías de los patriotas homenajeados.

Hacia 1837, el *vals* parece comenzar a transitar —por vinculación ambiental con la *contradanza*, el *minué* y el *cielito* de los salones aristocráticos— una senda de recato. Estamos en la época del auge de las tertulias en los salones rioplatenses, entre los que descolló, como se sabe, el de Mariquita Sánchez —

excelente arpista— donde el clave, el violín, el piano, el arpa y la guitarra difundían los románticos valses de Schubert, Lanner, Strauss, Weber o Himmel.

Pero el *vals* saldrá nuevamente de los salones. Desde la segunda mitad del siglo pasado la inmigración trae consigo —como no podía ser de otro modo, porque está constituída por las clases populares— la antigua variedad del *vals* aldeano, con casi todas las picardías del antiguo *laendler* y sin ninguna de las "elegancias" que le fueron tratando de inculcar los salones del Viejo y el Nuevo Mundo. El acordeón en manos de los músicos y el organito de los vendedores ambulantes difunden este "nuevo" *vals* por todo el interior de nuestro país, muy especialmente por la llamada "pampa gringa", donde surge lo que ahora llamamos *vals criollo*.

Aunque tal vez llegó algunas décadas antes, la presencia del *vals* en Corrientes está certificada por los documentos recién en 1853, junto al *chotis*, la *polka* y las *cuadrillas*[111]. Al Paraguay parece haber llegado tardíamente. Giovanni Pelleschi lo vio bailar en la población de Humaitá hacia 1876-1878, pero no puede asegurarse que alguna vez haya logrado demasiada aceptación. Con todo, llegó a producir en ese país y en el Brasil, al mezclarse con el *fandango* aún vigente en el s. XVIII, el híbrido *fandango valsado*, que conservó del *fandango* su ritmo de seis por ocho y sus zapateos, aportando el *vals* el enlace de la pareja[112]. Ni el régimen jesuítico ni el posterior de Gaspar Rodríguez de Francia se caracterizaron por ver con buenos ojos las reuniones y bailes criollos. El arraigo de una "indecencia" tal como un baile de parejas abrazadas resultaba poco menos que imposible... pero las modas suelen correr por carriles diferentes —cuando no ostensiblemente antagónicos— a los indicados por las directivas políticas y religiosas.

Si bien el nombre de la danza aparece escrito "*wals*" en los artículos periodísticos de mediados del siglo pasado, en la campaña se lo llamaba "valse", tal como aún hoy ocurre. Esto obedece a dos razones: la adaptación de la voz alemana *valzen* y la dificultad que representaba el final con dos o tres consonantes —*vals, wals, waltz*— para el habla bilingüe de Corrientes, donde el uso de la e paragógica facilitó la adaptación. De allí al uso del participio —*valseado*— había un paso; y así se comenzó a llamar una subespecie del *vals* aproximadamente a partir de 1870.

Para las primeras décadas de este siglo, los músicos de conservatorio cultivaron el *vals* con entusiasmo. Valga el ejemplo del maestro correntino Amleto Alfredo Viola —Director del "Conservatorio Fracassi"— quien hacia 1925 tenía aproximadamente cien *valses* compuestos y editados en la propia capital de su provincia.

En ocasiones ha ocurrido que un tema creado originalmente como *vals* pase a ser reconocido popularmente como *valseado*. Tal el caso de "Noches correntinas", compuesto en 1939 por Juan Giliberti, grabado en primera instancia por la orquesta de Edgardo Donato y popularizado luego por Ernesto Montiel. Otros temas, en cambio, han nacido ya identificados como *valseados*. Así ocurre con "El encadenado", que Osvaldo Sosa Cordero compuso y registró en Ediciones Musicales "Tierra Linda" de la Editorial Julio Korn, que parece ser el primero de su especie. Es el mismo caso de "Valseado de mi tierra" de Roque González, "La polvareda" —un motivo popular— y "La vestido celeste" de Rodríguez de Ciervi, probablemente el más conocido de todos.

La mazurka

En el s. XVI, época de expansión del reino de Polonia, surge la *mazurka* —también llamada *mazurek* y *masuriana*— en el palatinado de Masovia. Pertenecía a toda una familia de danzas folklóricas centroeuropeas y fue originalmente un baile de ronda. En su ritmo de orden ternario eran característicos los comienzos téticos, la acentuación del segundo y el tercer tiempo y las anacrucis internas. Su diferente velocidad de ejecución permitía distinguir por lo menos dos subtipos básicos: la variedad llamada *óberek* u *obertas*, que por su lentitud se emparentaba con el *vals*, y la conocida como *kujawiak*, que era propia de la provincia de Kujawy y se ajustaba a un *tempo* más rápido.

Tradicionalmente, la *mazurka* la bailaba un grupo de parejas interdependientes —en número de cuatro o sus múltiplos— con un sencillo "paso básico" que sin embargo admitía abundantes variedades. La improvisación era parte inherente tanto al desarrollo coreográfico como al acompañamiento musical. La música se ajustaba —y se ajusta, hasta hoy— a tonalidades mayores.

Esta danza adquirió cierto auge en Europa durante el s. XVIII, al ser introducida por Augustus II, elector de Sajonia y Rey de Portugal. Cuando en 1832 Polonia se convierte en provincia rusa en virtud de un estatuto orgánico, millares de polacos huyen al extranjero, especialmente a París, en cuyos salones su *mazurka* desplazó a las *contradanzas* y fue objeto de intenso cultivo. Esta especie accede al repertorio académico principalmente con Chopin, compositor que la tomó como fuente de inspiración desarrollando recursos y técnicas de avanzada que dieron por resultado estilizaciones en las que a menudo el color regional de la danza quedó enmascarado. Dentro del proceso evolutivo de la *mazurka*, la obra de Chopin constituye una rama divergente sobre la que no corresponde aquí extenderse.

En su carácter de baile público, la *mazurka* modificó su coreografía en París y hacia 1840 casi totalmente, como lo ha hecho notar Assunção (1963: 172). Por esa misma época llega al Río de la Plata, donde sufre nuevas modificaciones coreográficas de carácter picaresco, simplificando las figuras a sencillas vueltas, acercando desenfadadamente a los integrantes de la pareja y adquiriendo en los salones *non sanctos* los esbozos de "cortes" y "quebradas" que más tarde caracterizarían al *tango*.

La moda de la *mazurka* ya era intensa en Buenos

Aires hacia 1847. Cuando la inmigración polaca llegó a nuestras playas se encontró que su baile había llegado antes que ellos. Pero los polacos —junto con los rusos, los alemanes y en menor medida los italianos— se encargarán, eso sí, de diseminarla por la campaña cuando se instalan en las colonias agrícolas de Entre Ríos, Santa Fé, Misiones y Buenos Aires. La *mazurka* deja en los salones urbanos el piano, la flauta, el violín y el contrabajo. Deja de ser música de orquesta o de banda y llega a las colonias y a las chacras adentro de la "verdulera", el acordeón de ocho bajos traído por los inmigrantes.

Sobre finales del s. XIX, la *mazurka* es un baile tan popular en el ambiente campesino que en 1899 un periodista que la ve bailar en un casamiento de campo se refiere a ella llamándola "mazurquita chacarera"[113].

Los guitarreros criollos, por su parte, se encargarán de adicionarle a las melodías del acordeón gringo su tradicional acompañamiento rasgueado en seis por ocho, o bien en tres por cuatro con subdivisión interna binaria. Acompañada de ese modo, la *mazurka* se aproxima al *chamamé*.

En 1923, un viajante de la RCA Víctor de nombre Carlos Falcón Bravo, realizando su tarea por territorio bonaerense llegó desde Tandil a Puán. Allí escuchó una *mazurka* a un músico popular que la conocía desde 1885, por haberla oído en Santa Fe[114] en los entreactos de una compañía dramática. Falcón Bravo "alzó" el tema, lo llevó a Buenos Aires y allí lo puso a consideración de la casa Tomás y Cía. —distribuidora de la RCA en la Argentina— para llevarlo al disco, lo que fue entusiastamente aceptado de inmediato.

Por ese entonces actuaba en el Teatro Mayo de la Capital Federal un grupo musical de Río Grande do Sul que interpretaba *mazurkas* a las que daban el nombre de *rancheiras*, y de ellos nuestro viajante adoptó la denominación. Antes de producir la matriz para enviarla a grabar a los Estados Unidos, Falcón Bravo registró el tema como propio con el título de

"Mate amargo" (Ranchera). La primera grabación acústica de "Mate amargo" estuvo a cargo del trío Los Nativos y llevó el Nº 79.598 del sello Víctor, que lo editó en 1923. La segunda grabación se realizó en 1925 (Nº 22.329 Segunda serie). Para 1928 —cuando el tema había alcanzado enorme difusión— figuraban como sus autores Bravo y Brancatti.

Entre 1930 y 1933, Carlos Gardel —que por ese entonces era un "cantor campero"— grabó para Odeón las *rancheras* "En la tranquera", "La pastelera", "Mañanita de campo" y "Hasta que ardan los candiles". Por esa misma época Francisco Canaro incluyó *rancheras* en el repertorio de su orquesta: "Donde hay un mango"; "De contramano"; "La chirusa"; "Me enamoré una vez" y otras. Pero la gran popularización del nuevo nombre se debió al auge de la música "característica" de Feliciano Brunelli, quien a partir de 1923 grabó cuarenta y cinco *rancheras* que hasta hoy gozan de entusiasta aceptación en la campaña: "Afilador"; "Debajo 'el parral"; "La mentirosa"; "Martín pescador"; "Cadenita de amor", "25 de Mayo"... y por supuesto, la infaltable "Mate amargo".

El auge de la *ranchera* obedeció a la difusión discográfica. Pero la *mazurka* —su progenitora— siguió y sigue vigente en las colonias agrícolas, donde ahora también es tocada por instrumentistas criollos que a menudo se refieren a esa especie llamándola también "*ranchera* vieja".

La polka

Fue en una tarde de domingo a principios del año 1830, en Elbenitz, cerca de Praga. Fue en una reunión burguesa en la que los señores se habían avenido a compartir un festejo particular junto con sus sirvientes. Y fue entonces que una joven aldeana oriunda de Hastelek decidió imprevistamente mostrar sus habilidades de bailarina, y haciendo gala de cierto atrayente desenfado ejecutó una danza de ritmo binario que, al menos para los patrones y sus amigos, resultó tan extraña como interesante. Un maestro de música que providencialmente (?) participaba de la reunión transcribió la melodía —no así el texto del canto con que la joven acompañó su baile— y anotó algunos detalles de la nueva coreografía, la que pronto hizo conocer en toda Elbenitz. El nombre del recopilador y difusor era José Neruda. El de la aldeana —la verdadera "inventora" de aquella danza— era Hanizca Syleak. Y el de la danza era *pulku*, voz derivada de la palabra checa *pulka* ("mitad"), que probablemente aludiera al "medio paso" que le era característico. Pero Neruda modificó ligeramente esta denominación llamándola *polku*.

Hasta aquí la anécdota que circula entre musicólogos e historiadores de la música europea sobre el origen de una danza que allá por 1835 conquistaba la ciudad de Praga. Algunas versiones hablan de la nacionalidad austríaca de la bailarina y otras la dan como húngara, zíngara o gitana (lo que para algunos resulta, equivocadamente, sinónimo). Detalles no comprobados aparte, vamos a los datos históricos propiamente dichos.

La Banda del cuerpo "Los Buenos Tiradores de Praga" bajo la dirección del maestro Pergler introdujo este baile en Viena en 1839 con notable éxito. La novedad llegaba un año después al teatro Odeón de París, recibiendo allí el espaldarazo que le significaría su pronta diseminación hacia el resto de Europa y hacia América. También fue, al parecer, en Francia donde se la comenzó a llamar *polka*, nombre que haría historia.

Las *contradanzas* —que habían logrado mantener en Londres su foco de resistencia contra la *mazurka*— dejaron campo libre a la *polka* en 1844, año en el que también pasó de Londres a Nueva York. Pero antes de que esto ocurriera ya teníamos *polkas* en la campaña bonaerense. Fue precisamente un inglés —William Mac Cann— quien en 1843 la vio bailar en el pueblo de Tandil junto al *minué*, el *vals* y algunas danzas de pareja suelta. Así nos lo hizo saber en su *Viaje a caballo por las provincias argentinas*, que apareció en 1867.

Para 1845 ya la *polka* es conocida en ambas márgenes del Plata, y en Buenos Aires se le reconoce carta de ciudadanía, rotulándosela "Polka nacional de salón". Desde Buenos Aires se expande por todo el país y ya para 1853 tenemos datos de su instalación en los salones correntinos[115]. A los paraguayos les llega hacia 1855, traída aparentemente por Elisa Lynch —esposa del Mariscal Francisco Solano López— para amenizar sus veladas asunceñas. Allí se reune con el *galop* húngaro —luego llamado *galopa*— que ya estaba en el Paraguay desde 1849, y presta sus figuras al *london* —danza inglesa que allá se llamaba "*The London gentlewoman*"— para producir el híbrido *london karapé*, que parece haber adquirido gran auge en la veladas danzantes del Palacio Nacional de Asunción.

El modo de bailar la *polka* que recreó y difundió Neruda llevaba un paso característico en dos por cuatro consistente en una flexión hacia adentro de una pierna mientras la otra realizaba un pequeño sobrepaso —el *pulku*— inclinando el cuerpo sobre la pierna flexionada. Con este paso se realizaban diez figuras diferentes, pero los salones europeos —donde fueron surgiendo formas derivadas como el ya mencionado *galop*, como la *berlina*, la *redowa*, el *reel*, la *troika*, el *ostendés*, la *varsoviana* y el *brincadeiro*— la fueron simplificando, adoptando no más de cinco figuras: 1) El paseo de las parejas; 2) El giro, llamado por razones morfo—espaciales "vals", aunque no implicaba un paso ternario; 3) El *vals* propiamente dicho, con abrazo estrecho de la pareja y giros individuales de la misma sobre la pierna derecha; 4) El *vals roulée* o "arrollado" —en la pollera de la dama, recordemos—; y 5) El "paso bohemiano", cuya principal característica consistía en que en el segundo tiempo del segundo compás la pierna derecha no apoyaba de planta sino que ejecutaba un rápido rebote de taco y punta.

Lauro Ayestarán nos informa que para 1846 en la Banda Oriental el número de figuras había aumentado nuevamente, esta vez a seis. El maestro de danza

Manuel Montero Calvo, por ejemplo, las promocionaba con estos sugerentes nombres: 1) "La estudiantina"; 2) "La graciosa"; 3) "La del elegante"; 4) "La ingrata extranjera"; 5) "La Amalia" y 6) "La triple combinación del paso bohemiano" (Ayestarán, 1953: 499).

El furor polkero afectó a todos los ambientes, a todos los estratos sociales y a todas las demás especies bailables contemporáneas a la *polka*. Así surgieron híbridos como la *polka-mazurka* —tal el caso de "Flor de un día", compuesta en 1856 por el uruguayo Dalmiro Costa (1838—1901)— y la *polka-habanera* —como lo fue la que Joaquín Callado registró en Buenos Aires en 1878 con el nombre de "Querida por todos". Los *lanceros* admitieron un tramo polkeado y lo mismo ocurrió con el *gato*.

La mención de la *polka* se hizo habitual en las conversaciones cotidianas y hasta ingresó profusamente al refranero popular. Nada extraño resulta entonces, que haya prestado su nombre a la danza más popular de las que se le habían anticipado: el *fandango*, en especial el *fandango valsado*, que refuerza gracias a la *polka* la atrayente particularidad de la pareja enlazada —que había adquirido del *vals*— y que pasa a ser rebautizado *polka paraguaya* sin perder su fidelidad musical a la antigua vertiente hispano—peruana, ya que conserva fundamentalmente el ritmo ternario, buena parte del discurso melódico colonial y el acompañamiento del arpa y la guitarra rasgueada. En Corrientes su modificación más profunda se produce en el aspecto instrumental gracias al uso del acordeón. Este instrumento no sólo le modifica su fisonomía en lo tímbrico sino que trae aparejada una mayor utilización de las tonalidades mayores en lo armónico y un mayor uso de los acordes desplegados —recurso típico del aerófono— en lo tímbrico.

En 1930, plegándose al auge de la música paraguaya en Buenos Aires, Diego Novillo Quiroga y Francisco Pracánico componen el tema "Corrientes *potĩ*" rotulándolo inicialmente *polka correntina*, aunque en realidad se trataba de una especie de *tango* en seis por ocho con letra en español y en guaraní. Samuel Aguayo —dicen que despectivamente— sugirió un cambio de rótulo: *chamamé*. Pero en realidad no estaba haciendo otra cosa que restituir a la especie el nombre que traía desde tiempos coloniales cuando la voz *fandango* se tradujo por un neologismo mestizo con valor de sinónimo.

El chotis

Según Curt Sachs (1944), el *schotis*, *schottis*, *schottisch* o *chotis* —denominación esta última, castellanizada y simplificada, que prefiero— constituiría una leve variante de una *contradanza* inglesa que se bailaba con pequeños saltos y recibía el nombre de *éccosaise*. Para el citado estudioso, el *chotis* surgió cuando a esa *contradanza* comenzaron a bailarla las parejas enlazadas, casi con seguridad por influencia del *vals*. De su origen británico, en efecto, parece hablarnos su nombre, probable corruptela de *scottish*: escocés.

Llega al Río de la Plata entre 1847 y 1850 como moda inglesa y los colonos centroeuropeos la divulgan en el interior del país. Se afinca primero en la provincia de Buenos Aires —donde aún se lo recuerda y se lo baila— y desde allí se expande hacia La Pampa por el oeste y hacia Entre Ríos por el norte. En 1853 está en Corrientes como baile de salón. Y en 1878 lo observa Giovanni Peleschi en el pueblo paraguayo de Humaitá llamándolo "*chotis* milanés" (lo que parece indicar que antes lo había visto bailar en Milán).

En la última década del siglo pasado, el *chotis* aparece entre las composiciones del guitarrista Juan Alais (1838-1914). Para esa época y gracias a nuevos aportes inmigratorios, arraiga en la provincia de Misiones como "baile de acordeón" —y de violín— conservando hasta hoy vigencia en todo festejo popular.

En Entre Ríos, a principios de este siglo se estilaba organizar las parejas en un amplio círculo e ir cambiando de compañero en los tramos correspondientes a los giros impares. Esta costumbre —que se conocía como "*chotis* con largadas"— denota claramente que el *chotis* conservaba aún su íntimo parentesco con las *contradanzas*.

En la actualidad se distinguen tres variedades coreográficas de esta danza, ambas de pareja enlazada y ajustadas al compás de cuatro por cuatro. El "*chotis* inglés" —tal vez la forma más antigua, llamada también paradójicamente "*chotis* criollo", es aquel en el que las parejas tomadas emplean un compás para trasladarse lateralmente, otro para realizar un movimiento pendular —primer tiempo en el sentido en que venían, segundo tiempo en sentido opuesto— y dos más para que la dama efectúe un "molinete" en el sentido de las agujas del reloj, guiada por el brazo del caballero. Finalizado este período se repite uno similar, pero esta vez el desplazamiento inicial va en sentido opuesto. Y esto, tantas veces como haya ganas de bailar. El "*chotis* alemán" se considera en cambio más "derecho": dos compases hacia un lado, dos compases hacia el otro y giro. Un detalle característico muy propio de la provincia de Misiones: cuando finaliza cada desplazamiento —último tiempo del segundo compás— la pierna opuesta al sentido del movimiento se eleva, como amagando un puntapié "de taquito". Ha habido, incluso, un "*chotis* italiano" que emplea tres compases para el desplazamiento y uno para el giro, a lo que se agrega el cambio de frente de las parejas[116].

El *chotis* de hoy conserva dos elementos de las danzas graves: el *tempo* relativamente pausado y el "molinete". Esta última figura se incorporó también al *chamamé*, pero en ese caso la inventiva popular no dejó que el varón se limitara a guiar ceremoniosamente a la dama sino que le incorporó los zapateos que la tradición acarreaba desde los tiempos del *fandango*.

En 1961 la profesora Hermelinda Aranda de Odonetto presentó por primera vez el *chotis* como espectáculo danzístico nativista. A partir de ese momento no falta en el repertorio de los conjuntos de danzas que representan a Misiones en certámenes y festivales del género.

Musicalmente, el *chotis* consta de dos períodos melódicamente diferenciados —a veces también modulantes— que se repiten *ad libitum* (A-B- A-B...). Existe consenso general en que la danza debe finalizar siempre al terminar el "molinete" del segundo período —cualquiera sea la cantidad de veces que se ha repetido la estructura— y nunca en el primero.

Luis Angel Monzón, Agustín Barchúk y el "Chango" Spasiúk son los músicos profesionales que han difundido el *chotis* misionero a nivel nacional, rescatando melodías tradicionales llegadas de Europa o componiendo sus propios temas. En Entre Ríos esa tarea ha corrido por cuenta de numerosos músicos que realizan sus grabaciones en sellos locales, entre los que se destaca Carlos Schultheis con sus "Estrellas del Volga" y también el conjunto "Los inmigrantes".

La habanera

Según las investigaciones de Carpentier (1946), la historia de la *habanera* se inicia cuando la *country-dance* inglesa —que había logrado amplia acogida en París hacia fines del S. XVII— llegó con los colonos franceses a sus posesiones en Haití, en 1761. Los músicos negros, imitando la moda de sus amos, la adoptaron inmediatamente adicionándole ciertas variaciones de ritmo y fraseo que pronto la diferenciaron del modelo europeo.

En 1791 Francia vende a los Estados Unidos lo que hoy es el estado de Luisiana, lo que produce la emigración hacia Cuba de muchos de los franceses que estaban allí instalados. Lo mismo hacen, ese mismo año, los franceses de Haití, huyendo de la triunfante revolución de los esclavos. Entre estos últimos llega un músico de apellido Dubois, quien creó en la isla la primera Banda de Pardos en cuya constitución intervinieron muchos morenos —especialmente violinistas— que habían preferido emigrar a Cuba junto con sus ex amos. Esta banda tocaba, por supuesto, *contradanzas*; y los cubanos las adoptaron, no sin adicionarle las ondulaciones del *chuchumbé* mulato. La más antigua de estas *contradanzas* cubanas es "San Pascual Bailón" y data de 1803.

Las niñas de la sociedad cubana, por su parte, estilaban cantar melodías plagadas de adornos y *fiorituras* nacidas bajo la influencia de las *romanzas* francesas y las *arias* italianas, con texto de rebuscado romanticismo. Era esta la canción *salonniére*, más bien fruto de los conservatorios que de la tradición popular.

Sobre la base de la *contradanza* y la canción romántica de salón, los compositores cubanos de principios de siglo crearon la *danza habanera*, que constaba de dos secciones musicales de treinta y dos compases cada una, correspondiendo un movimiento coreográfico distinto cada ocho compases: "paseo" y "cadena" —de tiempo pausado—, "sostenido" y "cedazo", de aire más vivo.

En 1820 llega a Cuba el músico español Sebastián de Yradier y Samaniego (1809-1865). Durante su estadía compuso una melodía para cantar con estrofas populares de pie quebrado —*seguidillas*— que aún se recuerdan en toda América:

> Si a tu ventana llega
> una paloma
> trátala con cariño
> que es mi persona.

Yradier tituló a este tema "Ay, chiquita" y lo identificó simplemente como *habanera*. Ya vuelto a Madrid editó en 1840 "El arreglito" —al que rotuló "*Chanson Habanaise*" y posteriormente otras *habaneras* como "La Mexicana", "Chin chin chan" y "Las amonestaciones". En América, sin embargo, el nombre de *contradanza* no había cedido aún sus posiciones, como lo prueba el hecho de que en 1836 aparece editada en México "La pimienta" bajo el rótulo de "Contradanza de inspiración cubana" y de autor anónimo.

La segunda mitad del S. XIX encuentra a la *habanera* —que ahora también se llama en los salones *tango americano*— triunfando en París. Por influencia del resto de las especies con que compartía los sitios de baile —*vals, mazurka, polka* y *chotis*— ya se ha convertido en danza de pareja enlazada. Madrid, en cambio, permanece fiel a las *habaneras* cantadas como parte de la *zarzuela* y las llama *tango andaluz*. Ambas modalidades se difunden nuevamente hacia toda América aproximadamente a partir de 1870, con la redundante denominación de *habanera cubana*.

En 1870 ya hay compositores de *habaneras* en el Plata. Dalmiro Costa compone en Montevideo "La pecadora" y Eloisa D'Herbill —española residente en Buenos Aires, también autora de los *tangos* "El queco" y "El maco"— estrena en el Teatro Colón "Vente a Buenos Aires"; ambas *habaneras*.

Paralelamente, la especie sigue su curso como canción popular, apropiada para la serenata, la endecha de corte sentimental y por qué no la temática picaresca, como la tuvo "Me gustan todas", de amplia popularidad en el Uruguay. Entre los cantores populares porteños se la comienza a llamar también *milonga*.

En 1887 y 1892 el pianista viajero Albert Friedenthal la ve como danza entre familias criollas de Venezuela y entre los negros del puerto peruano de El Callao. En México la observa como danza popular, danza de salón y "pieza vocal de arte". En Paraguay escucha una *habanera* titulada "La paloma del Paraguay" (Aretz, 1991).

Conviene ahora dar cuenta de la fisonomía que caracteriza a la versión popular de la *habanera* en nuestras tierras. El ritmo es de dos por cuatro y su fórmula de acompañamiento se basa en dos pies binarios, el primero puntillado en la primera corchea. Su melodía marcha generalmente en tresillos de corcheas sobre acordes desplegados —influencia del acordeón— desarrollando una armonía rítmica en la que los acentos suelen aparecer desplazados con respecto a los del acompañamiento. Fraseológicamente se estructura por tramos de cuatro compases que coinciden con los extensos versos —decasílabos, endecasílabos y hasta dieciseisílabos— heredados de la métrica italiana, que han desplazado a la *seguidilla* española. El baile es de pareja abrazada independiente que ejecuta balanceos, "hamacadas", "quebradas" y "cortes". Se la acompaña con pequeños conjuntos de piano, flauta y violín en los salones; con acordeón y guitarra en la campaña. Sumémosle a estos instrumentos los tamboriles afrocriollos y algunos idiófonos entre la población marginal urbana, especialmente los negros y los "falsos negros" de las comparsas carnavaleras.

Mientras las *habaneras* populares circulaban de boca en boca, las versiones académicas aparecían publicadas en catálogos, hojas sueltas y revistas periódicas dedicadas a la moda, las "notas sociales", la poesía y la música. Es el caso de "Flor de un día", *habanera* de Alejandro Paz que apareció por primera vez en el volumen VI de "El Correo del Domingo" en 1886. Diez años después, la mencionada "Ay, chiquita" llegó a nuestro país como parte de la *zarzuela* "La verbena de la paloma", de Tomás Bretón. Su repercusión fue tal que dos años después se la bailaba en Buenos Aires hasta en la calle, con música de organito. Otras *zarzuelas* que incluyeron *habaneras* —que, recordemos, en este caso se trata de canciones— fueron, por ejemplo, "Los hijos del Capitán Grant" de Caballero y "El tambor de granaderos" de Rogel.

En 1890 aparece una pieza antológica del género: "Tú", compuesta por Eduardo Sánchez Fuentes a los dieciseis años. Ese mismo año se canta "por *habanera*" en Corrientes "La tejedora de *ñanduty*", un *romance* en cuartetas de pie forzado del poeta uruguayo Victoriano E. Montes con música del compositor argentino Francisco Hargreaves (1849-1900).

Otras composiciones del género que comienzan a circular desde principios de este siglo son "El amor es la vida" de Espinosa, "Angelita" de D'Anzie, "Rosita" de Discépolo, "Amalia" y "Elena" de Fortunati, "La original" de Sagreras, "Criolla" y "Tula" de Sancho, "La marítima", "La regalona", "La perla" y "La criollita" de Alais, estas últimas compuestas especialmente para guitarra.

A diferencia de otras regiones del país —sobre todo, la pampeana— en el Litoral la *habanera* ha desaparecido del repertorio danzístico de salón. En cuanto a las versiones populares, aún es posible recoger algún ejemplo que haya permanecido arraigado en la memoria de los más viejos acordeonistas.

La chamarrita

Aunque sabemos de la existencia en el Paraguay, hacia fines del s. XVIII, de una danza española llamada *zamarrita* o *zamarrilla*, parece ser que el ingreso de la *chamarrita* a la mesopotamia argentina se produjo recién durante la Guerra de la Triple Alianza. Según Augusto Meyer (1952), *chamarrita* y *chimarrita* fueron los nombres que adquirió una variedad de la *polka* popularizada en las islas Azores, Madeira y Canarias. Cuando los colonos azorianos la llevaron a Río Grande do Sul —a mediados del siglo pasado— conservaba su ritmo de orden binario y su característica original de ser danza de pareja tomada. Pero ya había adquirido elementos coreográficos peninsulares: era danza de corro, con "molinetes" y zapateos en los interludios no cantados.

Hay evidencias de que la *chamarrita* se bailó esporádicamente en salones entrerrianos y santafecinos desde 1855, pero entiendo que su popularización se produjo diez años después. Durante el conflicto con el Paraguay, el paso de los soldados brasileños —circunstancialmente aliados con nuestro ejército y el de la Banda Oriental— habría dejado por lo menos las *coplas* y tal vez las melodías de esa danza en la campaña correntina y entrerriana, donde se la llamó también *polka canaria*. Las circunstancias no eran, por cierto, propicias para el arraigo de novedades coreográficas; de allí que en nuestro territorio la *chamarrita* haya perdido prácticamente su condición de danza para convertirse en una especie instrumental —de acordeón— o bien una canción acompañada con guitarra, íntimamente emparentada con las viejas formas de la *milonga*.

Probablemente la primera grabación discográfica de una *chamarrita* fue la que realizó Alfredo Gobbi, quien hacia 1930 registró para el sello Brünswick —en el disco Nº 1627— la *chamarrita* "La correntina". Por esa misma fecha la Orquesta Típica de Chazarreta grabó en el disco Nº 37843 de Víctor el tema "La chamarrita", correctamente rotulado "Polka Típica Entrerriana"... pero con Don Andrés figurando como autor.

En la Argentina el registro de campo de *chamarritas* tradicionales es virtualmente inexistente, y siempre terminamos remitiéndonos a la grabación que Carlos Vega realizó de una "*chamarra*" en acordeón durante un viaje de investigación a la provincia de Entre Ríos, en 1942. En Brasil, en cambio, se posee mayor documentación a partir de los trabajos de recolección realizados en Río Grande do Sul por Luis Carlos Barbosa Lessa y João Paixão Côrtes desde 1949. Tomando como base ese material —con el que el conjunto Tropeiros de Tradição y la cantante Inezita Barroso llevaron a cabo una importante tarea divulgativa— los entrerrianos José Arévalo y Linares Cardozo comenzaron a componer *chamarritas* en las que muchos de los giros melódicos empleados resultaron idénticos a los de las recopilaciones brasileñas. Lo propio hizo Aníbal Sampayo, en el Uruguay.

Hasta tal punto era en nuestro país desconocida la música de esta especie, que cuando el conjunto vocal Los Trovadores del Norte grabó en 1963 "La lindera" —*chamarrita* de Linares Cardozo— en el disco larga duración Nº 8.390 de CBS, en lugar de interpretarla en el típico dos por cuatro de la *polka* lo hizo en un seis por ocho totalmente inapropiado (y el gran público comenzó a creer que la misteriosa *chamarrita* podría haberse ajustado originalmente a ese compás).

Lo demás es historia reciente. El dúo entrerriano de Los Hermanos Cuestas en la faz interpretativa y poetas nativistas como Juan Carlos Mondragón han difundido infinidad de *chamarritas* de su creación, producción esta que sus comprovincianos, tal vez deseosos de cimentar alguna nueva personalidad musical diferenciada de las de sus provincias limítrofes, parecen haber aceptado jubilosos.

Una consideración, por último, de índole filológica. Con la palabra chamarra se designa aún hoy en España y algunos países de habla hispana a una prenda apropiada para el trabajo rural[117]. Una chamarra es un chaquetón rústico y una chamarreta una pequeña casaca. En suma, lo que en la Argentina llamamos campera. Chamarra es, entonces, sinónimo de campera y chamarrita significa camperita. Lo que no debe causar extrañeza, si pensamos que a la *mazurka* se la rebautizó *ranchera* —propia de los ranchos, viviendas rústicas del campo—, que hay una danza de pareja suelta que se llama *chacarera* —de chácara o chacra, voz española con la que en el s. XVI se designaba a las parcelas sembradas (del campo, claro está)—, y que hasta el *chamamé* en algún momento de su historia fue llamado precisamente *campera*. Todas estas denominaciones no hacen sino resaltar que se trata de expresiones musicales características del ambiente campesino.

El rasguido doble

Habiendo tratado ya a la *habanera* —prima hermana del *tango* y la *milonga*— y a la *chamarrita* — una especie de *polka* "amilongada"— determinar las características del *rasguido doble* resultará sencillo. Sin embargo, corresponde decir antes que la pretensión de establecer vinculaciones genéticas entre el *tango*, la *habanera* y la *milonga* —a los que hay que agregar la *maxixa*, el *lundú* y el *fado* de Brasil— es un falso problema. Se trata en realidad de especies congéneres que han convivido temporalmente, de lo que resulta una mutua interpenetración de elementos.

El *rasguido doble*, llamado más comunmente *sobrepaso* en ambas márgenes del río Uruguay, nace fundamentalmente con el auge del *tango* porteño, hacia principios de la década del cuarenta. Pero de ningún modo resultan ajenos a este nacimiento la preexistente *habanera* y el *fado* o *fadinho* portugués, de amplia vigencia por esos años en el Brasil.

El nombre de *rasguido doble* hace referencia a la particular forma de su acompañamiento guitarrístico —que tiene mucho de *tango*—: semicorchea-corchea-semicorchea en el primer pie y dos negras en el segundo, ambos acentuados en el primer tiempo.

En los aspectos melódico y armónico el *rasguido doble* aparece empobrecido con respecto al *tango*. Esto se debe a que las posibilidades del acordeón —que era el instrumento más difundido en todo el Litoral— no pueden competir con las del bandoneón, que fue el "fuelle" con el que el *tango* se desarrolló en Buenos Aires. Por esa razón, no pocos informantes me han dicho que, a su juicio, "el *rasguido doble* es como un *tango* mal tocado", expresión quizás dura para con esta especie pero de no poco acierto, y que también se puede aplicar a los llamados *tanguito montielero* y "*tango* liso" de la provincia de Entre Ríos.

El parentesco del *rasguido doble* con el *chamamé* se da simplemente por convivencia dentro del repertorio chamamecero. Dicho de otro modo, los conjuntos de *chamamé* tocan *chamamés* y algún *rasguido doble*. Cuando Mario Millán Medina compuso "El rancho 'e la Cambicha" —tal el nombre del primer *rasguido doble* de la historia— sintetizó en su letra mucho de lo que estoy aquí exponiendo:

Esta noche que hay baile en el rancho'e la Cambicha
chamamé de *sobrepaso*, *tangueadito* bailaré,

chamamé milongueado al estilo oriental
troteando despacito como bailan los *tagüé*.[118]

Al compás de la "cordiona" bailaré el *rasguido doble*
troteando despacito este *doble chamamé*
y esta noche de alegría con la dama más mejor
en el rancho 'e la Cambicha al trotecito *tanguearé*.

Entre otros viejos rasguidos dobles cabe mencionar "La chacrerita" de Montiel y Abitbol; "Qué divina eres" de Irineo y Martín Barrios; "El malezalero" de Rodríguez de Ciervi y "Campamento La Salada" de Nelli. Entre los más célebres —empezando por "Puente Pexoa" de Cocomarola— están "Collar de caracolas" de Agesta; "El cosechero" de Ayala; "El dominguero" de Valles; "Gaviota" de Montes; "Juan Payé" de Sosa Cordero; "La Palmira" de Galli; "Mi serenata" de Fierro; "Romance en *Taragüí*" de Hoyos; "Se puede" de Parodi y "Barrio Saladillo" de Tarragó Ros. Los *sobrepasos* son muchos menos, porque esta denominación no fue adoptada por los músicos profesionales salvo el propio Millán Medina —con "El sobrepaso"— y Aníbal Sampayo, quien compuso entre otros "*Ky chóroro*" y "Garzas viajeras".

CICLO DEL ENCUENTRO
CHANGO SPASIUK
LAS HERMANAS VERA
TRIO CORRIENTES
TERESA PARODI

Ariel Acuña.

II
BREVE DICCIONARIO BIOGRÁFICO

Los principales músicos profesionales —o íntimamente vinculados a ese ámbito— relacionados con la música del Litoral se han ido mencionando en el desarrollo de la obra y especialmente en el Capítulo 7. No he ahondado, sin embargo, en detalles sobre la trayectoria de cada uno para evitar digresiones que nada hubieran agregado a la exposición de las ideas y en cambio hubieran enmarañado la cronología de los sucesos fundamentales. Me ha parecido de mayor operatividad volcar en este segundo apéndice las síntesis biográficas de estos protagonistas —los compositores y los más destacados intérpretes— incluyendo algunos músicos paraguayos y uruguayos cuyo aporte resultó en nuestro país decisivo en el proceso de cambio de la música litoraleña. He optado por el ordenamiento alfabético, tomando como base el nombre verdadero de cada figura y colocando entre paréntesis el seudónimo con el que actuó artísticamente o el apodo con que se lo conoció a nivel popular.

ABITBOL, Isaac ("Isaco"). (Alvear, Ctes., 29/11/1917 - Bs. As., 21/2/1994.) Bandoneonista, compositor. Se inició ejecutando la bandónica, estudiando luego piano con Sebastián Bisanto y bandoneón con "Falú" Romero. Se perfeccionó en este último instrumento con Heraclio

Hidalgo hasta que viajó a Buenos Aires —en carácter de músico de *tango*— donde continuó estudiando con Ernesto de la Cruz. Compuso su primer tema —"Nostalgia guaraní"— en 1934. Dos años después ingresó al conjunto de Emilio Chamorro, en el que estuvo hasta 1940, año en que fundó junto a Ernesto Montiel el Cuarteto Santa Ana. Dirigió luego su propia agrupación junto al dúo Gómez-Florentín. En 1952, su grupo se redujo a un trío, con Samuel Claus en guitarra y Emeterio Fernández como cantante. Dio luego forma al Trío de Oro con Roberto Galarza y Julio Lorman y finalmente al Trio Correntino Pancho Cue, que contó a Antonio Niz en la guitarra y a Rubén Miño en el acordeón. Su fallecimiento provocó una serie de sentidos homenajes en Corrientes, Misiones y Buenos Aires.

Principales obras: "La calandria", "Siete higueras", "La bailanta", "Establecimiento Las Marías"; "Cordeona correntina"; "El malón"; "Paraje Bandera Bajada"; "La taba".

ACOSTA, Luis. (Ituzaingó, Ctes., 19/8/1904 - Mar del Plata, Bs. As., 5/3/1951.)

Correntino de nacimiento, se afincó sucesivamente en Posadas (Misiones) y en Buenos Aires. Compuso letras para temas de Marcos Ramírez, Emilio Chamorro, el Cuarteto Santa Ana y Los Hijos de Corrientes. Dirigió e integró el conjunto Los *Kunumí*. Como periodista fue el primer director de la revista "*Iverá*".

Principales obras: "*Che sipe nguará*", "Corrientes", "Posadas", "La cigarrera", "4 de septiembre", "Mi mercedeña", "*Aracaemó*", "Despedida", "El huerto triste".

ACUÑA, Ariel (Paso de los Libres, Ctes., 23/1/1961.)

Cantante, compositor. Formó desde niño dúo con su hermano Néstor —pianista y acordeonista—. A los doce años integró junto a su padre el conjunto *Aguapeí* que dirigía

Horacio Serpa. Posteriormente, cuando Julio Lorman se desvinculó del Trío de Oro de Montiel y formó su propio conjunto, ingresó al mismo como cantante y acompañante de guitarra. Desde 1985 acompañó a Teresa Parodi. Grabó su primer disco como solista —"Pinturas"— en 1989. Hoy, en 1994, se perfila como uno de los más destacados representantes de la joven generación chamamecera. Principales obras: "Pintura de mi pueblo"; "El abuelo Braulio", "Salgo a encontrarte, mi país", "*Chipa*, leche y mazamorra".

ADAMINI, Santiago (Buenos Aires, 25/2/1895 - 21/4/1969.)

Músico y poeta que incursionó en el *tango* y en la música del Litoral. Compuso junto a Chamorro, Cocomarola, Montiel, Ramón Méndez y otros. Entre 1958 y 1964 fue presidente de la Sociedad Argentina de Autores y compositores (Sadaic).

Principales obras: "Por el río Paraná", "Virgen guaraní", "En tu boca de miel", "Llora, corazón", "Prisionero", "*Guaynita* del alma"; "El santiagueño"; "Mírame".

AGUAYO, Samuel

Cantante paraguayo que realizó en Buenos Aires su primera grabación discográfica para la RCA el 25 de abril de 1929. El tema en cuestión se tituló "*Floripa mi*" y constituyó un verdadero éxito, al igual que las grabaciones siguientes "*Caazapá*", "Noches del Paraguay" y "*Mita cuñá mi*". Pero su mayor suceso fue "*Corrientes potí*", grabado al año siguiente, que le abrió definitivamente el camino hacia la radiotelefonía y amplió sus posibilidades laborales en diferentes lugares públicos, a la vez que lo alejó del *tango* —que constituía buena parte de su repertorio inicial— para volcarlo decididamente a la música de su país. Formó su propia orquesta, para la que contó con prestigiosos arregladores como Herminio Giménez, Juan Escobar, Emilio Biggi y otros. Durante décadas, sus grabaciones tuvieron amplia aceptación no sólo en Corrientes sino en todo el interior del país.

AGUER, Constante José. (Buenos Aires, 6/4/1916.) Escritor, compositor e intérprete. Estudió guitarra con diferentes maestros, llegando a interpretar obras de Tárrega y estudios de Aguado. Las influencias de un tío correntino que ejecutaba el violín, su padre —vasco francés— acordeonista y los consejos definitivos de Francisco Pracánico lo volcaron hacia la música popular. Desde los diecisiete años actuó como solista. En 1939, época en la que actuaba con su Conjunto Correntino, fue premiado por la Municipalidad por su labor como "cantor guaraní". Fue colaborador de varias publicaciones periodísticas ("Alma Nativa", "*Iverá*", "Canta Claro", etc.). Su actividad artística sufrió a partir de 1955 un prolongado receso por razones políticas. Condujo más tarde diversos espacios radiales en los que difundió antológicas grabaciones e importantes datos sobre la historia del Movimiento Nativista correntino. En 1987 realizó tareas de divulgación sobre estos temas en Australia, invitado por los Residentes Argentinos de Melbourne. En los años 1988 y 1989 fue consultor del Centro de Difusión Musical de la Municipalidad de Buenos Aires en el proyecto "La Música va a la Escuela". Lleva compuestos más de doscientos temas de música del Litoral. Como escritor ha publicado los libros "Mis Cantares del *Taragüí*", "Cuentas dispersas", "Cuentos y no cuentos" y "La Biblia en la selva guaraní". Tiene en preparación sus memorias.

Principales obras: "Kilómetro 11", "Las tres Marías", "El gateao", "*Camba cuá*", "Gallo *sapucay*", "El transitante", "Río Taponagá", "El *kangüí*", "Cordiona llorona", "Belleza correntina", "*Taragüí rapé*".

AGUIRRE, Félix Alberto ("Cholo"). (Esquina, Ctes., 21/2/1928.)

Cantante que se inició en el *tango*, pasando por las orquestas de Héctor Varela, Argentino Galván y Edgardo Donato. Desde 1952 —ya en calidad de solista— lo acompañó el arpista Roberto Uballes —autor de la música de "Río Rebelde", entre otros temas— haciendo presentaciones en carácter de "número vivo" en el cine "Renacimiento" —Lavalle al 900— de la Capital Federal. A principios de la década del sesenta dio forma a su Moderno Conjunto del Litoral con el que difundió mediante el disco la *litoraleña*, especie híbrida que tras una breve etapa de eufórico cultivo cayó en el olvido. En 1964 se radicó en España, regresando recién en 1993 y grabando el CD "Regreso", para el que contó con la dirección y arreglos de Ricardo Miralles. Al año siguiente grabó su segundo CD titulado "A San Lorenzo", en el que presentó remozados los temas que fueran sus primeros éxitos.

Principales obras: "Río Rebelde", "Como en primavera", "Río manso", "Trasnochados espineles", "Río de ausencia", "Río de amor", "El secreto", "Yarará", "Río revuelto", "Capricho guaraní".

ALTAMIRANO, Cerafín. (Monte Caseros, Ctes., 9/2/1916 - 5/2/1988.)

Acordeonista autodidacta. Se inició en 1937 con un acordeón de una sola hilera con el que pronto comenzó sus presentaciones en bailes populares y audiciones radiales. Entre 1942 y 1949 estuvo en el conjunto de Millán Medina, pasando luego a ser acordeonista de Damasio Esquivel. Hizo también dúo de acordeones con su esposa y acompañó a "*Cambá*" Castillo,

Eustaquio Miño y "Juancito El Peregrino". Transmitió su experiencia a su hijo Andrés, quien formó el conjunto Los Hijos de Monte Caseros, que llegó a actuar en el festival de Cosquín.

Principales obras: "Caña con ruda", "La sotera", "La cañada mala", "Puerto Monte Caseros", "Madrecita".

AMARILLA, Eulogio Néstor. (Yaguareté Corá, Ctes., 10/3/1907.)

Acordeonista y compositor correntino criado en la provincia del Chaco. Desde los nueve años tocó con un acordeón de nueve teclas "a cucharita" las melodías anónimas "Ay *che taí*" y "*Aguará popé*". Se incorporó como músico al elenco de Radio Chaco en 1936. Cuatro años después, formando trío con los hermanos Emeterio y Rodolfo Fernández —ambos guitarristas— comenzó a recorrer la zona de los obrajes chaqueños como músico de bailes populares. En uno de esos viajes recogió un tema tradicional conocido como "El zapateo", al que rebautizó como "Destacamento Ñandubay". Ha compuesto, a partir de entonces, más de ochenta temas musicales.

Principales obras: "*Aguará popé*"; "Destacamento Ñandubay"; "El improvisado"; "Correntino *sapucay*"; "Hermano Domingo"; "Villa San Martín".

ARANDA, José Octavio ("Paquito"). (Paraje Ombucito, Ctes., 17/5/1936.)

Bandoneonista, compositor. Su padre guitarrista, mandolinista y acordeonista y su madre —también ejecutante de acordeón— le marcaron el rumbo de la música regional. Comenzó a aprender bandoneón a los catorce años, y dos años después se presentaba en LT 12 Radio General Madariaga de Paso de los Libres. En 1953 fue a Buenos Aires, donde integró el conjunto Los Provincianos. Entre

1962 y 1969 fue director musical del conjunto de Damián Cena. Con su propia agrupación grabó luego para el sello Asunción, pasando posteriormente a CBS Columbia, sello que le entregó el Disco de Oro en 1977. Desde hace diecisiete años, su conjunto lo integra el dúo Pérez-Gamarra, al que se suma el acordeonista mercedeño Rodolfo Miño.

Principales obras: "La retozada"; "Apasionada"; "La cintareada"; "La tiroteada".

ARANDA, Ramón ("Tito"). (Esquina, Ctes., 4/1/1911-Bs. As., 24/7/1970.)

Acordeonista, compositor. Realizó sus primeras presentaciones públicas en Radio Soler de Santa Fé. Ya radicado en Buenos Aires, trabajó como obrero en los frigoríficos de Avellaneda. Se presentó en dúo con el bandoneonista Antonio Ramírez en LS 10 Radio Libertad. Formó luego sucesivos dúos de acordeones con Ernesto Montiel, Ambrosio Miño, Aurelio Borda, "Pancho" Umérez y Angel Acuña. Actuó junto a Chamorro en el "Palermo Palace". Realizó grabaciones con Valenzuela, Chamorro, el Trío *Taragüí*, Osvaldo Sosa Cordero y Los *Cunumí*.

Principales obras: "Tortolita", "Puerto Esquina", "Batallón de Caaguazú"; "Parada Acuña"; "Pato picazo"; "*Yaguapirú* trote".

ARECO, Lucas Braulio. (Santo Tomé, Ctes., 26/3/1915.)

Escritor, historiador, poeta, pintor, escultor y músico. Su abuelo paraguayo participó como combatiente en la Guerra de la Triple Alianza. Cayó prisionero en la batalla de Tuyutí y al ser liberado no quiso regresar al Paraguay, afincándose en Corrientes en una parcela de campo que le cedió el gobierno. Don Lucas nació en territorio correntino, pero desde los ocho años vivió con su familia en Misiones. Sus precarios medios económicos lo llevaron a desempeñarse en los más diversos oficios —

escribiente, pintor de letreros, policía de la selva, etc.— mientras paralelamente cultivaba la guitarra y el arpa en forma intuitiva. Una tendencia familiar por todas las bellas artes lo hizo destacarse también en el campo de la pintura y la escultura, logrando con sus obras innumerables premios y prestigio internacional. Grabó en Buenos Aires para el sello Odeón, dejando a la posteridad notables testimonios de la música regional misionera —especialmente *galopas*—, algunos de ellos convertidos ya en verdaderos clásicos. Ha escrito obras para ballet y ha publicado libros de poemas y de investigación histórica ("Verbo", "País del silencio", "En la huella del tiempo" y "Documentación histórica de Posadas"). Creó la Orquesta Folklórica de Misiones, fue Director del Museo Provincial de Bellas Artes —que lleva su nombre desde 1990— y Presidente del Primer Festival de la Música del Litoral. Una avenida de la ciudad de Posadas (Mnes.) y una plazoleta de la ciudad de Virasoro (Ctes.) llevan su nombre. Recientemente fue distinguido con el título de Ciudadano Ilustre por el gobierno misionero.

Principales obras: "Misionerita"; "Rocío"; "Leyenda de la *Caa Yarí*"; "Motivo de los Pájaros"; "Motivo del agua".

BARBOZA, Adolfo. (Curuzú Cuatiá, Ctes., 6/7/1910 - Bs. As., 2/6/1992.)

Acordeonista, compositor. Se inició como acompañante de diversos músicos y cantantes en las provincias de Corrientes y Entre Ríos. A los dieciocho años se trasladó a Buenos Aires realizando diversas presentaciones en escenarios populares junto a Roberto Chavero ("Atahualpa Yupanqui"), Emilio Chamorro e "Isaco" Abitbol. Formó luego su Trío Barboza junto al guitarrista J. Mancuello y su hijo Raúl en acordeón. Su último conjunto fue el Trío San Antonio, que integró junto a Pedro Manzur en bandoneón y Martín Tarroza en guitarra. Su labor compositiva alcanza aproximadamente trescientos temas.

Principales obras: "La torcaza", "Rosa de amor", "Tu distancia", "Mirando una flor", "Mi flor de amor", "Vagabundo".

BARBOZA, Raúl. ("El Rey del chamamé".)

Virtuoso acordeonista chaqueño, hijo de Adolfo Barboza. Integró desde niño el trío de su padre. Formó luego su propio trío, al que incorporó la guitarra eléctrica en 1959. Su acceso a la popularidad se produjo cuando comenzó a acompañar a "Juancito el Peregrino" integrando la Compañía de Ariel Ramírez. Comenzó sus giras europeas en 1988, contando como guitarristas a ejecutantes de la talla de Bartolomé Palermo, Nicasio Oroño y Mateo Villalba. En 1991 ganó en París —donde actualmente reside— un certamen mundial de acordeonistas.

Principales obras: "Tren expreso", "Chamigo Franco", "Siempre contigo, mamá", "Solo Dios".

BARRIENTOS, Santiago ("Gordo"). (San Luis del Palmar, Ctes., 1902 - Bs. As., 1957.)

Acordeonista de singular talento que descolló en las décadas del cuarenta y el cincuenta. Sus inicios profesionales se producen con su ingreso a Los Hijos de Corrientes, conjunto dirigido por Emilio Chamorro en el que le tocó actuar junto a Abitbol, Montiel, Cocomarola, Pascasio Enríquez, Basilio Magos, Antonio Giannantonio y Julián Alarcón, entre otros. En los años cincuenta dirigió junto a Manuel Ferradás Campos el conjunto *Irupé*, que integraron Pedro Rodríguez de Ciervi y Manuel Gómez (quien luego dirigiera el conjunto Los Arrieros). Participó como músico en la película "Tres hombres del río". Su figura ha sido un tanto olvidada por ensayistas y comentaristas del movimiento chamamecero. Principal obra: "Canto inmortal".

BARRIOS, Martín.

Guitarrista, compositor. Dirige el conjunto Los Hermanos Barrios, oriundo de San Cosme (Ctes.) e integrado por Ireneo (primera voz), Tomás (primera guitarra, segunda voz), Modesto (bandoneón) y el propio Martín Barrios (segunda guitarra) a quienes se suma el bandoneonista Marcos Zarza. Ingresaron al profesionalismo en 1960 y comenzaron a grabar cinco años después. Participaron en las películas "Los gauchos judíos" y "Mire qué lindo mi país". Llevan grabados cuarenta y cuatro discos de larga duración y han obtenido el Disco de Oro tres veces. Su estilo de interpretación, dulce y melodioso, les ha valido el apodo de "Los románticos del *chamamé*" con el que se los reconoce desde la década del setenta no solo en Corrientes —de donde son oriundos— sino también en el Gran Buenos Aires.

Principales obras: "Se que te arrepentirás", "Canción a tus lágrimas", "Sauce del Paraná", "Fuiste mi primer amor", "Romance bajo el ombú", "Colonia Güemes", "Canto a la Virgen de Itatí".

BENÍTEZ, Policarpo Encina ("Poli"). (Paso de los Libres, Ctes., 29/10/1899 - Quilmes, Bs. As., 16/1/1981.)

Guitarrista criollo. El año de su arribo a Buenos Aires —1921— hace de él uno de los pioneros de la música del Litoral en la metrópoli. El primer conjunto que integró fue La Tribu de Samuel Aguayo. En su larga trayectoria revistó luego en las agrupaciones de Herminio Giménez, Félix Pérez Cardozo, Julián Alarcón, Chamorro, Abitbol, Miño, Aranda, Esquivel y en el Cuarteto Santa Ana.

BREER, Edmundo ("*Pitaguá*"). (Posadas, Mnes., 24/7/1913 - La Plata, Bs. As., 11/10/1987.)

Poeta y músico talentoso hijo de inmigrantes alemanes que cultivó especialmente la llamada *polka paraguaya*. Se le debe la autoría de temas hoy convertidos en verdaderos clásicos del género. Pese a ello, la mayor parte de su obra está realmente desatendida por los intérpretes actuales.

Principales obras: "Pájaro *chogüí*", "Recuerdos del Paraná", "*Yeruré*".

CARDOZO OCAMPO, Mauricio (Ibicuy, Paraguay, 14/5/1907.)

Compositor paraguayo que comenzó de niño su formación intuitiva ejecutando el *mimbüí* —flauta de los indígenas *mbïá*—. Aprendió luego guitarra con el maestro Juan J. Rojas y se nutrió de la música regional mediante el frecuente contacto con músicos empíricos. En ese ámbito recopiló temas tradicionales como la *palomita*. Emigró a Buenos Aires al finalizar la Guerra del Chaco. Sus cuatro hijos se dedicaron a la música, destacándose Amambay como cantante y Oscar como arreglador a nivel internacional. Falleció en la Capital Federal.

Principales obras: "Galopera", "*Nda recoy* la culpa", "Yo soy *purahey*", "Desde lejos", "Corazón", "Isla Sacá", "*Ñasaindypé*", "Soldado del Chaco", "Rojas Silva rekavó".

CASTELLÁN, Carlos Alberto (Mercedes, Ctes., 24/5/1902 - 10/7/1976.)

Poeta correntino radicado en Buenos Aires. Fundó junto a Pedro Sánchez el cuarteto *Cohé mbotá* y el quinteto Los *Mensú*, agrupaciones que grabaron discos por espacio de una década. Colaboró en el semanario bilingüe "*Ñande retá*" y publicó el libro "Corrientes en el verso".

Principal obra: "Sargento Cabral".

CASTILLO, Alberto Dionisio ("*Cambá*"). (Pay Ubre Chico, Ctes., 2/2/1913 - 29/10/1983.)

Músico intuitivo que tocó el acordeón de ocho bajos desde los doce años. Formó en 1926 su trío Los *Matuá*, que fue gran animador de bailes populares en Corrientes, Formosa, Salta, Entre Ríos y Buenos Aires. Juan Ferrau y Argentino Toledo formaron parte de su conjunto. En 1933 compuso su tema más célebre: "El toro". En la década del cuarenta grabó una veintena de títulos con "glosas" de Alberto Castellán. Nunca registró sus composiciones en Sadaic.

Principales obras: "El toro", "La solareña", "*Tatú piré*", "La sartén *colí*", "El caña ombú", "Chinita Castillo", "Barrio Calderón".

CASTILLO, Leopoldo ("Polito"). (Juan José Paso, Chaco, 5/4/1929.)

Bailarín y poeta. Entre sus primeras composiciones que trascendieron al ámbito nacional se cuenta "Yo soy *chamamé*", compuesto en la década del cincuenta y llevado al disco por un cuarteto vocal que integraron Juan Ferrau, "Chacho" Colman, "Paquito" Ubeda y Héctor Chávez. Fue propietario de una "peña" danzística en la localidad bonaerense de Morón. Grabó con su Conjunto Regional para el sello Tonodisc.

Principales obras: "Yo soy *chamamé*", "Ramada *guy*", "La torcaza", "Paisano correntino", "La angustia que me has dejado", "Amor prohibido".

CEMBORAIN, Ofelia Nélida ("María Ofelia"). (San Antonio, Mnes., 1945.)

Cantante misionera de padre correntino y madre paraguaya. Pasó su infancia en Iguazú. Su vocación por el canto se despertó escuchando las actuaciones radiales de María Teresa Márquez, Luis Alberto del Paraná, Ramona Galarza y otros cantantes. A los ocho años ganó un concurso radial para cantantes aficionados y a los quince ingresó a la Orquesta Folklórica Provincial dirigida por Ricardo Ojeda en la ciudad de Posadas. En 1971 obtuvo el primer premio en Cosquín como solista femenina de canto. En los dos años sucesivos grabó sendos discos LP para CBS. Al pasar al sello Microfón, en 1975, se produjo su primer suceso con la grabación del *valseado* "Costera, mi costerita" conjuntamente con Orlando Veracruz. Su participación en los festivales de Docta Producciones tanto como su actuación en bailantas la indujeron a modificar su repertorio —hasta entonces un tanto ecléctico, si bien cuidadoso en su selección autoral— hacia una vertiente de mayor impacto popular. En 1980 grabó junto a Los Hermanos Barrios. Desde 1985 conduce espacios radiales, sin haber abandonado sus presentaciones públicas. Se la considera la sucesora de María Helena Kaliasakis, otra cantante misionera que falleció en plena juventud, el 17 de diciembre de 1970.

Principales obras: "*Chamamé* a Campo Viera"; "Homenaje a las bailantas"; "Para mi gente formoseña"; "*Ñande shottis*".

CENA, Enrique. (Saladas, Ctes. 15/6/1930.)

Cantante, compositor. Desde los ocho años recorrió los algodonales del Chaco con su familia, cuyos integrantes eran "peones golondrinas". A los dieciocho años, ya radicado en Resistencia (Chaco) comenzó su carrera profesional en el conjunto de Marcos Bassi, con quien estuvo por espacio de diez años, realizando giras por el Paraguay y la Argentina y grabando discos. Fue luego suplente en el conjunto de Cocomarola hasta que regresó al Chaco para formar Los Hermanos Cena con sus hermanos Antonio en acordeón y Damián en el canto a dúo. Por esa agrupación pasaron también figuras como el cantor Atilio Puchot y el acordeonista Raúl Barboza. Recibieron el premio Virgen de Itatí en el Primer Festival Argentino del *Chamamé*. De su misma familia —aunque con una diferencia en el modo de escribir el apellido— son los integrantes del conjunto Los Hermanitos Sena —luego Los Sena a secas— y Los Senita.

Principales obras: "Amor sin igual"; "Camino a Tres Palmas"; "Tu falsedad"; "Mi desengaño"; "Como le gusta a mi gente"; "Cuchita"; "La *caté*".

CIDADE, Ramón ("Ramón Ayala"). (Posadas, Mnes., 1935.)

Compositor, poeta, cantante, guitarrista y pintor. Residió desde niño en el barrio de La Boca, en Buenos Aires. Allí comenzó a aprender guitarra con el paraguayo Francisco Alvarenga y dibujo y pintura en la Escuela Quinquela Martín. En su juventud trabajó en un frigorífico de la zona, lo que le permitió adquirir su primer instrumento importante. En 1947 ingresó al conjunto de Damasio Esquivel, debutando como cantante en el "Palermo Palace" con el seudónimo de "Ramón Ayala". Ese mismo año grabó un disco junto a Mauricio Valenzuela, esta vez como "Ramón Morel". En 1948 formó parte del conjunto de Margarita Palacios, con el que realizó frecuentes giras por todo el interior del país. Entre 1950 y 1961 fue la primera voz del trío Sanchez-Monges y Ayala. Se lanzó luego como solista, realizando su primera actuación en el programa La Pulpería de Mandinga, por Canal 7. En 1967 inició en España una gira por el mundo que se extendería por más de una década. Grabó su primer disco LP en París, en 1974. En 1989 se erigió en Posadas un monumento al *mensú* que lleva la figura del músico y a la vez evoca su composición más celébre. Un año después el Sipted —Sistema Provincial de Teleeducación

Ramón Ayala.

y Desarrollo— realizó un documental sobre su vida y obra. Desde 1960, Ramón Ayala experimenta en la creación de una nueva especie que ha bautizado *gualambao* y que se basa en un ritmo de doce por ocho.

Principales obras: "El mensú"; "Canto al Río Uruguay"; "El moncho"; "El isleño"; "Posadeña linda"; "El cosechero"; "El jangadero"; "El cachapecero"; "Pilincho Pernera"; "Alma de lapacho"; "Retrato de un pescador"; "Mi pequeño amor"; "Paraguay libre"; "Chaco arisco".

CIDADE, Vicente. (São Borja, Brasil, 1937.)

Violinista, compositor. De madre paraguaya y padre misionero, nació en territorio brasileño, donde su padre se desempeñaba como cónsul argentino. Vivió hasta los cuatro años en Posadas (Mnes.) y hasta los catorce en Oberá (Mnes.). Radicado en Buenos Aires, trabajó en principio como lavacopas en un restaurante de Avellaneda, cuyo propietario le facilitó un violín y lo instó para que se iniciara en los estudios musicales. Concurrió entonces al Conservatorio Silvestri de Barracas; luego al "Manuel de Falla" de Buenos Aires. Estudió profesorado orquestal en Avellaneda con el maestro Rodríguez Fauré. Durante años integró como violinista diversas orquestas sinfónicas y cameratas. Compuso en 1955, junto a su hermano Ramón, el tema "El mensú", que ha alcanzado celebridad internacional. En la década del sesenta administró en Buenos Aires la peña "El Hormiguero" —una de las mejores de su tipo— junto a Horacio Agnese —conductor de la audición "Folklore en 870" por LRA 1 Radio Nacional— y Ricardo Mentesana, locutor de ese mismo medio. Paralelamente integró el conjunto de Alberto Ocampo y sus changuitos violineros. Tuvo luego otra peña en el partido bonaerense de Moreno — "El Hormiguero del Rey"— hasta que en 1976 sufrió persecuciones políticas que lo hicieron abandonar la actividad comercial y radicarse nuevamente en Misiones. Estuvo contratado por la Orquesta Sinfónica de San Pablo (Brasil), fue Director del Departamento de Música de la Secretaría de Cultura de la Municipalidad de Posadas y se desempeña en la actualidad como docente de canto y violín en la capital misionera y en la ciudad paraguaya de Encarnación.

Principales obras: "El mensú"; "Costera"; "Canción del Iguazú"; "María del Paraná"; "El carbonero"; "Islerita"; "Colono misionero", "Zorzal tempranero"; "Así es Misiones"; "Leyenda del *Urutaú*"; "A Misiones, mi tierra".

COCOMAROLA, Mario del Tránsito ("El *Taita* del *Chamamé*). (El Albardón, Ctes., 15/8/1918 - Buenos Aires, 19/9/1974.)

Compositor e intérprete. Se inició como acordeonista a los seis años aprendiendo de su padre, inmigrante italiano dedicado al trabajo rural. En 1935 formó el Trío Cocomarola con Leonidas López y Daniel Cantero. Con esa agrupación grabaría, un año después, sus primeras composiciones. En 1940 comenzó a estudiar con Antonio Giannantonio música y bandoneón, instrumento al que finalmente se volcaría. Formó luego el Conjunto Cocomarola que contó con bandoneón, acordeón, guitarras y contrabajo. Tuvo sucesivamente como cantantes a los dúos Hurtado-Guereño (Los Zorzales), Cejas-Ledesma, Vera-Lucero y Verón-Palacios. En 1953 compuso junto a Armando Nelli el *rasguido doble* "Puente Pexoa" que en Estados Unidos llegó a ser cantado por Frank Sinatra y Nat "King" Cole e interpretado por la Orquesta Sinfónica de Filadelfia. En 1957 incluyó un zapateador —"Pintona" Flores— en su conjunto y dos años después introdujo la novedad del trío de voces en sus grabaciones.

Su producción compositiva superó los quinientos temas, ochenta y cinco de los cuales registró en discos. Su último trío estuvo formado con las voces de Cáceres, Ramírez y Almeida. Su único hijo varón —de su mismo nombre pero con el apodo de "Coquimarola"— continúa por el rumbo musical que marcó este verdadero ídolo de multitudes.

Principales obras: "Laguna Totora", "*Tory paumé*", "Che cambacita", "*Ipú porá*", "Kilómetro 11", "Merceditas", "Mi selva eterna", "Monte Refugio", "El *cangüí*", "Amor supremo", "*Mogote mondá*", "El zaino", "El sancosmeño", "Dátil *corá*", "La colonia", "Mi bien amada", "Mírame", "Zapateando el *chamamé*", "Las tres Marías", "*Ndero vetame*", "Puente Pexoa".

CHAMORRO, Emilio (Nueve de Julio, Ctes., 30/6/1904 - Rosario, Sta. Fe, 11/2/1971.)

Compositor, guitarrista, cantante. Hijo de chacareros, alternó de niño el trabajo en el campo con el aprendizaje del violín y el mandolín. Ya como guitarrista, realizó su primera actuación en Buenos Aires en 1931 con su conjunto Los Hijos de Corrientes. Trabajó luego junto a Abitbol, Montiel, Cocomarola, Ros y Esquivel. Hacia 1944 organizó en Rosario la primera pista bailable de *chamamé*: "La Ranchada". Sus composiciones y recopilaciones suman más de trescientas.

Principales obras: "El prisionero", "El campiriño", "El picaflor", "Ramonita", "San José", "Lamento correntino", "María *Pacurí*", "*Chipá mbocá*", "María de la Cruz".

DIMOTTA, Albelardo. (Villaguay, E. Ríos, 11/12/1921 - Rosario, Sta. Fé, 15/6/1992.)

Acordeonista, compositor. Luego de algunas experiencias participando de conjuntos en su ciudad natal, se inició profesionalmente a los veinticuatro años. Viajó a Buenos Aires para sumarse a Los Troperos del Iberá, conjunto de Odín Fleitas. En 1946 formó su propia agrupación con la que comenzó a grabar un año después. Realizó giras por el interior del país y por países limítrofes. En 1986 recibió una distinción de Sadaic al cumplir sus treinta años de socio de la entidad. Su hijo Héctor comenzó a colaborar con él en 1986 y continúa su labor al frente de un conjunto chamamecero.

Principales obras: "El carretel"; "Estancia La Isabel"; "El Mingo"; "Triste motivo".

DOMÍNGUEZ, Pablo. (Corrientes, 25/1/1917 - 1º/12/1976.)

Guitarrista, cantor y compositor. Se inició en el *tango* pero se volcó al *chamamé* luego de su viaje a Buenos Aires como acompañante de la cantante Dorita Norby. Integró luego los conjuntos de Chamorro, Valenzuela, el Santa Ana y Los *Kunumí.*

Principales obras: "Noches de Corrientes", "Pablito", "Ferrocarril Quijano", "María Nelly", "El formoseño", "Tus ojos", "La flor del azahar".

ELGUL, José (Goya, Ctes., ¿? - Bs. As., 1985.)

Músico oriundo de la ciudad correntina de Goya, ejecutante de bandoneón, guitarra, violín y otros instrumentos. Integró como violinista la primera embajada de música correntina a Buenos Aires: la Tribu Goyana dirigida por Mauricio Valenzuela. En esa agrupación tuvo por compañeros a Marcos Ramírez, Guillermo Juárez, Angel Guardia, las hermanas Lezcano, Odín Fleitas y Eduardo Mantilla.

Principales obras: "Mi Goya de ensueño", "Pueblo de Santa Lucía".

ENRÍQUEZ, Pedro Pascasio (Goya, Ctes., 22/2/1914.)

Compositor, guitarrista. Se trasladó en su juventud de su provincia natal al barrio de La Boca, donde padeció penurias económicas y probó diversos oficios paralelos a su actividad musical. Fue integrante de célebres conjuntos como los de Samuel Aguayo, Miguel Repiso, Tarragó Ros, Valenzuela, Chamorro, Cuarteto Santa Ana, Damasio Esquivel e *Irupé*. Acompañó en guitarra a los cantantes Fernando Farmar, Angelita Lezcano y Rosita Minué en radio y televisión. Dirigió la Orquesta de Música Latinoamericana.

Principales obras: "El goyanito", "Mi ranchito", "Yo soy *chamamé*", "Correntino soy señor".

ESQUIVEL, Dalmacio ("Damasio") (Rosario, Sta. Fe, 1°/4/1919.)

Bandoneonista, compositor. Comenzó su aprendizaje musical a los once años y bastaron ocho meses para que estuviera en condiciones de intervenir en conjuntos organizados por su padre, ejecutante de guitarra. A los trece años ingresó al conjunto de Samuel Aguayo. Un año después comenzó a perfeccionarse en armonía y contrapunto con Gilardo Gilardi. Si bien alcanzó a ejecutar con destreza diversas composiciones académicas, pronto abandonó sus estudios sistemáticos para interpretar *tangos*, música paraguaya y correntina. Acompañó por espacio de veinte años a Aguayo, pero desde los dieciocho años de edad tuvo también su propia agrupación integrada por dos bandoneones, tres violines, viola, celo, contrabajo, piano y dos guitarristas cantores. Ya en Buenos Aires, su capacitación musical hizo que muchos colegas le solicitaran la transcripción al pentagrama de sus composiciones intuitivas, servicio que compartió con Angel Guardia. Muchos de sus *chamamés* lograron amplia repercusión y son hoy verdaderos clásicos. Tal vez el más celebrado haya sido "Alma guaraní" que denota, como muchas de sus composiciones, influencias tangueras. En 1955 debió disolver su conjunto. A partir de entonces actuó solamente con bandoneón, acordeón, contrabajo y dúo de canto y guitarras. Grabó treinta discos de larga duración dedicados a la música del Litoral. No olvidó, sin embargo, la música académica, que siempre reservó para la intimidad familiar. Sus últimos acompañantes fueron sus hijos Carlos y "Chacho", ejecutantes de contrabajo y guitarra.

Principal obra: "Alma guaraní".

ESTIGARRIBÍA, Ramón ("El *yaguareté* de las selvas correntinas") (Curuzú Cuatiá, Ctes., 21/3/1913 - Fiorito, Bs. As., 18/6/1971.)

Diestro acordeonista intuitivo. Realizó desde pequeño tareas de peón rural en la campaña correntina. Arribó a Buenos Aires en los años cuarenta para tocar junto a Chamorro, Ros y Aranda. Fundó luego su agrupación Azul y Blanco por la que pasaron Esquivel, Samuel Claus, Constante Aguer y "El campiriño Pedro". Tuvo su propio salón bailable —"Mi Ranchito"— en Villa Fiorito. Su estilo interpretativo puede considerarse precursor del que caracterizó luego a Tarragó Ros.

Principales obras: "El gateao", "Escobillando", "Espuela rodaja", "Cordiona llorona", "El flechillar", "Campo en llamas", "Cordiona correntina"; "El galpón"; "Barrio Centenario".

FERNÁNDEZ, Emeterio (Puerto Tirol, Chaco, 3/3/1924.)

Guitarrista, cantante, compositor. Comenzó a cantar en el trío de Néstor Amarilla, pasando a integrar en 1938 el dúo Fernández-Benítez, que actuó en LT 5 Radio Chaco. Ya en Buenos Aires integró el Cuarteto Santa Ana, con el que grabó para el sello Pampa. Se unió luego a Miguel Repiso —a quien había conocido en ocasión de realizar su servicio militar en 1944— para formar el conjunto Litoral con el que grabaron en RCA y actuaron en Radio

Belgrano. Revistando en el conjunto de Cocomarola, en 1950, Fernández fue el primero en interpretar el *chamamé* "Merceditas", de Sixto Ramón Ríos.

Principales obras: "El hormiguero", "Soy forastero", "*Che sapukay*", "Orgullo correntino", "Aquel consejo".

FERNÁNDEZ RUDAZ, Evaristo ("El pibe Fernández"). (Montiel, E. Ríos, 26/10/1899 - ?)

Guitarrista y cantor de *estilos* y *milongas*. Cantó por primera vez en público en el "Circo Internacional" de la ciudad de Paraná, continuando con esa actividad en cines y confiterías en calidad de "número vivo". Se radicó en Reconquista (Santa Fé) y recorrió el Chaco Santafecino. Allí se familiarizó con la vida en los obrajes y su ambiente de reñideros y bailantas. En una de esas giras —que realizaba junto a otros músicos— recogió una versión del motivo popular "*Ajhá potáma*". Instalado en Goya, se dedicó a la prosa costumbrista. Retornó finalmente a Reconquista, donde falleció.

Principales obras: "*Ajhá potáma*", "La creciente", "Serenata de matrero", "Milonga del *yarará*", "El Sargento Sapo".

FERRAU, Juan Ronal ("Juancito El Peregrino") (Mercedes, Ctes., 1°/7/1934.)

Cantante, compositor. Desde los doce años integró conjuntos chamameceros, actuando en primera instancia en LT 7 Radio Corrientes. Comenzó con Los *Mantuá* de "*Cambá*" Castillo. Tuvo su propio conjunto mercedeño con el acordeonista Severo Perdomo, el bandoneonista "Moncho" Canario y las guitarras de "Tití" Casafóux y Juan Pedemonte. Luego de tocar una temporada junto a Ramón Lovera se trasladó a Buenos Aires. Allí formó parte del conjunto Tradición y luego del dúo Peregrino-Colman en la agrupación Los Gauchos de Mburucuyá que dirigía Eustaquio Miño. En 1956 se incorporó al Santa Ana y diez años después al trío de Raúl Barboza. Allí logró su primer éxito resonante con la interpretación de "La guampada", que pasó a ser un tema obligado de sus actuaciones. Como autor, su tema "La Lucila se nos va" obtuvo el primer premio correspondiente a la Zona Litoral en el Festival de la Canción de Canal 7. En 1988 trabajó junto al autor de este libro para el Centro de Difusión Musical de la Municipalidad de la Ciudad de Buenos Aires, reconstruyendo e interpretando temas tradicionales del repertorio litoraleño.

Principales obras: "La Lucila se nos va", "Nacido en el Litoral", "Correntino hasta morir", "Fueron tus ojos", "Toribio Gauna", "Indiecita guaraní", "No compares como aquellos", "A los parientes", "Arroyo Las Garzas".

FLEITAS, Odín (Goya, Ctes., 1º/2/1914 - Buenos Aires, 18/12/1987.)

Periodista, escritor y músico. Llegó a Buenos Aires integrando como representante al conjunto Tribu Goyana. Integró luego el dúo Fleitas-Coquero y fundó los conjuntos Los Reclutas Correntinos y Los Troperos del Iberá. Como periodista colaboró en diversas publicaciones porteñas. En calidad de poeta dio forma al grupo Los Pastores del Verso, que realizaban periódicas presentaciones en la vía pública recitando sus obras.

Principales obras: "El tambor de Tacuarí", "Los novios del malezal", "La calandria de Ñaembé".

FLORES, Avelino. (Lanteri, Sta. Fe, 2/2/1934.)

Bandoneonista, compositor y docente. Pasó su infancia en Avellaneda (Bs. As.). Trabajando en la Base Aeronaval Reconquista comenzó a aprender bandoneón con un compañero de trabajo de nombre Héctor Borda. Iniciado en la escuela interpretativa de Cocomarola, en 1958 tuvo la oportunidad de integrar el conjunto del maestro al separarse de éste el dúo Vera-Lucero. Trabajó y grabó junto a Salvador Miqueri y colaboró en grabaciones con un sinnúmero de colegas. Tuvo a su cargo la formación musical de niños, contratado por la Municipalidad. Suele ocuparse de transcribir al papel pentagramado las composiciones de sus colegas intuitivos. Sus hijos "Rudy" y "Niní" se perfilan en el momento de escribir este libro como notables innovadores de la música litoraleña.

Principales obras: "Tu pañuelo"; "Arrepentimiento"; "Viejo sendero"; "Mi última flor"; "La topada"; "Montecito"; "Puesto 44".

FLORES, José Asunción

Compositor paraguayo. Se le debe la creación de la *guarania* junto a su coterráneo Manuel Ortiz Guerrero, a fines de la década del veinte. Por esa misma época revistaba junto con Herminio Giménez en la Banda de Policía de Asunción. Llegó a Buenos Aires al comenzar en su país la Guerra del Chaco y junto con sus compañeros de exilio —Herminio Giménez, Félix Pérez Cardozo, Alejandro Villamayor, Julián Alarcón y otros— crearon un verdadero caldo de cultivo sobre cuya base se cimentaría la labor posterior de los músicos correntinos.

Principales obras: "Cholí", "Gallito cantor", "*Nderendape ayú*", "India".

GALARZA, Roberto Matías ("El Zorzal de Corrientes") (Alto Verde, Sta. Fe, 18/4/1932.)

Cantante, compositor. Heredó de su padre la vocación por el canto y la guitarra. De niño formó con su hermano Rogelio el dúo Los Paraguayitos. A los dieciseis años se sumó como cantante al conjunto Corrientes *Porá* de Víctor Gómez, pasando luego a los de "Julio

Montes" (Hugo Sosa) y Mario Millán Medina. Llegó a Buenos Aires para reemplazar a su hermano —que lo había precedido— en el conjunto de Esquivel. En 1957 ingresó al de Montiel, compartiendo escenarios con Apolinario Godoy en bandoneón y Martín Torres en guitarra, con quienes grabó por primera vez. Aprendió a ejecutar el guitarrón con el músico de *tango* Felipe Ferrari. En 1969 formó su propia agrupación junto a los hermanos Raúl y Lidio Reyes en dúo de bandoneones y Luis Alberto Casafóux en guitarra. Pero pronto fue requerido por Abitbol para integrar el célebre Trío de Oro junto a Julio Lorman. En 1972 armó nuevamente su conjunto con Raúl Reyes (Bandoneón), "Fito" Ledesma (Acordeón), Alfredo Alonso (Guitarra) y Rito Zavala (Requinto). Se radicó nuevamente en Corrientes en 1974 e instaló una peña: "La tranquera". Lleva grabados dieciséis discos de larga duración, registros a los que se suman los que ha realizado colaborando como cantante y/o contrabajista con Esquivel, Hermanos Sena, Raúl Barboza, "Paco" Garrido, Vera-Lucero, Verón-Palacios, Hermanas Vera, Los de *Imaguaré* y otros.

Principales obras: "Volver en guitarra", "Por el río del adiós", "Tristeza", Compañera y amiga", El album de los caminos", "Cantor de mi tierra", Reproche", "Magia de amor", "Mi ponchillo y mi facón".

GIMÉNEZ, Herminio (Caballero, Paraguay, 20/2/1905 - Asunción, Paraguay, 5/6/1991.)

Compositor, director, bandoneonista. Se inició con el trombón a los once años en la Banda Militar de Paraguarí dirigida por Emil Latkowski, quien había sido especialmente contratado desde Europa por el Coronel Adolfo Chirife. De allí pasó a la Banda de Policía de Asunción mientras paralelamente aprendía guitarra. En 1928 formó dúo con Justo Pucheta, con quien grabó los primeros discos de música del Paraguay en Buenos Aires: "*Yasï morotí*", "*Tupasi Kaacupé*", "El *carau*" y otras. Radicado en la Argentina, estudió en el Conservatorio Williams y se perfeccionó en bandoneón —instrumento cuyas primeras lecciones había tomado en 1927 a su paso por Corrientes— con Pedro Maffia. Dirigió un conjunto de *tango* con Anibal Troilo como primer bandoneón, Alfredo Gobbi en violín y Orlando Goñi en piano. Radicado en Corrientes, dirigió desde 1972 la Orquesta Folklórica de esa provincia y desde 1981 la Orquesta Municipal de la capital correntina. En su último año de vida, regresó del exilio a la ciudad de Asunción.

Principales obras: "*Che trompo arazá*", "Juan José", "*Ñande sy*", "Malbita", "Cerro Porteño", "*Mbaracá pú*", "*Yasï morotí*", "Nancy", "Fortin Toledo".

GOBBI, Alfredo Eusebio ("Señor Campo") (Paysandú, Uruguay, 5/2/1877 - ?)

Cantante uruguayo que desde sus primeros años de actuación se destacó en nuestro país. Trabajó como *clown* y cantor campero en el "Circo Anselmi". Realizó una gira por España con la Compañía Teatral de los hermanos Petray. Con su esposa formó los dúos criollos Los Campos y Los Gobbi. Intervino en los films "Melgarejo" y "El alma del bandoneón". Realizó hacia 1930 la grabación de un tema identificado como *chamarrita* que probablemente constituye el primer registro discográfico de la especie.

GONZÁLEZ, Roque Librado ("Roque Luis González") (Paso Martínez, Ctes., 24/7/1934.)

Acordeonista, luthier, compositor. De abuelo y padre acordeonistas, se inició sin embargo como guitarrista acompañando a Ramón Monzón, también acordeonista, en el año 1947. En 1950 integró el conjunto Los Hijos de

Corrientes dirigido entonces por Emiliano Zamudio. Dos años después comenzó a experimentar introduciendo modificaciones a un acordeón de dos hileras que le obsequiara su padre, mientras tocaba en dúo de acordeones con su hermano Marcos. Estuvo luego en el conjunto Iberá de "Chito" Norales. Fue el creador del acordeón "Modelo González" que construyó en serie la fábrica "Anconetani" y que poseía la particularidad de que algunas voces sonaban a dúo. Estos experimentos ampliaron los posibilidades técnicas de muchos acordeonistas profesionales que hasta ese momento solían trabajar con diferentes instrumentos según los necesidades melódicas, armónicas o de registro de cada composición. González tocó dieciocho años con Cocomarola, hasta la muerte del maestro. Se dedicó posteriormente y hasta la actualidad a la reparación y afinación de instrumentos de fuelle.

Principales obras: "La marejada"; "Las comadres"; "La flecha"; "*Caraícho* Isaco"; "Siete árboles"; "Puerto Corazón"; "La Delia"; "Cruz del Sur"; "Florito Quinteros".

GUARDIA, Ángel (Buenos Aires, 1915.)

Compositor y bandoneonista porteño, de padres entrerrianos. Vivió su niñez en un conventillo de La Boca. Allí aprendió a tocar de oído el acordeón y el bandoneón. Se perfeccionó en teoría musical tanto como en técnica bandoneonística, lo que le valió el ingreso, en 1933, a la orquesta de Juan de Dios Filiberto. Un año después, por influencia de Julián Alarcón, se volcó al repertorio litoraleño. Desde 1938 se dedicó a escribir por música los temas que componían empíricamente Montiel, Chamorro, Ros y otros. En 1939 se presentó en el Teatro Verdi dirigiendo una orquesta de cuarenta músicos, con temática exclusivamente del Litoral. Su experiencia y memoria hacen hoy de él un consultor obligado para la crónica de los primeros tiempos del *chamamé* en Buenos Aires.

Principales obras: "Granja San Antonio", "El pendenciero", "Poncho *soró*", "La *colí*", "La retozona".

LEZCANO, Ángela ("Angelita") (Resistencia, Chaco, 3/4/1916 - Buenos Aires, 29/8/1986.)

Cantante. Comenzó sus actuaciones en Buenos Aires por Radio Rivadavia junto a la Tribu Goyana. También integraba esta agrupación su hermana Goya, con la que formó el primer dúo femenino de que se tenga noticias en la historia chamamecera. En 1942 Angela formó su propio conjunto en el que la acompañaron los guitarristas Pascasio Enríquez, Policarpo Benítez, Ramón Sixto Ríos y Mario Giménez. Esta agrupación hizo su primera presentación en el café "El Nacional" de la calle Corrientes, en Buenos Aires. Pese a sus innegables méritos no logró la promoción merecida. Dejó unos pocos temas grabados en discos.

LOHRMAN, Julio (Resistencia, Chaco, 1930.)

Bandoneonista. Desde niño ejecutó el bandoneón en Oberá (Misiones), donde estaba radicada su familia. Tocó venticinco años junto a Abitbol, con quien a fines de la década del sesenta dio forma al Trío de Oro, que completaba Roberto Galarza. Ha acompañado y grabado, además de su trabajo con Abitbol, con Tarragó Ros, Los Hermanos Barrios, Rosendo y Ofelia y otros. Entre sus lauros se cuenta el haber sido el fundador y primer director de la Orquesta Folklórica Correntina de la localidad de Ituzaingó.

Principales obras: "Sauce Loma", "Siesta ituzaingueña", "Mi viejo bandoneón", "La pulseada", "Isla Toponá", "Ciudad de Santo Tomé", "La pulseada", "Paraje Monte Florido".

MAGALDI COVIELLO, Agustín (Rosario, Sta. Fé., 1°/12/1898 - Buenos Aires, 8/9/1938.)

Cantante. Integró inicialmente el dúo Magaldi-Noda, pero alcanzaría posteriormente celebridad como solista. Grabó trescientas doce placas discográficas. Su repertorio estuvo conformado fundamentalmente por *valses, tangos, tonadas* y lo que en su época se estilaba llamar "canciones camperas". Grabó, sin embargo, "La correntina" de Alfredo Gobbi; "*Che cuñataí*" y "Lamento guaraní" —en 1933 y 1934, a dúo con Noda— y posteriormente la *ranchera* "Se quema, se quema y se quemó", en calidad de solista. En muchas de sus grabaciones contó con el acompañamiento en arpa de Félix Pérez Cardozo.

MAGOSEVICH, Basilio ("Basilio Magos") (Colonia, Uruguay, 13/4/1915 - Buenos Aires, 14/4/1972.)

Excelente cantor y guitarrista. Integró Los Hijos de Corrientes junto a Pascasio Enríquez, Antonio Giannantonio y Julián Alarcón, bajo la dirección de Emilio Chamorro, con todos los cuales cultivó una profunda amistad.

Principales obras: "Patrón, yo soy correntino", "La armonía", "Flor del Litoral", "El sabandija".

MANSILLA, Albérico. (Sarandí, Bs. As., 1920.)

Poeta que se radicó con su familia en Caacatí (Ctes.) cuando contaba doce años. Cursó el Magisterio en la ciudad de Corrientes y viajó a Córdoba para estudiar abogacía. Fue un ferviente y sistemático opositor contra la desnaturalización o cambio de rótulos de la música correntina (Vg., *litoraleña* por *chamamé*). Su obra poética se caracterizó por un poco usual vuelo literario en la descripción del paisaje. En la década del cincuenta, su larga y fecunda asociación con Edgard Romero Maciel determinó una importante etapa del cancionero nativista litoraleño. El primero en grabar sus temas fue Cocomarola, pero su nombre adquirió notoriedad cuando Ramona Galarza incorporó a su repertorio muchas de sus composiciones, que se convirtieron en notables éxitos de los años sesenta.

Principales obras: "*Niñorhupá*", "Viejo Caa Catí", "Viejo Paraná", "Sauce", "Corrientes *cambá*", "Lunita de *Taragüí*", "Corrientes en flor", "Chamigo", "Se apagó la luna", "Soló Dios".

MARTÍNEZ, Eladio ("El *Corochiré* de las selvas paraguayas".)

Guitarrista y cantante paraguayo de reconocida actuación en la Argentina. Incursionó en la composición desde 1940 junto a letristas como Gumersindo Ayala y Lito Bayardo. Obedeciendo a la creciente boga del canto a dúo, formó en la década del treinta un dúo de canto y guitarras junto a Mauricio Cardozo Ocampo. Integró en 1943 el Cuarteto Santa Ana. Su obra más trascendente —"A mi Corrientes *porá*"— fue grabada en septiembre de 1945 por el dúo de Delfín Fleitas y Roberto Cuello. La Sociedad Científica Argentina decidió conservar una placa de este registro, sellada herméticamente, con el fin de abrirla recién al cumplirse el año 2.000, a modo de testimonio a la posteridad.

Principales obras: "Lucerito alba", "*Tesay*", "A mi Corrientes *porá*".

MARTÍNEZ RIERA, Blas ("Blasito") (Posadas, Mnes., 16/9/1936.)

Bandoneonista. Su padre Julio Martínez era peluquero y —de acuerdo a un típico rasgo de todo el interior de nuestro país— también músico. Ejecutaba la guitarra, el piano y el violín y dirigía un conjunto de música "característica". Blas aprendió música con él y tocó el bandoneón desde los diez años. A los trece se incorporó a la orquesta de su padre, donde tuvo a su cargo la batería. Reemplazó luego al bandoneonista Regino Bernal en el conjunto posadeño *Ipú Porá*, que dirigía Gerardo Verón. Pasó luego por Los Caballeros del *Guarán*, Los Hermanos Jara y sus Posadeños y el Conjunto Regional Corona. Llegó en 1956 a Buenos Aires, donde trabajó como obrero portuario y de la construcción para subsistir. Logró incorporarse al plantel artístico de "Fiesta en el Rancho", embajada que dirigían "Polito" Castillo y Pirca Rojas. Tocó nueve años con Montiel junto a Gregorio Molina y Juan Carlos Mor. Se retiró del Santa Ana en 1968 y formó su propio grupo con el acordeonista José Barrientos, la guitarra de Víctor Paiva y las voces de Ramón y Julián Cavia. Grabó su primer disco larga duración en el Paraguay. A fines de la década del setenta el conjunto estuvo formado por "Tilo" Escobar en acordeón y Roberto y Juan Galarza como guitarristas y cantores, a lo que se sumaban las "glosas" de Carlos Cerel y ocasionalmente el aporte de los cantantes Gregorio Molina, Julio Luján y "Cacho" Saucedo. Martínez Riera se ha destacado por ser siempre un importantísimo animador musical de grandes festivales como los de Posadas y Santo Tomé.

Principales obras: "El tero", "La botella", "La cabaña", "El sabalaje".

MÉNDEZ, Ramón ("El gitano") (Itaembé, Mnes., 25/5/1933).

Bandoneonista. Miembro de una familia afincada en el medio rural, conoció desde niño diversos oficios camperos. Tuvo su primer instrumento a los dieciocho años, y con él comenzó a actuar en Encarnación (Paraguay) y pueblos de Misiones y Corrientes, tanto en bailes públicos como en radios. Desde entonces ha cultivado el estilo interpretativo que tomó de los músicos anónimos de su provincia, especialmente los viejos violinistas y guitarristas criollos. Lleva grabados treinta discos de *chamamé* esencialmente bailable. Trabaja en Misiones, Brasil y Paraguay y se ha destacado como arreglador y orquestador de otras agrupaciones.

Principales obras: "Cuando canta el correntino", "Mi cruel dolor", "El cabresto".

MENDOZA, Pedro (Bella Vista, Sta. Fe, 9/10/1911 - 24/11/1981.)

Bandoneonista. Estudió música en la ciudad de Santa Fé. Con su trío fue de los primeros en actuar en Radio Chaco. Fue navegante del Paraná y estibador en el puerto de Buenos Aires. Trabajó en la Prefectura Naval. Tuvo una imprenta en La Boca donde editó los primeros ejemplares de la revista "*Iverá*". Fue el maestro de Eustaquio Miño. Organizó los bailes del "Verdi" durante prolongado lapso. Fue uno de los inspiradores del conjuntto Santa Ana.

Principales obras: "Para mi madre", "Mi glorioso General", "El *mencho* Cirilo", "Acordeón de dos hileras", "A Bella Vista".

MILLÁN MEDINA, Mario (Colonia El Porvenir, Ctes., 25/5/1913 - Rosario, Sta. Fe, 6/11/1977.)

Guitarrista y compositor. Vinculado desde su infancia al medio rural, demostró desde sus primeras obras una especial aptitud para la fiel descripción de las costumbres populares. Su primera producción notable data de la década del cincuenta, cuando ya estaba radicado en Santa Fé. Integró el Cuarteto Santa Ana y tuvo luego su propia agrupación, con la que grabó para Odeón. Su segunda etapa creativa se caracterizó por la vena humorística, nueva modalidad que desencadenó una verdadera oleada de imitadores lanzados al mercado a explotar lo que por un tiempo constituyó un verdadero filón comercial dentro de la música del Litoral: el "*chamamé* cómico". De esa vertiente, solo las composiciones de Millán Medina —grabadas por la mayoría de los intérpretes litoraleños— conservan hoy vigencia. Desde el 16 de septiembre de 1990, una calle de Santa Fé lleva el nombre de este músico y poeta.

Principales obras: "El rancho 'e la Cambicha"; "Adiós, puesto"; "Estancia sola"; "Mi ponchillo colorado"; El Sargento sapo"; "El burro"; "La guampada"; "Pistola 500; "Las tres cruces"; "El conseguidor"; "Así se baila el *chamamé*"; "El recluta"; "La guardia de seguridad"; "La visteada"; "El Santo Rey"; "La fiesta de San Baltasar"; "*Caraícho*"; "Gente toro"; "La papeleta"; "El velorio del angelito"; "*Neike che avá*"; "Arquetipo".

MINUÉ, Rosa ("Rosita") (Goya, Ctes., 21/1/1924.)

Cantante. Desde su adolescencia demostró especiales dotes para la interpretación del cancionero regional. En 1942 fue la voz del conjunto Yapeyú que dirigía Antonio Giannantonio, compartiendo actuaciones junto a "Juan Payé", Miguel Repiso e Isauro Guereño. Incursionó luego como solista, actuando principalmente en audiciones radiales correntinas. Se volcó luego a la composición poética y musical.

Principales obras: "Volví con el recuerdo" y "Adonde".

MIÑO, Ambrosio Ubaldino (Feliciano, Entre Ríos., 10/1/1910 - 23/4/1952.)

Acordeonista radicado desde su temprana juventud en Buenos Aires, donde se desempeñó como operario en el frigorífico "Anglo" en el Dock Sud. Cultivó paralelamente la música integrando los conjuntos de Ramón Estigarribia, "Tito" Aranda y Marcos Ramírez. En la década del cuarenta formó un dúo de acordeones con Ernesto Montiel, con quien también fundó la Agrupación Musical *Iberá*. Cumplió exitosos ciclos radiales y trabajó en salones bailables como el "Verdi", el "Rincón de Corrientes" y el de Bomberos Voluntarios.

Principales obras: "Gato moro"; "El *saguaá*"; "Paso Bravo"; "Distrito Basualdo"; "Feliciano Orilla"; "*Teyú Taragüí*"; "Barrio Trujuy".

MIÑO, Eustaquio ("El Toro Buey") (El Pocito, Ctes., 20/9/1912 - Mburucuyá, Ctes., 26/1/1967.)

Acordeonista, bandoneonista y arreglador. Su niñez transcurrió en el medio rural, donde aprendió a ejecutar un viejo acordeón de dos hileras. Conoció luego en la localidad de Barrancas a Pedro Mendoza, quien le enseñó a tocar el bandoneón. Allí formó un juvenil conjunto de *tango* y posteriormente Los Gauchos de Mburucuyá, grupo con el que grabó discos en Buenos Aires en 1954. Se destacó en la preparación de afiatados dúos vocales como Vera-Lucero, Peregrino-Colman y Quiroz-Miranda.

Principales obras: "El pocitero"; "2 de Noviembre"; "Don Basilio"; "El puestero"; "Palo Blanco"; "La querencia"; "El caranchillo"; "Cañada Fragosa"; "Volvé, mi tesoro"; "*Cambá* Rojas"; "Amor distante"; "La saltona".

MONTENEGRO, Ramón (Corrientes, 9/4/1913.)

Acordeonista, periodista y conductor radial. Fue animador del conjunto de Chamorro. Sobre finales de la década del cuarenta integró el Conjunto Correntino *Irupé*. Alejado de las actuaciones, se dedicó a conducir programas radiales de corte nativista como "Fogón de mi *Taragüí*, que lleva diecinueve años de actividad. Escribe también folletos ricos en anécdotas y comentarios sobre costumbres regionales. Reside actualmente en la ciudad de Goya.

Principales obras: "Poncho *yeré*"; "Ruta 12"; "Nostalgias"; "21 de Septiembre"; "Ciudad de Mercedes"; "Pago Largo"; "*Nde rovetame*"; "Le estoy cantando a tus ojos".

MONTERRÍO, Claudio (Santa Fe, 9/10/1935.)

Cantante, guitarrista y compositor. Alcanzó repercusión masiva al destacarse como el mejor intérprete en el Festival Odol de la Canción. A partir de la década del sesenta, muchas de sus composiciones alcanzaron la celebridad al ser interpretadas por el conjunto vocal Los Trovadores. Alejado de las actuaciones, se desempeña en la actualidad al frente de la Dirección de Cultura de la Municipalidad de la ciudad de Santa Fe.

Principales obras: "Itá enramada"; "Coplas para el viejo Ramúa"; "Silbando".

MONTIEL, Ernesto (El Ombucito, Ctes., 26/2/1916 - Buenos Aires, 6/12/1975.)

Acordeonista, compositor. Nació en una estancia del Departamento de Paso de los Libres y vivió allí hasta los catorce años. Aprendió de su madre a ejecutar el acordeón, si bien no contó en principio con la anuencia familiar para dedicarse a la música. Fundó Los Hijos de Corrientes en 1931 y seis años más tarde se radicó en la Capital Federal, donde comenzó a trabajar como músico de bailes junto a Chamorro y Ambrosio Miño. En 1942 creó junto a Abitbol el celebrado Cuarteto Santa Ana con el que se dedicó principalmente a tocar para los provincianos afincados en Buenos Aires. Actuó sucesivamente en las radios Porteña, Splendid y Belgrano y fue desde 1950 artista exclusivo de Radio El Mundo. Desde su propio salón de baile, el "Rincón de Corrientes", difundió el uso del contrabajo en la música del *chamamé*. En 1969 figuraba como una de las figuras más vendedoras de discos en el país y un año después recibió de la Phonogram el Disco de Oro y el Gigante de Oro por sus ventas en el exterior. Su talento y disciplina fundaron una verdadera escuela de acordeonistas que siguen su línea interpretativa. Su obra superó el centenar de composiciones. Un monumento lo recuerda en el acceso a la ciudad de Paso de Los Libres, donde también una calle lleva su nombre.

Principales obras: "La ratonera"; "Qué divina eres"; "El tero"; "Angélica"; "General Madariaga"; "El guazuncho"; "Villanueva"; "Paraje San Salvador"; "Pagos del Litoral"; "A tu recuerdo"; "Distrito Alto Verde"; "Mama Rosa"; "Eliseo Castillo"; "Gente de ley"; "Paso de los Libres"; "Isla Iberá"; "Las isleñas"; "Venus morena"; "29 de noviembre"; "Doctor Celles"; "Tito Bompland"; "El modesto".

NELLI GREGORI, Armando (Esquina, Ctes., 28/10/1916 - San Justo, Bs. As., 16/6/1992.)

Compositor, guitarrista y pianista. Cursó estudios primarios en la ciudad de Santa Fé. Abandonó apenas iniciados sus estudios secundarios y se radicó en Buenos Aires. En 1945 formó el conjunto Guayquiraró, que se hizo conocer en Radio del Pueblo. Luego fundó otra agrupación —*Itatí*— donde el canto corría por cuenta de Los de Corrientes, con su particularidad armónica de que algunas voces iban por encima de la melodía original, como luego sería casi de rigor dentro del Movimiento Nativista. En 1949 inauguró el "Salón Princesa" —un hito fundamental en la historia de la música correntina en Buenos Aires— y participó luego en la administración de otros salones bailables como el "Príncipe" y el del Círculo Italiano. Su primer éxito resonante como compositor fue "Puente Pexoa", en colaboración con Cocomarola. Grabó como pianista para los sellos Odeón y Music Hall. En la década del setenta experimentó con instrumentos electrónicos. Fue co-productor —junto a Marcos López— de la película "Cerro Guanaco".

Principales obras: "*Cherubichá*"; "Puente Pexoa"; "Mi querer imposible"; "No te alejes de mí"; "Un corazón y una flecha"; "Tu carta"; "Vendrás un día"; "Navidad feliz"; "Don Miguel"; El Zonda"; "Regresa".

NIZ, Antonio. (Manantiales, Ctes., 6/12/1923.)

Guitarrista de depurada técnica que inició sus estudios musicales con el maestro Angel Urbina. Se incorporó en 1941 a Los Gauchos de Mburucuyá. Residió por un breve período en la ciudad de Resistencia (Chaco), incorporándose en 1948 al conjunto de Cocomarola, con quien trabajó hasta 1960. También formó parte del Santa Ana y tocó junto a otros destacados intérpretes. Formó su conjunto con el bandoneonista chaqueño Evelio Osuna, con quien grabaron para CBS. Integró el Trío Pancho Cue con Abitbol y Rubén Miño. Entre su prolífica obra se destacan los elementos tomados del acervo tradicional.

Principales obras: "El ceibalito"; "Manantiales"; "Zunilda"; "Hechicera"; "Ven hacia mí"; "*Che taita pe guará*"; "Camino a Mburucuyá"; "Alvear orilla"; "Dos reliquias"; "Mis amores"; "La pulseada"; "El Tauro".

NOVILLO QUIROGA, Diego (San Pedro, Bs. As., 24/10/1899 - Buenos Aires, 25/6/1950.)

Poeta de corte tradicionalista, dedicado principalmente a la temática pampeana. Su principal producción ha quedado reflejada en sus libros de poemas —"Vincha" (1929); "Rasguidos" (1930) y "Pampa del recuerdo" (1939)—. Su nombre, sin embargo, quedó indisolublemente vinculado a la música del Litoral por haber sido el autor de la letra de "Corrientes *potï*", que llevó música de Francisco Pracánico y que constituyó el primer *chamamé* grabado en disco.

OJEDA, Juan Carlos. (Machagai, Chaco, 12/6/1932.) Cantor y guitarrista que descolló en la década del sesenta. Fue fundador de Los Pregoneros del Litoral e integrante del conjunto Tradición junto a Lorenzo Valenzuela en acordeón, Andrés Carlés en bandoneón, Ernesto Gómez, Raúl y Lidio Reyes en guitarras. Desde 1963 y por espacio de once años fue representante de Cocomarola. Paralelamente integró como cantante el conjunto del maestro, tanto en calidad de solista como en el Trío *Sapukay* junto a Irineo Ramírez y Alfredo Almeida.

Principales obras: “Mis nostalgias”; “Sos grillo de estrellas”; “Bondad divina”; Estancia *Yerúa*”.

OJEDA, Ricardo. (San Javier, Mnes., 9/6/1930.) Director orquestal, arreglador, compositor. Hijo de padre acordeonista, se volcó al bandoneón desde los diez años estudiando en Posadas con el maestro Angel Domínguez. Realizó estudios superiores de música durante seis años. Regresó a la capital misionera para formar una orquesta de *tango* y comenzar a componer obras consustanciadas con la historia y la cultura de su región. Desde 1961 dirige la Orquesta Folklórica de la provincia. Ha realizado giras por Europa y participado en los Festivales de Verano que auspicia la Unesco. Es orquestador de la Banda Municipal de Posadas.

Principales obras: “Bravo mensú”; “El *cumandaí*”; “Cantata al General indio”.

ONETO, Ramona Modesta (“Ramona Galarza”, “La Novia del Paraná”). (Corrientes, 15/6/1940.) Cantante. Integró en su adolescencia la Orquesta Folklórica de su provincia que dirigía el maestro Ramón Sales. Cantó públicamente por primera vez en LT7 Radio Corrientes. En 1958 participó del film "Alto Paraná". Presentada por Herminio Giménez al sello Odeón, grabó ese mismo año su primer disco doble. En 1960 fue convocada por Radio Splendid para cubrir un ciclo de seis meses que determinó su definitivo reconocimiento masivo. Un año después obtuvo el premio Templo de Oro —que Odeón otorgaba al artista más vendedor de discos en el año—, galardón que volvió a obtener en 1962. Desde entonces, sus distinciones, giras internacionales y grabaciones no se han interrumpido.

PALACIOS, Simón de Jesús (Empedrado, Ctes., 31/8/1936.)

Cantante, guitarrista. Miembro de una familia de músicos populares, comenzó a cantar y a tocar la guitarra residiendo en la ciudad de Corrientes, donde realizó los estudios secundarios. Formó dúo con Santiago Verón y comenzaron a participar en programas de LT 17 Radio Provincia de Corrientes, con el aporte del acordeonista Marcos Brígido González. El dúo suplantó a Vera-Lucero en el conjunto de Cocomarola hacia el año 1957, comenzando a grabar inmediatamente de su ingreso. En 1962, "El Dúo de la Simpatía" —como se los llamaba— se desvinculó de Cocomarola y comenzó a grabar en forma independiente. Al retirarse Verón, Palacios quedó a cargo de la agrupación, llegando a grabar treinta discos. En 1992 lo acompañaban Félix Robledo en bandoneón, Juan Goméz en acordeón y Carlos Galarza como segunda voz, y grababan para el sello Yatay.

Principales obras: "Recordando a Concepción"; "Cuando ya no cante más".

PÉREZ, Heraclio (San Luis del Palmar, Chaco, 2/3/1904.)

Letrista. Fue el segundo hijo de un peón

alambrador cuyo oficio lo llevaba a recorrer con su familia los obrajes chaqueños. Se desempeñó como herrero y mecánico de La Forestal. A los dieciseis años conoció a Marcos Ramírez, con quien compondría numerosos temas. Viajó a Buenos Aires en 1930. Cuando Ramírez se le unió, Pérez pasó a ser el "glosador" de su conjunto. Fue luego colaborador de la revista "*Iverá*", bajo el seudónimo de "Julián Arroyo". Sus letras han sido musicalizadas por Abitbol, Montiel, De Ciervi, Barboza, Tarragó Ros y otros.

Principales obras: "Puerto Tirol"; "El cachapecero"; "La vestido celeste"; "La bailanta"; "Bajada vieja"; "Fogón del Norte"; "El tropero de Santa Cruz"; "Alegría guaraní".

PÉREZ CARDOZO, Félix

Arpista y compositor paraguayo, que elevó la categoría del arpa —antes reservada casi exclusivamente a los mendigos— a los principales escenarios de su país. Nacido en medio de la selva paraguaya —en una aldea de catorce chozas, según su propio testimonio— tuvo desde niño la posibilidad de escuchar y recoger testimonios musicales tradicionales de su país, algunos de los cuales recopiló y arregló. Desde 1945 residió en Buenos Aires, actuando en las peñas "El Rincón" y "Mi refugio". En 1956 acompañó al dúo Ruiz-Gallo. Muchas de sus recopilaciones —como el *cielito chopí*— son hoy clásicos de la música paraguaya, en tanto que sus composiciones y arreglos han adquirido popularidad internacional.

Principales obras: "Carreta *guy*"; "*Tetagua sapucay*"; "Pájaro campana"; "Burrerita"; "La venus cobriza"; "Los sesenta granaderos"; "Juanita"; "Llegada"; "Angela Rosa"; "Tren lechero"; "Mi despedida"; "*Che* la reina"; "Desde la selva".

PERKINS, Diego Enrique ("Yaguarón") (Alvear, Ctes.,

29/4/1907 - Ciudad Evita, Bs. As., 18/1/1987.)

General del ejército argentino enrolado políticamente en las filas del peronismo, de destacada actuación como poeta y cantor litoraleño. Su militancia motivó que a partir de 1955 viera obstaculizado su acceso a los medios de difusión. Ya retirado, realizó algunos comentarios discográficos para algunos de sus colegas y ex compañeros. Murió en condiciones de extrema humildad y casi olvidado.

Principales obras: "Pago donde nací"; "Soy forastero del Iberá"; "Surco y chala"; "La nacencia"; "Mis dos amores".

PRACÁNICO, Francisco (San Fernando, Bs. As., 15/5/1898 - Buenos Aires, 30/11/1971.)

Compositor de unas novecientas piezas de *tango* y más de cuatrocientas de otros géneros. Por su Orquesta Típica pasaron figuras como Aníbal Troilo, Juan D'Arienzo, Anselmo Aieta, Miguel Caló, Azucena Maizani, Tania y Carlos Dante. En 1929 compuso el *chamamé* "Corrientes *potí*" junto a Diego Novillo Quiroga.

RAMÍREZ, Marcos (Empedrado, Ctes., 25/4/1905 - Buenos Aires, 25/4/1967.)

Acordeonista, violinista, guitarrista y excelente bailarín de *chamamé*. Se inició en la música ejecutando un violín rústico en un conjunto que integró junto a sus hermanos Arsenio y Nereo (Acordeón y guitarra) y un flautista apodado "Juan el Rengo". A principios de 1930 viajó a Buenos Aires integrando la Tribu Goyana. Integró el trío Chamorro-Medina-Ramírez y fue el primer acordeonista que grabó discos, en 1936, junto a Mauricio Valenzuela y Angel Guardia. Dirigió luego su Cuarteto Correntino Ramírez, que tuvo a Cocomarola como bandoneonista y a Manuel Gómez y Luis Acosta en las guitarras.

Principales obras: "Puerto Tirol"; "Gallo

sapucay"; "*Guazú* costa"; "Yapeyú"; "El cachapecero"; "Llegó el día de mi santo"; "Km. 519"; "Bolicho *aguará*"; "Magdalena".

RÍOS, Ramón Sixto. (Federación, E. Ríos, 6/8/1913.)

Poeta, compositor y cantante. Desde los siete años vivió en Corrientes, donde estudió guitarra, flauta y violín. Dio luego clases de guitarra en Corrientes y en Buenos Aires, ciudad esta última a la que se trasladó para integrar el conjunto de Pedro Sánchez, en el que permaneció once años. Fue guitarrista acompañante de Patrocinio Díaz y tocó con los conjuntos de Osvaldo Sosa Cordero y Tránsito Cocomarola. Integró compañías de *varieté* con las que realizaba giras por el interior del país, y en una de ellas conoció a Margarita Strikler, joven hija de un matrimonio de inmigrantes suizos a quien dedicaría su más célebre obra: "Merceditas", tema que en principio no poseía letra y cuyos versos compuso Ríos *a posteriori* por consejo de Cocomarola. Llegó a tocar bajo la dirección del maestro Antonio Sinópoli en un conjunto de cien guitarras que se presentó en el Teatro Colón, pero en 1948 decidió retirarse de los escenarios. Reside en Buenos Aires, alejado del mundo artístico.

Principales obras: "Merceditas"; "Qué linda estabas"; "Muchachita del camino".

ROCH, Gonzalo del Corazón de Jesús ("Pocho Roch"). (Itatí, Ctes., 15/4/1939.)

Músico intuitivo, compositor. Nieto de un organista de iglesia e hijo de un bandoneonista, compone temas de música popular correntina desde mediados de la década del cincuenta. Es uno de los representantes de la Nueva Canción Correntina y desde los años setenta intenta provocar una revolución tímbrica incluyendo instrumentos electrónicos en sus presentaciones. Realiza recitales didácticos y conduce tres programas radiales. El Consejo Provincial de Educación de Corrientes ha dispuesto que sus composiciones formen parte del repertorio a enseñar en los colegios de enseñanza media.

Principales obras: "La gente de mi pueblo"; "De allá *ité*"; "Ladrillero de mi pago"; "Maleta *tuichá*"; "Canciones al viento"; "Canto a la fé"; "Corrientes hoy".

RODRÍGUEZ, Heraclio Catalín ("Horacio Guarany") (La Forestal, Sta. Fe, 15/5/1925.)

Cantante, compositor. Quedó desde los cinco años al cuidado de sus tíos en la localidad de Alto Verde, en cuyo salón bailable "Otoño" se fue familiarizando con *gatos, tangos, valses* y *milongas*. Ya en Buenos Aires probó suerte como cantor en las cantinas de La Boca hasta que en 1949 ingresó a la orquesta de Herminio Giménez, con la que debutó en el "Palermo Palace" y permaneció tres años, período que lo vinculó estrechamente con la colonia paraguaya residente en la Capital Federal. A partir de 1957 —cuando viajó a Moscú integrando la Compañía de Ariel Ramírez— se apartó del repertorio paraguayo y del *chamamé*, sin abandonar sin embargo el seudónimo con el que comenzaba a ser reconocido popularmente. Alcanzó trascendencia nacional en el festival de Cosquín de 1961 y desde entonces no ha dejado de trabajar intensamente. Reside actualmente en la ciudad bonaerense de Luján.

RODRÍGUEZ DE CIERVI, Pedro ("El Campiriño"). (San Miguel del Monte, Bs. As., 29/6/1912.)

Guitarrista, cantante y compositor. Se inició en la orquesta de *tango* de Nicolás Tauro. Debutó en la música nativista con Los Arrieros Cantores junto al "Zarco" Alejo, Antonio Tormo y Remberto Narváez.

Pasó luego a integrar el conjunto de Carlos Montbrún Ocampo y la Tropilla de *Huachi Pampa*. Su contacto con Valenzuela lo llevó a dedicarse a la música litoraleña y a grabar con él "La *caú*", "Fierro punta" y "La llorona", entre sus primeros registros. Posteriormente grabó junto a Osvaldo Sosa Cordero, los conjuntos *Irupé*, Santa Ana y *Taragüí*.

Principales obras: "La vestido celeste"; "Paisano correntino"; "Adiós Villa Guillermina"; "El desconfiado"; "Correntino soy señor"; "Vuelve, corazón"; "25 de febrero"; "El *yaguareté*"; "La canción de los obrajes".

ROMERO MACIEL, Edgard (El Sauce, Ctes., 11/12/1923.)

Compositor, pianista. Se dedicó a su instrumento desde los siete años guiado por una de sus tías. Se perfeccionó en la localidad de Esquina, donde cursó sus estudios secundarios. Viajó a Buenos Aires en 1950 y allí tomó clases de música folklórica con "Machingo" Abalos. En la década del sesenta, luego de una gira por Europa en la que promocionó la música que dio en llamar del "Nuevo Litoral", se afincó en la ciudad de Córdoba. En 1966 estrenó en Cosquín la "Rapsodia Correntina" que compuso junto al poeta Albérico Mansilla, con quien produjo desde entonces una notable y difundida obra. Fue Director de Cultura de Corrientes en 1973 y 1975. Ya radicado en Buenos Aires incursionó en canciones infantiles y realizó una serie de conciertos didácticos, incluyendo recursos electrónicos en la instrumentación.

Principales obras: "Rapsodia Correntina"; "Lavandera del estero"; "Lunita de *Taragüí*"; "Paraje Palmita", "*Cambá poriajú*"; "Que lo diga Dios"; "Viejo Paraná"; "Yo"; "Sauce"; "*Niñorhupá*"; "Corrientes *cambá*"; "Chamigo"; "Viejo Caa Catí"; "Laguna Iberá"; "Corrientes en flor"; "Canción crepuscular"; "Canto al río Corrientes"; "Correntino"; "Enero"; "Estás en mi corazón"; "Navidad, navidad, navidad".

ROS, Antonio ("Antonio Tarragó Ros") (Curuzú Cuatiá, Ctes., 18/10/1947.)

Acordeonista, compositor. Pasó su infancia en casa de sus abuelos paternos, quienes le enseñaron las primeras letras sin enviarlo a la escuela primaria. Al fallecer éstos fue recogido por Gualberto Panozzo, entrañable amigo de su padre Tarragó Ros. Comenzó entonces los estudios primarios conjuntamente con los de acordeón, instrumento cuyas primeras lecciones tomó del propio Panozzo. En 1965 viajó a Rosario para trabajar junto a su padre como acordeonista suplente. Formó su primer conjunto a los veinte años, con el que actuó en Cosquín y grabó para Microfón el primer disco con temas bailables que su padre le aconsejó incluir. Ya a partir de su segundo disco comenzó a dar muestras de un singular talento, con concepciones melódicas y armónicas que se apartaron notoriamente del *chamamé* considerado típico. Su contrato con la empresa Docta marcó su acceso definitivo a la popularidad, participando desde entonces en los más importantes festivales de todo el país. En 1990 llevaba grabados venticuatro discos larga duración. Ha compuesto música para teatro, cine y televisión y se ha desempeñado en este último medio como actor. En estos últimos años ha trabajado en coordinación con la Subsecretaría de Cultura de la Provincia de Buenos Aires, difundiendo su último trabajo —"Naturaleza"— en el que aboga por la protección del medio ambiente. Se desempeña como Vocal de Sadaic y colabora con la revista "Música y Letra" que edita la entidad.

Principales obras: "María va"; "*Ñangapi-*

rí"; "Como el agua clara"; "Canción para Carito"; "El cielo del albañil"; "Taipero *poriajú*"; "Chamarra de San Elena"; "Colono del Alto Uruguay"; "De antigua piel"; "Así canta Corrientes"; "Estancia Las Batarazas"; "Ladrillero de mi pago"; "*Guainito cambá*"; "Don Gualberto"; "Yo voy mariscando"; "*Paí* Julián"; "Argentina Secreta"; "Jacinto cachapecero"; "Cordiona de mis paisanos"; "La vida y la libertad".

ROS, Tarragó ("El Taita del *chamamé*"). (Curuzú Cuatiá, Ctes., 19/6/1923 - Rosario, Sta. Fe, 15/4/1978).

Acordeonista, compositor. Inició desde niño el aprendizaje intuitivo de la música regional que cultivaban los peones y cazadores vinculados a una barraca de propiedad de su familia. Comenzó ejecutando la armónica, pero ya a los quince años integraba conjuntos en calidad de acordeonista, junto a su hermano Antonio. Dos años después tocaba para los pasajeros en los trenes de larga distancia. En 1943 editó la revista quincenal "Brisas correntinas" e integró el Trío *Taragüí* de Pedro Sánchez, con el que comenzó a actuar profesionalmente en Buenos Aires. Amplió sus recursos interpretativos con Valenzuela y actuó junto a otros notables músicos como Millán Medina, Abitbol y Montiel. Desde 1945 reemplazó durante tres años a Cocomarola en el conjunto de Chamorro, etapa que marcó su maduración como compositor e intérprete. En 1947, ya dueño de un estilo inconfundible que dio en llamar "maceta", se radicó en Rosario. En 1954 realizó sus primeras grabaciones para Odeón junto a Antonio Niz y Vicente Lugo Fernández: "El toro" y "Don Gualberto". El éxito de sus grabaciones subsiguientes lo hicieron acreedor del Disco de Oro en 1964, distinción a la que luego se sumaría el Disco de Platino y el Templo de Oro, reservado este último a las grandes estrellas de la compañía grabadora. Tuvo un salón de baile en Rosario y desarrolló actividades gremiales en la Unión Argentina de Artistas de Variedades. Llegó a componer más de doscientos temas, muchos de los cuales se encuentran en proceso de folklorización. Al fallecer el maestro, los integrantes de su conjunto —Andrés Cañete en acordeón, Miguel Salazar Fernández en guitarra y contrabajo, Julio Gutiérrez en canto y guitarra, Oscar Ríos en guitarra y Edgard Estigarribia como animador y recitador— continuaron actuando con el nombre de El Conjunto de Tarragó Ros y su primer disco se tituló "Seguimos su huella, maestro".

Principales obras: "El rock"; "Don Gualberto"; "De espuela y alpargatas"; "El prisionero"; "A Curuzú Cuatiá"; "Amanecer Argentino"; "Hay que pasar el invierno"; "Canción del adiós"; "El engarronao"; "Poncho *soró*"; "Acordeona *tuyá porá*".

SAMPAYO, Aníbal. (Paysandú, Uruguay, 6/8/1927.)
Cantante, compositor. Comenzó a cantar a los doce años integrando el dúo Sampayo-Melano. Dos años más tarde actuó como solista en la provincia de Entre Ríos y en 1948 realizó su primera gira por países sudamericanos. Se desempeñó como Jurado en varios festivales del continente. En 1967 representó al Uruguay en el Encuentro Mundial de la Canción Protesta realizado en Cuba. En 1982 realizó una extensa gira por Europa a partir de la cual su actividad internacional sería ininterrumpida. Ha recopilado algunos temas tradicionales de su país que luego arregló y difundió mediante el disco, tal el caso de la *chamarrita*, que tomó de sus tías acordeonistas y reelaboró junto al correntino Florencio López. Muchos de sus temas —*sobrepasos,*

litoraleñas y canciones diversas— han sido llevados al disco por artistas argentinos.

Principales obras: "La chamarrita"; "La cañera"; "Río de los pájaros"; "Cieguito cantor"; "*Ky chororo*"; "Cautiva del río"; "El pescador"; "Noches de amor"; "Garzas viajeras".

SÁNCHEZ, Pedro. (Felipe Solá, Bs. As., 14/4/1910.)

Compositor, cantante, guitarrista. Vivió su infancia en Viedma (Río Negro), al cuidado de sus abuelos. Allí asistió a una escuela salesiana en la que tomó sus primeras lecciones de música. Comenzó ejecutando *tangos*, pero por influencia de Emilio Chamorro se volcó al *chamamé* en 1933. Un año después formó su Orquesta Correntina, única en su género hasta ese momento. Estuvo luego al frente del Trío *Taragüí* hasta que en 1945 pasó a integrar el conjunto de Eusebio Zárate, con el que realizó su primera grabación discográfica. Su agrupación más célebre fue el trío Sánchez-Monges-Ayala, en el que lo acompañaron el paraguayo José Krayasich ("Amadeo Monges") y Ramón Cidade ("Ramón Ayala"), luego reemplazado por Nelson Abel Tacunao ("Nelson Ayala"). Ha incursionado en la creación de danzas de "proyección folklórica" como "El mangrullo", pero su labor realmente valiosa está en sus composiciones de carácter nativista. Reside en San Javier (Misiones).

Principales obras: "Caá guazú"; "Machete 22"; "Noches isleñas"; "Estancia San Blas"; "Aves porteñas"; "Sargento Cabral"; "Olas del Paraná"; "Sé que volverás"; "Camino del nutriero"; "Los troperos"; "Paiubrero"; "Los hacheros del *guairá*".

SELLARES, Teresa Adelina ("Teresa Parodi") (Corrientes, 30/12/1947.)

Cantante, compositora. Comenzó ejecu-

Teresa Parodi

tando la guitarra de oído, pero se perfeccionó musicalmente con Agustín de la Vega. En 1975 ingresó como *mezzosoprano* a la Orquesta Folklórica Provincial que dirigía Herminio Giménez, figurando desde entonces en el elenco con el apellido de su esposo. Dio su primer recital como solista en 1978 y decidió tentar suerte en Buenos Aires. Resultó consagrada en el festival de Cosquín de 1984. Desde entonces protagonizó una sucesión de éxitos, principalmente entre el público urbano con alguna tendencia intelectual. En 1993, sin embargo, su unión con Ramona Galarza en el dúo Correntinas le valió el acceso a los sectores populares, más apegados al repertorio ya considerado clásico de su circunstancial compañera.

Principales obras: "Pedro canoero"; "Se puede"; "Apurate José"; "Lo que pueden los indios"; "El bayo ruano"; "Gringo, no te calles todavía"; "Canto a los hombres del pan duro"; "*Angá* la Palmira"; "La changa de los domingos"; "*Mbaépa* Doña Froilana"; "Elvira *yehó*"; "*Cunumí* carrero"; "Chamamecito maceta"; "El país del interior"; "Ya está la taba en el aire"; "Recuérdenme".

SOSA, Hugo César ("Julio Montes"). (Goya, Ctes., 24/3/1922.)

Maestro de escuela volcado a la música. Cantó en el Cuarteto Santa Ana y tuvo su propio trío, al que denominó Santa Anita y con el que realizó numerosas grabaciones. Intentó imponer una nueva especie musical —la *menchada*— sin éxito. Como compositor, su tendencia al llamado "*chamamé* cómico" le restó perduración una vez que esa modalidad perdió su explosivo y pasajero auge.

Principales obras: "El *mencho* Cirilo"; "Agriana en Buenos Aires"; "Se casó la Nicanora"; "Mi trabuco naranjero"; "Tu recuerdo".

SOSA CORDERO, José Osvaldo del Socorro. (Yaguareté Corá, Ctes., 6/7/1906 - Buenos Aires, 19/9/1986.)

Compositor, pianista y poeta. Vivió desde los nueve años en Buenos Aires. Hijo de un músico popular paraguayo, aprendió intuitivamente a ejecutar el piano y el acordeón. Tenía quince cuando compuso su primer tema —"*Cambá cuá*"—, que pasó a formar parte del repertorio de Samuel Aguayo cantado en español. Luego, sus candombes "Charol" y "Café" fueron éxitos en la voz de Alberto Castillo. Desde 1942 a 1956 dirigió el conjunto Osvaldo Sosa Cordero y sus Correntinos, con el que grabó setenta temas de su autoría. Por su grupo pasaron figuras como Julio Luján y Pedro Rodríguez de Ciervi. Aunque se declaraba "tanguero de alma", sus tangos "Ahí va el dulce"; "Embrujo"; "Yo llevo un tango en el alma" y "Buenas noches Buenos Aires" no alcanzaron la trascendencia del resto de su obra, cuyo tema más importante fue "Anahí", compuesta en 1943 y estrenada en el Teatro Presidente Alvear. Se desempeñó como funcionario en la Administración de Aduanas y como secretario de Sadaic. Siendo Director de Cultura de Corrientes, fue quien brindó la primera oportunidad de actuación a Ramona Galarza. Fue también caricaturista y periodista de la revista "Sintonía" y su libro de poemas "Romancero guaraní" resultó premiado por la Sade en 1962. Una plazoleta de la ciudad correntina de Virasoro lleva su nombre.

Principales obras: "Anahí"; "*Cambá cuá*"; "Colorado *retá*"; "La novia del Paraná"; "A mi viejo *Taragüí*"; "Naranjerita"; "Maletera"; "Vendedora de miel"; "Voz del pueblo"; "Alma guaraní"; "Bracero de mi tierra"; "Madre gaucha"; "Trincherita"; "Panchita Garmendia"; "En un pueblito de mi Corrientes"; "*Chamamé* salteño".

SPASIUK, Horacio ("Chango") (Apóstoles, Mnes., 23/9/1968.)

Acordeonista, compositor. Miembro de una familia de músicos de origen ucraniano, comenzó de niño a tocar la "melódica" y el acordeón. Estudió Antropología Social en la Universidad de Posadas, sin llegar a obtener el título. Conoció allí al guitarrista Jorge Suligoy, quien pasó a ser su acompañante. En 1987 comenzó en Holanda sus presentaciones internacionales y dos años después alcanzó notoriedad a nivel nacional tras su actuación en el festival de Cosquín. En 1994 lo acompañan el grupo La Perrada, integrado por Jorge Suligoy y los cordebeses "Cuchu" Pillado y Juan Martín Medina.

Principales obras: "Viajo"; "Don Lucas quiso"; "Mateando con Ramón"; "De bombacha y alpargata"; "El corcho"; "Madurando en silencio"; "Ir llegando".

TALAVERA, Carlos. (Villalonga, Mnes., 26/2/1941.)

Acordeonista, compositor. Comenzó su carrera profesional en el Trío del Litoral junto a Julio Luján y Tomás Núñez, en el año 1965. Radicado en Santo Tomé (Ctes.), organizó la "Peña Martín Fierro", dedicada a los espectáculos nativistas. El 29 de diciembre de 1973 recibió de Ernesto Montiel —su padre— el acordeón con que el maestro se presentaba en público, junto con el encargo de ponerse al frente del Cuarteto Santa Ana. Talavera disolvió su propio conjunto en 1975 y un año después rearmó el Santa Ana junto a Ricardo Scófano en bandoneón, Ramón Chávez en canto y guitarra y Carlos Ramírez como primera guitarra. Esta agrupación fue una de las principales difusoras del *chamamé* en la provincia de Buenos Aires.

Principales obras: "Para Doña Fina"; "6 de agosto"; "Los pagos de Monte Caseros; "El tocayo".

Chango Spasiúk

TORRES, Jamario F. ("Januario") (Campo Guastavino, Ctes., 10/7/1882-?)

Acordeonista popular del departamento correntino de San Roque. Heredó las habilidades musicales de sus padres Adriano Torres y Fabiana Aranda, ambos acordeonistas, guitarristas y cantores. Su repertorio estuvo integrado por numerosos temas tradicionales del campo correntino, como "La *quilí*"; "Gato *johusé quezú*"; "Tololo *che cambá*"; "Chancho *cuarú*", "El despreciado"; "La ponzoña" y el "Cielito de Santa Fé", algunos de los cuales fueron registrados posteriormente en Sadaic como propios por algunos músicos profesionales.

VALENZUELA, Mauricio (Goya, Ctes., 22/8/1903 - Buenos Aires, 19/6/1966.)

Recopilador, compositor, bandoneonista. Adquirió sólidos conocimientos musicales gracias a un sacerdote que se hizo cargo de su cuidado. Comenzó tocando el violín a los nueve años y se volcó sucesivamente a la guitarra, el piano, la bandurria y el bandoneón, instrumento este último que en definitiva adoptaría para su desempeño profesional. En 1935 encabezó la Tribu Goyana que integraron Marcos Ramírez, "Rulito" González, Pascasio Enríquez, Angel Guardia, Guillermo Juárez, "Coca" Monges —luego las hermanas Lezcano—, y Porfirio Zappa. En 1936 formó el trío Valenzuela-Guardia. En 1939 dirigió la Orquesta Sinfónica de Radio del Estado. Actuó en el Teatro Colón junto a Enrique Rozas, Oreste Caviglia, Ernesto Baffa y Enrique Santos Discépolo. Durante la década del sesenta su conjunto estuvo integrado por sus hijos Carlos (Piano) y Juan del Solar (Guitarra y canto), Juan Medina (Guitarra), Eulogio López (Contrabajo) y la cantante Dana Day, que incluyó en su repertorio *chamamés* cantados en inglés para ser difundidos en Estados Unidos. En el Festival de Música Litoraleña de Posadas (Misiones), Valenzuela fue distinguido con una medalla y declarado Pionero del *Chamamé*.

Principales obras: "Estación Solari"; "Canto a Corrientes"; "Linda Itatí"; "La *caú*"; "La llorona"; "Fierro punta"; "*Aguará chaí*"; "Gallo *sapukay*"; "Goya *porá*".

VERA, Boni (Puesto Blanco, Ctes., 24/10/1951) y VERA, Rafaela (Naranjatí, Ctes., 5/6/1956). ("Las Hermanas Vera".)

Cantantes, compositoras. Nacidas en el medio rural e hijas de un músico popular, admiraron desde niñas a las hermanas Díaz —cantantes de Cocomarola— y a Ramona Galarza, decidiéndose a seguir sus pasos profesionales luego de resultar semifinalistas en el festival de Santo Tomé. Integraron el conjunto de Eduardo Miño, con el que en 1972 grabaron su primer disco. Se independizaron un año después y luego de un extenso ciclo de giras por las provincias litoraleñas se radicaron, en 1985, en Buenos Aires. En los años 1988 y 1989 integraron —propuestas por el autor de este libro— el elenco de "La Música va a la Escuela". Hoy poseen una abundante discogafía propia y han participado en grabaciones de Teresa Parodi y Enriquez Llopis.

Principales obras: "Mi recuerdo es triste"; "Cariño frustrado"; "Homenaje a Caa Catí"; "Amigo en cualquier lugar"; "Hermoso es quererte"; "Tal vez recordarás"; "*Abatí pororó*"; "A mis niños con amor"; "Bailarín de mi pueblo"; "Tu distancia y mi dolor"; "Para vos, Kali".

VERA, Eustaquio (Corrientes, 1919.)

Cantante, compositor. Formó con su comprovinciano Salvador Miqueri el dúo Vera-Lucero, de celebrada actuación desde fines de la década del treinta. El público aficionado al *chamamé* los recuerda como los primeros que aplicaron a la música litoraleña la modalidad de canto de tipo cuyano que el dúo Gardel-Razzano adoptó desde 1917 por influencia del sanjuanino Saúl Salinas. Desde 1962, el citado dúo se incorporó al conjunto de Cocomarola.

Principales obras: "Añoranzas"; "Pago *porá*"; "Reencuentro"; "Sin pensar".

VERÓN, Elpidio (Mburucuyá, Ctes., 28/4/1939.)
Cantante, guitarrista y contrabajista. Comenzó su carrera profesional junto a Eustaquio Miño. En 1964 formó Los Gauchitos de Mburucuyá con Ricardo Scófano, Norberto Gómez y Abel Piñeyro. En 1968 integró el Trío *Sapucay* de Cocomarola junto a Irineo Ramírez y Alberto Almeida. Prosiguió su actividad hasta la década del ochenta.

VILLALBA, Mateo. (Curuzú Cuatiá, Ctes., 21/9/1948.)
Guitarrista, compositor. Tocó desde los catorce años la guitarra, aprovechando como oyente las clases que su hermano tomaba con Celestino López. En su adolescencia pasó por la orquesta Los Estudiantes, los conjuntos Mi Provincia y Los Guacamayos, este último dedicado a música tropical. Formó después el Trío Melodía, en el que tuvo a su cargo el requinto. En 1967 integró el grupo vocal Los *Korochiré*, con el que llegó a Buenos Aires. En 1971 fue guitarrista del Santa Ana y al año siguiente pasó al Palermo Trío, dedicado al *tango*. Su estadía en Buenos Aires le permitió estudiar música con Francisco Ledesma. Estuvo dos años en el conjunto de Antonio Tarragó Ros. Entre 1975 y 1980 acompañó a artistas de diversos géneros —Rubén Juárez, "Chacho" Santa Cruz, Roberto Rimoldi Fraga, "Nati" Mistral y el Cuarteto de Cuerdas—. En 1980 se unió a Raúl Barboza y Nicasio Oroño, con quienes realizó una gira de tres meses por el Japón y grabó un disco. Su primer disco como

solista se tituló "La guitarra del *chamamé*" y data de 1981. Es uno de los más valiosos representantes del movimiento renovador de la música litoraleña.

Principales obras: "Litoral de mi ausencia"; "Lo que el agua se llevó"; "Música interior"; "Colonia Durán"; "Cielo de las palomas"; "*Guainito cambá*"; "*Ñemanduá*"; "Evocación de la ternura"; "*Schotis* del mensú"; "La noche y los grillos"; "Cielo de Mantilla"; "*Cambá* Frete"; "Colonia Durán"; "Cielo gentil" y "Guitarra Cangüí".

ZAPPA, Porfirio ("El Nene") (Esquina. Ctes., 21/3/1914 - Santiago del Estero, 5/3/1962.)

Poeta y escritor de abundante producción. Se desempeñó como funcionario con el Gobernador Raúl Castillo y el vicepresidente de la Nación Hortensio Quijano. Dirigió el diario "La Calle" de Corrientes y escribió libros de poemas, relatos costumbristas y obras de teatro, dejando excelentes estampas de la cultura criolla tradicional correntina. Agregó letra a varias composiciones populares, entre ellas las recogidas por Mauricio Valenzuela.

Principales obras: "*Caburé payé*"; "El amor perdido"; "2 de febrero"; "Por qué te fuiste"; "*Cherubichá*"; "Serenata india"; "Mi porteñita"; "La *caú*"; "Fierro punta"; "Estrellas que se aman".

ZENÓN, Nélida Argentina (Gobernador Martínez, Ctes., 3/4/1938.)

Cantante. Se inició en la radio LT6 de Goya. En 1964 ganó el certámen de Cosquín como solista femenina. Se radicó en Rosario (Santa Fé) donde grabó su primer disco de larga duración en el sello local "Suraphone". En 1962 grabó el tema "Mi pañuelo celeste" para la campaña del Partido Liberal de 1962, compuesta paradógicamente por un militante radical: el rosarino Carlos Orella, a la sazón residente en Goya. La acompañó en esa oportunidad "Isaco" Abitbol. En la actualidad conduce programas radiales, actúa en festivales y se desempeña como Jurado en certámenes provinciales.

Principales obras: "Mate cocido"; "A San Baltasar"; "Canto *tape*"; "*Chamarrita* del camino"; "La *guaina* del Litoral".

ZINI, Julián. (Paraje Centinela, Ctes., 29/9/1939.)

Poeta, compositor. Comenzó su tarea autoral al radicarse en Mercedes (Ctes.), donde llegó para desempeñarse como sacerdote. Formó el grupo Los Hijos del Paiubre en el que participó como recitador de sus propios poemas. A partir de 1978, el conjunto Los de *Imaguaré* comenzó a hacer conocer sus temas a nivel nacional. A partir de entonces ha proseguido trabajando junto al "Gringo" Sheridan, Julio Cáceres, "Tito" Gómez, Edgardo Romero Maciel y otros importantes músicos correntinos. Es vicario de la Diócesis de Goya (Ctes.) con jerarquía de Monseñor. En 1982 publicó el libro *Camino del Chamamé*.

Principales obras: "*Cambá* caridá"; "La tierra no tiene dueño"; "Qué triste y qué lindo"; "Pimpollo"; "*Cambá* violín"; "*Neike*, chamigo"; "Vale el trago"; "Patria chica amada".

NOTAS

[1] En versiones no correntinas se alude a la presunta muerte del marido "En Madrid", "En un cuartel" o "En la guerra". La presente referencia a un portugués constituye al parecer una modificación local que bien podría datar de los tiempos coloniales.

[2] Una versión completa —letra y música— de este *huayno* en Pérez Bugallo, 1993 c)

[3] Falta en este verso el segundo hemistiquio.

[4] Idem. nota Nº 3.

[5] Por lo menos desde el año 1400 hubo trovadores expertos en técnicas isosilábicas e isométricas, las que complementaban con variedad de artificios y expletivos. Para un tratamiento más amplio del tema, ver Henríquez Ureña, 1961.

[6] Obviamente, ese "monumentalismo" debe ser considerado con relación a la época y los medios con que se realizaban las recopilaciones. En la actualidad, un par de grabadores funcionando durante una semana de fiesta en el Noroeste, por ejemplo, nos mune de una cantidad de *coplas* mayor a la que aquellos primeros recolectores lograban reunir en años.

[7] He escuchado esta cuarteta también en *chacareras* tradicionales de Tucumán y Santiago del Estero; y la he visto utilizada a modo de *relación* no sólo en Corrientes sino en los más diversos puntos del país.

[8] *Guainita*: diminutivo de *guaina*, mujer en guaraní.

[9] *Ayé gastapa nde botine*: vas a gastar tus botines.

[10] *Yopará*: modo lingüístico popular en la provincia de Corrientes, que combina elementos del guaraní y del español.

[11] *Yaguá*: nombre guaraní original del jaguar (*Félix Concolor*),

luego trasladado al perro en el habla criolla.

[12] *Cururú*: sapo.

[13] *Yacaré*: caimán (*Grocodylus*). *Taitá*: padre.

[14] *Cambá nambí*: "Oreja de negro". Se refiere al árbol *timbó* o *pacará*.

[15] *Tacuareé yicuará*: El dulce jugo de la caña.

[16] *Ohó che pirapirá*: Mi dinero se va, se esfuma.

[17] El sol y el día,
la luna, el atardecer,
la Virgen y Nuestro Señor
todos saben de mi querer.

[18] El *caráu* y la pollona
ya son carne del monte y el agua.
El *caráu* se lamenta
y la pollona trata de consolarlo.

Esta *copla* es la última estrofa de una variante del *compuesto* del *caráu* que recogí en Goya. El *caraú* es un ave gruiforme (*Arannis scolopaceus*).

[19] Un pajarito se ufana
de que su canto es enredador.
Apenas llega la noche:
(Onomatopeya del canto).

El *cuchigüigüi* es un ave a cuyo canto nocturno se atribuyen misteriosos efectos.

[20] *Ayupé*: subí.

[21] *Upepé uyuhú* tratando: Allí encontré discutiendo.

[22] Escucha mi canto
y entrégame tu boca.
No me niegues esa dicha
porque realmente te quiero.

[23] *Tatú*: armadillo.

[24] *Cunumí*: joven, muchacho.

[25] "El Paraguay" fue el seudónimo de Don Eustaquio López, un poeta popular célebre en ambas costas del Río Uruguay.

[26] *Chicote*: variedad de látigo, en el habla criolla.

[27] Pateás a todos por mí,
parecés pollo enojado,

[28] Salís a brincar de balde
como pedazo de víbora.

[29] Sobre que sos pobre y feo
sos el más entrometido
y como esos perros flacos
te me ponés a llorar.

[30] *Porongo* —también "mate"— es el hombre criollo del fruto de la calabaza (Lagenaria). La cuarteta indica que quien la recita posee un repertorio inagotable de *relaciones*.

[31] Sabido es que no son los guaraníes quienes ejecutan hoy el arpa sino los criollos. El único rastro organológico de evidente procedencia jesuítica entre estos aborígenes parece ser el *rabel*, cordófono que conservan en la actualidad.

[32] Para una síntesis de las primitivas características que tuvo la guitarra en el Litoral ver Pérez Bugallo, 1993 i. Un panorama genérico sobre la guitarra de pequeñas dimensiones —*tiple*—, la guitarra actual y el arpa en contexto tradicional en Pérez Bugallo, 1993 g.

[33] "Lo alteó" significa: le ordenó que hiciera alto, que se detuviera.

[34] Es interesante destacar que mientras en la cultura guaraní el "tigre" —jaguar— es un personaje mitológico poderosísimo que siempre vence al toro —símbolo de la interrupción española— en combates rituales, en la narrativa popular y en el cancionero criollos ocurre exactamente lo contrario: el tigre es el vencido o, en el mejor de los casos, el objeto de burla.

[35] Con la voz *sarandí* —*zarandillo* para los españoles— se da un interesante caso de posible confluencia semántica. En la lengua guaraní es el nombre de un árbol sagrado, de madera amarilla, resistente y flexible (*Aspidosderma querandi*) con el que aún los *Mbïá* de Misiones construyeron sus arcos de caza. Aplicada a la danza, esa voz parece establecer la comparación entre la acción pendular, cimbreante y ondulante de sus figuras con las cualidades de las varas del árbol. Sin embargo, este término podría haber surgido también de una guaranización de la palabra zarandeo —que es una de las figuras básicas de la danza— pese a lo cual su significado no variaría.

[36] Se refiere a Pedro Ferré, Gobernador de Corrientes en varias oportunidades. Fue diputado constituyente en 1853.

[37] Alude a Fructuoso Rivera, Presidente de la República Oriental del Uruguay en el momento de este conflicto.

[38] *Ancafilú* significa literalmente en lengua *mapuche* "cuerpo —o lomo— de víbora". Se trata de una alusión a Rosas que destaca burlonamente sus relaciones amistosas con los indios de la pampa.

[39] Pascual Echagüe, militar de la Confederación Argentina que tres años después de publicado este *cielito* sería uno de los héroes de la Vuelta de Obligado.

[40] Manuel de la Bárcena, militar al servicio del gobierno federal.

[41] "Macana" —garrote— es el apodo que se da aquí al militar federal Antonio Ramírez.

[42] *Tololo*: zonzo, de pocas luces. Es expresión muy difundida aún hoy en el Uruguay y algo menos en la campaña bonaerense.

[43] Pedro Dionisio Cabral, Gobernador de Corrientes.

[44] Alude a Rosas. La *media caña* era baile popular entre los federales.

[45] Genaro Berón de Astrada. Sublevado contra Rosas, halló la muerte en la batalla de Pago Largo en 1839.

[46] Wenceslao Paunero, veterano General que reconquistó la ciudad de Corrientes el 25 de mayo de 1865, retirándose dos días después hacia el sur.

[47] Bartolomé Mitre, Presidente de la República Argentina en tiempos de esta guerra.

[48] Nótese la similitud con la *copla* referida a Urquiza y la batalla de Caaguazú. Esta se refiere a una acción bélica protagonizada por el Coronel paraguayo Adolfo Chirife. Los "sacos *pucú*" —sacos largos— eran los soldados brasileños.

[49] El plural es incorrecto. Corresponde la forma verbal "pueda".

[50] El plural es incorrecto. Lo adecuado es "En diferente lugar".

[51] Seguramente la forma original diría "Mi padre huyendo con López camino a Cerro Corá".

[52] Para que no haya una sílaba de más, esta "y" debería reemplazarse por una coma.

[53] Para mayores detalles sobre esta especie y todas las que integran el repertorio de danzas de pareja enlazada, ver Apéndice I.

[54] Ha existido a lo largo de toda la costa del río Uruguay un verdadero "Coplerío del aguardiente" cantado por *chamarrita* y por *milonga*. Recordemos que, como la *chamarrita* misma, el aguardiente de caña llegaba del Brasil.

[55] *Anguyá*: ratón.

[56] *Cambá tuyá*: negro viejo.

[57] Dr. Juan Ramón Vidal, Senador Nacional de extracción con-

servadora. Fue Gobernador de Corrientes durante dos períodos.

[58] Plácido Martínez, héroe de la Guerra del Paraguay; luego Comandante del Batallón Goya contra el levantamiento de López Jordán en Entre Ríos. Falleció el 13/12/1879.

[59] "Se acabó el milico,
se acabó el robo;
ahora mandan los celestes
¡Eso es lo lindo!".

[60] "Soy liberal sin agravios
por el azul de tus ojos
pero me voy con los rojos
por el coral de tus labios".

[61] "Empayesar" es realizar el *payé* (Sortilegio, en este caso de atracción amorosa).

[62] *Cachilo*: chingolo.

[63] *Teutéu*: tero.

[64] El Partido Liberal tuvo inicialmente la marcha "A la lid" —atribuída al uruguayo Francisco Acuña de Figueroa— como música identificante. Posteriormente adoptó las "*polkas*" "18 de Octubre" y "El Liberal", de autor anónimo.

[65] Hay consenso general en considerar esta "*polka*" como de autor anónimo, aunque hay quienes afirman que fue compuesta por el maestro de banda Antonio Guerresi hacia 1877.

[66] Ni el Pacto Liberal-Autonomista ni la proliferación de actos eleccionarios de la actualidad han hecho perder vigencia a estas apreciaciones.

[67] Hay aquí y más adelante fallas de métrica y rima. Pero respeto la versión de los colectores.

[68] Para un tratamiento extenso sobre el tema de la presencia africana en Corrientes ver Kussrow, 1980.

[69] Aún hoy, llevar un arpa en medios de transporte automotor merece extremas precauciones, no deja de producir penurias y compromete siempre la integridad del instrumento. Nada de lo que estoy diciendo resulta desconocido para los arpistas.

[70] El rótulo de "*polka* paraguaya" arraigó popularmente. El de "*polka* correntina" no, aunque siempre cuenta con sus fanáticos. Pero en ambos casos, se trata de denominaciones equívocas.

[71] Nótese la referencia al "Oro de Potosí" en un cantar correntino. Fue tomado en Santo Tomé a Nicasio Vargas, de setenta y ocho años.

[72] Adolfo Alsina falleció en Buenos Aires el 19 de diciembre de 1877. Dos años antes, siendo Ministro de Guerra, había ordenado cavar una zanja de ciento trece leguas con la que intentó obstaculizar —sin éxito— los malones pampas.

[73] Que fue *che* dulce *mbotá*: que fue mi dulce felicidad.

[74] Francisco Lallana: caudillo popular durante las huelgas obreras de los años 1918 a 1920, año en que fue asesinado por enviados de la empresa taninera mientras viajaba en tren a la ciudad de Santa Fé.

[75] Adiós *che* gente *porá*: adiós mi querida gente.

[76] Rogelio Lamazón fue un dirigente radical que actuó en Villa Guillermina. Los agentes de "La Forestal" le dieron muerte a balazos el 3 de marzo de 1940. Luis Bentos, mencionado en el verso siguiente, fue otro caudillo del mismo partido. Falleció en Villa Ana, donde residía, poco después que Lamazón.

[77] Nótese la admirable ambivalencia de la psicología criolla: el cantor pide perdón a su capataz por alejarse tras de una moza. Llora y pide que lo lloren. Pero esta humildad ingenua no puede confundirse con cobardía. En el final aclara que si alguien "le tuvo antojo" —tuvo intenciones de medirse con él— que no pierda las esperanzas. No amenaza; simplemente recuerda que quedan compromisos pendientes.

[78] Constante Aguer es el autor del llamado "Himno Nacional de Corrientes": el *chamamé* "Kilómetro 11". Ha venido reuniendo apuntes y divulgándolos por distintas emisoras radiales, poniendo al alcance de periodistas inescrupulosos mucha información que no trepidaron en utilizar luego sin mencionar la fuente. Trabajé con Aguer en el Centro de Difusión Musical de la Municipalidad de la Ciudad de Buenos Aires durante los años 1988 y 1989, en un proyecto denominado "La Música va a la Escuela", destinado a difundir información fidedigna sobre nuestras expresiones musicales tradicionales. Allí pudimos intercambiar materiales y, sobre todo, someternos mutuamente a la crítica de nuestras ideas sobre estos temas.

[79] Transcribo los títulos de los temas musicales según la grafía adoptada por sus autores y generalizada en discos y ediciones impresas, aún cuando difiera de la que estimo más adecuada.

[80] Estas letras compuestas *a posteriori*, como suele ocurrir, no

siempre se adecuaron al espíritu, las circunstancias o el significado original de las populares composiciones. El nombre de "Fierro punta", por ejemplo, sugirió a Zappa la relación de un duelo a cuchillo cuando en realidad hacía referencia a la punta de riel en el ferrocarril al Chaco.

[81] Así nacieron "Cuando eras mía", "Flor de liana" y otros títulos. Por lo general y al menos en el principío de su producción, Chamorro arreglaba melodías anónimas y Aguer les agregaba letra.

[82] Esta forma de canto se había afincado en Cuyo llegando desde Chile, donde el canto solía y suele estar a cargo de las mujeres. Las ancianas del Norte neuquino constituyen una auténtica supervivencia de aquella modalidad. Gardel-Razzano, en realidad, no cantaron exactamente de ese modo, pero el resultado sonoro que producían aquellos primeros discos "achataba" aún más la coloratura vocal del célebre dúo. Lo que imitaron sus seguidores tuvo también mucho que ver con la distorsión de aquella tecnología rudimentaria.

[83] Andrés Chazarreta se inició como compositor en 1904 con su *mazurka* "Anita", dedicada a Ana Palumbo, quien luego sería su esposa.

[84] Cosa similar ocurrió en el Paraguay con la misma denominación *kire'í*, así como techaga'*ú, purahei, danza paraguaya* y *galopa*. Todas pasaron al olvido salvo la última, que algunos compositores utilizaron también en la provincia de Misiones. En todo caso, hoy en día la voz *kire'í* aplicada a una expresión musical —en Paraguay y en Corrientes— indica que ésta es ágil y airosa, especialmente bailable. Lo opuesto —triste, melancólico, lento— suele llamarse *cangüi* y se aplica por lo general al canto de endechas sentimentales.

[85] Debemos la posibilidad de consignar estos nombres a la memoria de Constante Aguer.

[86] "Mama Rosa" fue compuesto por Montiel en honor a su abuela. Llevó letra de su esposa Juana Nota, quien sin embargo no figuró como autora.

[87] Antonio Tormo aún canta —en 1994— "El rancho'e la Cambicha" casi con tanto éxito como en 1950 cuando lo grabó por primera vez.

[88] Luego de esa obligada pausa Rodríguez regresó a los escenarios cantando un repertorio básicamente norteño, aunque adoptando un seudónimo que hasta hoy recuerda sus primeros pasos por la música litoraleña: Horacio Guarany.

[89] El santiagueño Leo Dan compuso en 1963 un *chamamé* con

letra de Gualberto Meza: "Qué lindo es el *chamamé*". Pero ni los cultores "nuevaoleros" ni los "folklóricos" se enteraron.

[90] En honor a la verdad, el verdadero inventor de la *litoraleña* no fue Aguirre sino Ernesto González Farías, quien en 1958 registró en Sadaic —luego de vencer un rechazo inicial— con ese rótulo su tema "En el yerbatal". Poco antes había compuesto "Litoraleña", pero rotulándola *canción-polca.*

[91] Ahora fue "Palito" Ortega el que probó ampliar sus horizontes autorales en el nativismo, componiendo una *litoraleña* que no pudo sustraerse a la tendencia ribereña: "El viejo río".

[92] Los dos programas "Por los caminos de Corrientes" eran conducidos por un mismo animador: Armando Nelli.

[93] Sin quitar de ningún modo sus sobrados méritos a la intérprete —una de las mejores voces femeninas de todo el Movimiento Nativista hasta la actualidad— probablemente contribuyó al éxito de su carrera su casamiento con Fernando López, director artístico del sello Emi-Odeón. De todos modos, no logró su ascenso sin algunas imposiciones. Una de ellas: cantar con acompañamiento de orquesta. Otra: que en esa orquesta no estuviera el instrumento cuya especial coloratura impregnaba al *chamamé*: el acordeón.

[94] En todo caso, esta corriente del "*chamamé* cómico" —por la que ya habían transitado antes los goyanos Mario Millán Medina y Julio Montes— sirvió durante mucho tiempo de justificación a los eternos críticos de una pretendida *elite* intelectual que acusaban —tomando como base estos ejemplos— a todo lo litoraleño de burdo, chabacano y carente de valor artístico.

[95] *Cuñataí*: forma habitual de referirse a la mujer amada.

[96] *Sapucay*: grito característico del campesino de Corrientes, de variable significado según las circunstancias. En este caso tiene la connotación de un postrer desafío.

[97] Datos de este tipo enviaba el periodista Carlos Serial a "Folklore" en tiempos en que el autor de este libro era también colaborador de la revista.

[98] No hago nombres ni ofrezco pruebas nó porque no los tenga, sino porque este es un libro dedicado al *chamamé* y sus protagonistas, nó al nativismo, movimiento cuya magnitud e importancia merecen historiarse y analizarse en una obra aparte.

[99] Quede claro que no es aquí mi intención poner en tela de juicio el talento poético y musical del Movimiento Nativista. Digo, de todos modos, que el vuelo metafórico de sus principales

poétas quedó fuera de la comprensión de la gente menos instruída y que los estilos de interpretación musical —especialmente los de los grupos vocales— había alcanzado en términos generales un nivel de elaboración tan notable como divorciado de la capacidad media de asimilación.

[100] Ya vimos que antes sí, esta música se prestó para la militancia política. No ocurre lo mismo en la actualidad.

[101] Debe advertirse que la afinación más usual del *charango* —la más usual, porque hay muchas diferentes— coinciden con el llamado "temple nuevo" de la guitarra anterior al S. XVI, que también poseía cinco cuerdas dobles.

[102] El film se titula "El último malón" y fue realizado en el año 1900. el Instituto Nacional de Antropología conserva una copia del mismo.

[103] Es conocido entre los músicos correntinos el hecho de que, en sus primeras partes, las melodías de "Las tres Marías" y "Kilómetro 11" resultan ser terceras paralelas en casi todo su recorrido.

[104] *Cambá timbocá*: negro de nariz ancha.

[105] *Cambá cheraí*: el negro, mi hijo.

[106] *O cañí che cambá*: se me perdió mi negra.

[107] Se trata de un diálogo cantado que hace referencia al remedio —como en una danza que recogió Chazarreta en Santiago del Estero— y cuya traducción en este caso es:
—Tomá este remedio.
—No, remedio nó,
no quiero remedio
déjame morir.

[108] Trabajé durante un año analizando y reconstruyendo los *tristes* que voy a transcribir. Lo hice en calidad de Director del cantante y guitarrista Atilio Reynoso —becario del Fondo Nacional de las Artes en 1993— a los efectos de poner a su alcance, adecuar para su correcta interpretación e incorporar a su repertorio estos materiales poco difundidos.

[109] Es obvio destacar que un cambio de modo puede resultar indiferente para la primera voz pero hace necesarias algunas variantes en la tercera voz inferior, en caso que la haya. Cualquier buen "segundeador" criollo resolvería estos reemplazos armónicos en forma automática.

[110] *Walzen* significa en alemán andar, peregrinar, deslizarse. Es en algún sentido sinónimo de *strolchen*: girar, dar vueltas,

circular, desplazarse, acciones todas que caracterizan a esta danza.

[111] "La Libre Navegación" Nº 44, Corrientes, 21/9/1853.

[112] En mi interpretación, es ésta la mixtura que en Corrientes, desde principios del S. XIX, recibía el nombre de *chamamé*.

[113] "El fogón", p. 15. Buenos Aires, marzo de 1899. El periodista se llamaba Alcides de María.

[114] La inmigración ruso-alemana llegó en 1878 a Santa Fé viniendo desde Curitiba (Brasil), adonde habían dejado sus *mazurkas* convertidas en *rancheiras*. Desde Santa Fé, algunos se trasladaron posteriormente a las colonias de Entre Ríos y del oeste bonaerense, zona esta última desde donde poblaron parte del este de la provincia de La Pampa.

[115] Ver nota Nº 111.

[116] Tal vez a estas tres variedades se refieren los comentarios periodísticos principios de este siglo —cuando el *chotis* se incorpora al repertorio teatral junto a *tonadillas* y *cuplés* criollos— que mencionan *chotis* "de dos pasos", "de tres pasos" y "de cuatro pasos".

[117] Esta advertencia ya ha sido hecha por Arturo C. Schianca en su libro *Historia de la Música Argentina*, editado en Buenos Aires en 1930. Pero parece haber pasado desapercibida y no son pocos los que han intentado las más rebuscadas interpretaciones para la voz *chamarrita*.

[118] *Tagué*: pueblerinos. Con esta voz se suelen autodenominar los nativos de la provincia de Entre Ríos.

BIBLIOGRAFÍA

ALTAMIRANO, Marcos.
"La ciudad perdida del Bermejo", en: Todo es Historia *Nº 224, Buenos Aires, diciembre de 1985.*

ARETZ, Isabel.
El folklore musical argentino, *Buenos Aires, Ricordi, 1973.*
—*"Albert Friedenthal, un pianista-etnomusicólogo-viajero del último tercio del siglo XIX", en:* Anuario Fundef, *Año II, Venezuela, 1991.*

ASSUNÇÃO, Fernando O.
Orígenes de los bailes tradicionales en el Uruguay. *Montevideo, 1968.*

AYESTARAN, Lauro.
La Música en el Uruguay. *Servicio Oficial de Difusión Radio-Eléctrica, Montevideo, 1953.*

AZARA, Félix de.
Descripción e Historia del Paraguay y del Río de la Plata *[1790] Buenos Aires, Bajel, 1943.*

BACCAY, Dalmidio Alberto.
Música regional y método (Nordeste Argentino y Paraguayo). *Buenos Aires, Lasserre, 1967.*

BECCO, Horacio Jorge.
Cielitos de la Patria. *Buenos Aires, Plus Ultra, 1985.*

BEJARANO, Ramón C.
Caraí vesá. Elementos para el estudio del folklore paraguayo. *Estudios Antropológicos Nº 1, Asunción. Toledo, 1960.*

BOETTNER, Juan Max.
Música y músicos del Paraguay. *Asunción (Paraguay), Autores Paraguayos Asociados, 1957.*

CARBONELL DE MASY, Rafael.
"Las "reducciones" como estrategia del desarrollo rural", en Suplemento Antropológico *XXI (1), Asunción, junio de 1986.*

CARDIEL, José.
Compendio de la historia del Paraguay. [1780] Buenos Aires, Fecic, 1984.

CARDOZO OCAMPO, Mauricio.
Mis bodas de oro con el folklore paraguayo. *Asunción, 1972.*

CARPENTIER, Alejo.
La música en Cuba. *México, Fondo de Cultura Económica, 1946.*

CERRUTI, Raúl Oscar.
El chamamé. *Resistencia (Chaco), Ed. Norte Argentino, 1965.*

CHÁVEZ, Fermín.
"La chamarrita que vino de Río Grande do Sul". Brasil Cultura *Año IV Nº 40, Buenos Aires, 1979.*

CLARO, Samuel.
"La Música en las Misiones Jesuitas de Moxos", en: Revista Musical Chilena, *Año XXIII, Nº 108, Santiago de Chile, julio-septiembre de 1961.*

CHAZARRETA, Andrés.
Cuarto álbum musical santiagueño. *Buenos Aires, Ricordi, 1950.*

DE LA FUENTE GARCÍA, Alejandro.
"Esclavos africanos en La Habana. Zonas de procedencia y denominaciones étnicas", en:

Revista Española de Antropología Americana *Nº 20. Facultad de Geografía e Historia, Unversidad Complutense de Madrid, 1990.*

DELLEPIANE, Carlos A.
"Olegario Alvarez, un "santo" correntino", en: Selecciones Folklóricas Códex, *Año 2, Nº 13, Buenos Aires, 1966.*

DEL TECHO, Nicolás.
Historia del Paraguay. *Madrid, Uribe y Cía., 1897.*

DÍAZ DE GUZMAN, Ruy.
Argentina, historia del descubrimiento, conquista y población del Río de la Plata. *Asunción, Imprenta de la República del Paraguay, 1845.*

DOMÍNGUEZ, Lidio.
"Catálogo de los Jesuitas de la Provincia del Paraguay en el momento de la expulsión", en: Suplemento Antropológico *Vol. XXVI, Nº 1, Universidad Católica. Centro de Estudios Antropológicos, Asunción, junio de 1991.*

D'ORBIGNY, Alcides Dessalines.
Viaje a la América Meridional *[1854]. Buenos Aires, Futuro, 1941.*

EZQUER ZELAYA, Ernesto E.
Corrientes Ñu (Campo de Corrientes). *Buenos Aires, El Ateneo, 1946.*

FERNÁNDEZ LATOUR, Olga.
Cantares históricos de la tradición argentina. *Instituto Nacional de Investigaciones Folklóricas, Buenos Aires, 1960.*
— Folklore y Poesía Argentina. *Buenos Aires, Guadalupe, 1969.*
—*"Cancionero tradicional de Entre Ríos", en:* Folklore *Nº 274 y 275, Buenos Aires, octubre de 1977 y noviembre de 1977.*
—*"El origen del chamamé", en: Diario "La Nación", Buenos Aires, 6/5/1979.*

FLORES, Marta.
"El acordeón en el chamamé". Mecanografiado, inédito.

FLURY, Lázaro.
"Folklore del Litoral. El gato correntino", en: Folklore *Nº 59, Bs. As., s/f.*

FORTE, Vicente.
"El cancionero criollo. Nº 3: Triste entrerriano". Sociedad Argentina de Arte Nativo, Buenos Aires, 1925.

FURLONG, Guillermo.
Músicos argentinos durante la dominación hispánica. Buenos Aires, Huarpes, 1945.
—Joaquín Camaño S. J. y su "Noticia del Gran Chaco" (1778). *Buenos Aires, Librería del Plata, 1955.*

GALÁN, Natalio. Cuba y sus sones.
Valencia, España, 1983.

GÁLVEZ, Lucía.
"Jesuitas y guaraníes. El encuentro de dos mundos", en: Todo es Historia *Nº 260, Buenos Aires, febrero de 1989.*

GARAVAGLIA, Juan Carlos.
"Soldados y campesinos: Dos siglos en la historia rural del Paraguay", en: Suplemento Antropológico Vol, XXI, Nº 1. Universidad Católica. Centro de Estudios Antropológicos, Asunción, junio de 1986.

GARCIA LABOUGLE, Javier.
"La economía informal de período colonial", en: Todo es Historia *Nº 241, Buenos Aires, junio de 1987.*

GARVICH, Arturo.
"Los cristianos nuevos portugueses y la economía de la Colonia", en: Todo es Historia *Nº 241, Buenos Aires, junio de 1987.*

GESUALDO, Vicente.
Historia de la Música en la Argentina. I, La época colonial. 1536-1809. *Buenos Aires, Beta, 1961.*

— La Música en la Argentina. *Buenos Aires, Stella, 1988.*

— *Eloísa D'Herbil de Silva, "El Chopin con faldas", en: Todo es Historia Nº 304, Buenos Aires, noviembre de 1990.*

GIBERTI, Horacio C. E.
Historia Económica de la ganadería argentina. *Buenos Aires, Solar, 1981.*

HENRÍQUEZ UREÑA, Pedro.
Estudios de versificación española. *Universidad de Buenos Aires. Instituto de Filología Hispánica "Dr. Amado Alonso", 1961.*

HIDALGO, Bartolomé.
Cielitos y diálogos patrióticos. *Buenos Aires. Huemul, 1963.*

HUSEBY, Gerardo V.
"Durum y molle: Bemol, becuadro y transposición modal en la monodía del siglo XIII", en: III Jornadas de Musicología Argentina, *Buenos Aires, Instituto Nacional de Musicología, 1986.*

JACOVELLA, Bruno C.
"Las especies literarias en verso", en: Folklore Argentino, *Buenos Aires, Nova, 1959.*

— *"Las regiones folklóricas argentinas", en:* Folklore Argentino, *Buenos Aires, Nova, 1959.*

— Las canciones folklóricas de la Argentina (Antología). *Instituto Nacional de Musicología, Buenos Aires, 1969.*

LINARES, María Teresa.
La música y el pueblo. *La Habana, 1974.*

LIZARRAGA, Reginaldo de.
Descripción breve de toda la tierra del Perú, Tucumán, Río de la Plata y Chile. *Historiadores de Indias, Buenos Aires, Bailly/Bailliére e hijos, 1909.*

LÓPEZ BREARD, Miguel Raúl.
Devocionario guaraní. *Santa Fe, Colmegna, 1973.*

— Cantares de la Tradición Guaraní. *San Fernando, Ocruxaves, 1988.*

LÓPEZ FERMOSELLE, Jaime.
Juan de Garay, fundador de poblaciones. *Buenos Aires, Torres Aguero, 1988.*

LOZANO, Pedro.
Historia de la Compañía de Jesús en la provincia del Paraguay. *Madrid, Viuda de Manuel Fernández, 1754.*
— Historia de la Conquista del Paraguay. Río de la Plata y Tucumán. *Buenos Aires, 1874.*

MAEDER, Ernesto J. A.
"La ciudad de Corrientes descripta por viajeros y cronistas, entre 1750 y 1828, en: Nordeste, Revista de la Facultad de Humanidades. *Universidad Nacional del Nordeste, Resistencia, Chaco, diciembre de 1960.*

MANTEGAZZA, Paolo.
Sulla America Meridionale. *Milán, 1858.*

MARTÍNEZ, Benjamín D.
Folklore del Litoral. *Buenos Aires, Lajouane, 1924.*

MARTINS, Saúl.
Folklore brasileiro. Minas Gerais. *Ministerio de Educação e Cultura. Instituto Nacional de Folklore, Río de Janeiro, 1982.*

MATEOS, F.
Historia General de la Compañía de Jesús en la Provincia del Perú. Crónica anónima de 1600. *Madrid, 1944.*

MELIA, Bartolomé.
"Misión por reducción", en: Suplemento Antropológico *Vol. XXXVI, Nº 1. Universidad Católica, Centro de Estudios Antropológicos, Asunción, junio de 1991.*

MEYER, Augusto.
Cancioneiro Gaúcho. *Río Grande do Sul, 1952.*

MONTENEGRO, René.

Historias, comentarios y reflejos de mi Taragüí. *Corrientes, 1992.*

MORALES SEGOVIA, Marily.
El chamamé. *Enciclopedia de Temas Populares del Nordeste, Corrientes, Daunne. 1972.*

MURATORI, Ludovico Antonio.
Relation des missions du Paraguay. *[1743] París, 1985.*

MOYA, Ismael.
Romancero. Estudios sobre materiales de la Colección de Folklore. *Universidad de Buenos Aires, Facultad de Filosofía y Letras, 1941.*

NETTL, Paul.
La Música en la danza. *Buenos Aires-México, Espasa-Calpe, 1945.*

NOYA, Emilio.
Historiando cantares. *Corrientes, 1989.*

OROVIO, Helio.
Diccionario de la música cubana. *La Habana, 1981.*

PARRAS, Pedro Joseph.
Gobierno de los regulares de América. *Madrid, Joachín Ibarra, 1783.*

PÉREZ BUGALLO, Rubén.
"Misiones jesuíticas", en: Arte Informa, *Año 9, Nº 50-51, Buenos Aires, enero-abril de 1985.*
— *"El folklore: una teoría de la práctica", en:* Sapiens *Nº 5. Museo Arqueológico Municipal, Chivilcoy, Buenos Aires, 1985.*
— Folklore Musical de Salta. *Buenos Aires, Fecic, 1988.*
— *"La vigencia del conflicto inca-guaraní", en: diario "La Razón", Chivilcoy, Buenos Aires, 10/9/1988.*
— *"Estudios de música tradicional bonaerense. Andanzas de la mazurka", en: diario "La*

Razón", Chivilcoy, Buenos Aires, 27/1/1989.
— "Estudios... Un "mate amargo" con historia", en: diario "La Razón", Chivilcoy, Buenos Aires, 1º/2/1989.
— "Estudios... La habanera", en: diario "La Razón", Chivilcoy, Buenos Aires, 23/3/1989.
— "Estudios... La habanera entre la "sociedad", en: diario "La Razón", Chivilcoy, Buenos Aires, 30/3/1989.
— "La habanera en el Noroeste Argentino", en: diario "La Razón", Chivilcoy, Buenos Aires, 5/4/1989.
— "Estudios... La habanera en nuestra provincia", en: diario "La Razón", Chivilcoy, Buenos Aires, 17/4/1989.
— "Estudios... La declinación de la habanera", en: diario "La Razón", Chivilcoy, Buenos Aires, 20/4/1989.
— "La Tradición y el Tradicionalismo. Una buena ocasión para ejemplificar", en: diario "Para Ud.", Moreno, Buenos Aires, noviembre de 1990.
— "Corrientes musicales de Corrientes, Argentina," en: Latin American Music Review *Vol. 13, Nº 1. University of Texas, Spring/ Summer 1992.*
— "Los vínculos peruano-paraguayos en la Epoca Colonial", en: Entre todos, Folklore, *Año 1, Nº 1, Buenos Aires, octubre de 1992.*
— "Presencia de especies líricas y coreográficas de procedencia peruana en el Paraguay y la Mesopotamia argentina", en: Entre todos, folklore, *Año 1, Nº 2, Buenos Aires, diciembre de 1992.*
— "Vestigios y reconstrucciones del triste peruano en el Litoral", en: Entre todos, folklore, *Año 1, Nº 3, Buenos Aires, enero de 1993.*
— "Acerca de los 'Bailes de Dos' en el Litoral", en: Entre todos, folklore, *Año 2, Nº 4, Buenos Aires, marzo de 1993.*

— *"El romance monorrimo y sus derivados en las provincias litoraleñas", en:* Entre todos folklore, *Año 1, Nº 7, agosto de 1993.*
— *"La primera ranchera", en: diario "La Arena", Santa Rosa, La Pampa, 26/9/1993.*
— *"El romance criollo en el Litoral", en:* Entre todos, folklore, *Año 1, Nº 8, noviembre de 1993.*
— *"La llegada del vals, un baile "planetario", en: diario "La Arena", Santa Rosa, La Pampa, 28/11/1993.*
— *Catálogo ilustrado de instrumentos musicales argentinos. Buenos Aires, Ediciones del Sol, 1993.*
— *"El vals acriollándose", en: diario "La Arena", Santa Rosa, La Pampa, 5/12/1993.*
— *"La guitarra* mbyá*", en: diario "1era. Edición", Posadas, Misiones, 26/12/1993.*
— *"Tras los rastros de la polka", en: diario "La Arena", Santa Rosa, La Pampa, 23/1/1994.*
— *"Polkas del campo y de la ciudad", en: diario "La Arena", Santa Rosa, La Pampa, 30/1/1994.*
— *"La vigencia de la polka", en: diario "La Arena", Santa Rosa, La Pampa, 20/2/1994.*
— *"La madre de las rancheras", en: diario "La Arena", Santa Rosa, La Pampa, 15/5/1994.*
— *"El chotis", en: diario "La Arena", Santa Rosa, La Pampa.*
— *"Los "pies de gato" en Corrientes", en:* Entre todos, folklore, *Año 2, Nº 10, Buenos Aires, agosto de 1994.*

QUEREILHAC DE KUSSROW, Alicia C.
La fiesta de San Baltasar. *Buenos Aires, ECA, 1977.*

RANDLE, Guillermo.
"Orígenes del trazado urbano de las misiones jesuíticas", en: Suplemento Antropológico, *Vol. XXI, Nº 2, Universidad Católica, Centro*

de Estudios Antropológicos, Asunción, diciembre de 1986.

RATIER, Hugo E.
"De Empedrado a la Isla Maciel: Dos polos del camino migratorio", en: Etnía *Nº 9, Museo Etnográfico "Dámaso Arce", Olavarría, Buenos Aires, 1969.*

REBOLLO PAZ, León.
La guerra del Paraguay. Historia de una epopeya. (1865-1965). *Buenos Aires, 2da edición. 1965.*

RIERA, Federico.
Recuerdos musicales del Paraguay. *Buenos Aires, Perrot, 1959.*

ROBERTSON, Juan Parish y Guillermo Robertson.
La Argentina en la época de la Revolución. Cartas sobre el Paraguay. *Buenos Aires, 1920.*

RUIZ RIVAS DE DOMÍNGUEZ, Celia.
Danzas tradicionales paraguayas. *Asunción, 1974.*

ROSA, José María.
La guerra del Paraguay y las montoneras argentinas. *Buenos Aires, Peña Lillo, 3era. edición, 1968.*

SACHS, Curt.
Historia Universal de la Danza. *Buenos Aires, Centurión, 1944.*

SALAZAR, Adolfo.
La Música en España. Desde las cuevas prehistóricas hasta el Siglo XVI. *Madrid, Espasa-Calpe, 1972.*

SILVA, Hernán.
"El comercio ilícito en el Río de la Plata", en: Todo es Historia *Nº 260, Buenos Aires, febrero de 1980.*

STEWARD, Julián H.
Teoría y práctica del estudio de áreas. *Manuales Técnicos II. Washington DC, Unión Panamericana, 1955.*

ULLOA, Antonio de.
Vouyage historique de l'Amerique Meridionale. *A Amsterdam et Leipzig, Chez Azkste'e & Merkus, 1752.*

VALOIS, Jean de.
El canto gregoriano. *Buenos Aires, Eudeba, 1993.*

VEGA, Carlos.
Panorama de la música popular argentina. *Buenos Aires, Losada, 1944.*
— Las danzas populares argentinas. *Instituto Nacional de Musicología, Buenos Aires, 1952.*
— El origen de las danzas folklóricas. *Buenos Aires, Ricordi, 2da. edición, 1956.*
— Las canciones folklóricas argentinas. *Instituto Nacional de Musicología, Buenos Aires, 1965.*
— Apuntes para la Historia del Movimiento Tradicionalista Argentino. *Instituto Nacional de Musicología, Buenos Aires, 1981.*

VEGA, Carlos y Aurora de Pietro.
El cielito de la Independencia. *Buenos Aires, Tres Américas, 1986.*

VENIARD, Juan María.
La Música Nacional Argentina. *Instituto Nacional de Musicología "Carlos Vega", Buenos Aires, 1986.*

VILLA SERRANO, Elsa.
"La gloria musical de Yapeyú", en: Guía Musical de Buenos Aires, *Año 2, Nº 4, marzo de 1978.*

VISCONTI VALLEJOS, Ricardo R.
Historia del chamamé. Cuatro siglos de música del Litoral. *Buenos Aires, Corregidor, 1990.*
— *"Plumadas históricas", en: diario "El Litoral", Corrientes, 21/10/1992.*

WAISMAN, Leonardo.
"Los jesuitas y su legado en el corazón de Sudamérica", en: Música de las Misiones de

Chiquitos, *Córdoba, enero de 1992.*

ZAPPA, Porfirio.
Ñurpi. Por el campo correntino. *Corrientes, Arandú, 1959.*

ZINI, Julián P.
Camino al chamamé. Aportes para el esclarecimiento de nuestra danza folklórica. *Mercedes, Paiubre Editorial, S/F.*

FUENTES DOCUMENTALES

Colección revista El alma que canta, *N°s. 1 al 1.423. Buenos Aires, Editorial Liverpool, años 1916 a 1950.*

Colección diario El Litoral, *Corrientes, años 1992 y 1993.*

Colección revista Entre todos, folklore, *N°s. 1 al 10. Buenos Aires, años 1992 a 1994.*

Colección revista Folklore, *N° 1 al 316. Buenos Aires, Editorial Tor's, años 1961 a 1981.*

*Colección revista*Iverá. *Cancionero Correntino, N°s. 1 al 297. Buenos Aires, años 1944 a 1982.*

Colección revista Los Grandes del Folklore, *N°s. 1 al 33. Buenos Aires, Editorial Tango, años 1991 y 1992.*

Opáma mbaé hachipé guaré.

ÍNDICE

Se terminó de
imprimir
en A.B.R.N.
Producciones
Gráficas S.R.L.,
Wenceslao
Villafañe 468,
Buenos Aires,
Argentina,
en el mes de
mayo
de 1996.

CPSIA information can be obtained at www.ICGtesting.com
Printed in the USA
LVOW05s0637071113

360211LV00001B/1/A